KB261458

두 얼굴의 유럽문명

고전으로 보는 서양문명사

두 얼굴의 유럽문명

사□□계절

서양 고전 여행을 시작하면서

로댕의 〈생각하는 사람〉은 무슨 생각을 하고 있을까?

어떤 예술 작품보다도 풍부한 상징성을 지니고 있는 이 거대한 청동상의 뇌리에는 최소한 19세기까지 유럽 인이 품어온 생각이 다 들어 있을 것이다.

『문명 속으로 뛰어든 그리스 신들 1, 2』를 쓰면서 유럽 사상사에 대한 관심을 키운 나는 강소천 선생의 동화에서처럼 꿈을 찍는 사진사가 되어 〈생각하는 사람〉의 머릿속으로 들어가고 싶었다.

그러던 어느 날 『문명 속으로 뛰어든 그리스 신들1, 2』를 함께 준비했던 노성두 선생이 재미있는 사실을 알려 주었다. 〈생각하는 사람〉의 모델이 이탈리아 시인 단테라는 것이다.

마침 그 얼마 전까지 땀을 뻘뻘 흘리며 단테의 서사시 『신곡』을 읽었던 나는 그 말을 듣자 청동상의 단테, 곧 〈생각하는 사람〉의 머릿속을 들여다보는 기분이 되었다. 단테가 어느 숲 속을 헤매다가 백발이 성성한 길잡이를 만나 지옥으로 향해 가는 『신곡』의 첫 장면이 딱딱한 활자에서 튀어나와 생생하고 입체적인 영상이 되어 눈앞에서 어른거렸다.

희한한 일이었다. 어렵고 따분한 『신곡』의 세계가 흥미진진한 모험과 환상의 세계처럼 내 눈앞에 펼쳐진 것이다. 나는 지난번에 건성으로 읽고 치웠던 『신곡』을 꺼내 들고 〈생각하는 사람〉의 생각을 따라가는 기분으로 다시 읽어 나갔다. 아니, 나 자신이 그 생각 속으로 뛰어들어 지옥을 거치면서 단테를 따라잡았고, 그와 함께 대화도 나누고 때로는 티격태격하기도 하면서 『신곡』의 세계를 완주했다.

이러한 고전 여행의 꿀 같은 재미를 잊지 못한 나는 그 후로도 수시로 서양 고전의 세계로 같은 방식의 여행을 떠났다. 유럽 문명이 낳은 상상력의 달인들이 창조해 낸 가장 멋진 가상 현실의 세계를 순례한 것이다. 지금까지 이 여행처럼 내 머릿속을 즐겁게 해 준 체험은 없었다. 사계절출판사 강윤재 기획위원의 권유로 나는 이제 이 흥미진진한 여행 체험을 『두 얼굴의 유럽문명』이란 보고서에 담아 독자 여러분 앞에 내놓는다.

이 여행에서 여러분이 만난 인물과 사건은 거의가 유럽 인들이 펼쳤던 상상의 산물이다. 즉 가짜라는 말이다. 그러나 가짜라고 해서 실제 유럽 문명의 전개와 동떨어진 공상의 산물들은 결코 아니다. 어떻게 보면 여기 등장하는 가짜들은 진짜보다 더 진짜 같은 가짜들, 각자가 속한 시대의 정신을 박진감 넘치게 표현하는 전형들이라고 할 수 있기 때문이다. 따라서 내가 이 여행을 떠날 때 지참했던 준비물 목록에는 해당 고전과 상상력만 들어 있지 않았다. 각 고전을 둘러싼 문화적, 역사적, 지리적 배경에 관한 광범위한 참고 서적들이 없었다면 나 같은 이방인에게 이 여행은 불가능했다. 여러분은 현실을 떠나 상상의 세계를 마음껏 누비기도 하겠지만, 그러는 가운데 유럽 문명사의 내면적 흐름을 읽고 그 흐름에 따라 노를 저어가게 될 것이다.

나는 이 박진감 넘치는 서양 고전의 세계를 현실 역사의 흐름에 따라 세 단계로 나누어 소개하고자 한다.

우선 1부에서는 유럽 문명의 두 고향인 그리스와 이스라엘로 여러분을 안내한다. 그리고 이 곳에서 발원한 헬레니즘과 기독교(헤브라이즘)의 두 흐름이 로마 제국에서 충돌하는 장면을 여러분과 함께 목격할 것이다. 새로운 신 예수 그리스도를 숭배하는 사도 바울로와 전통의 신 비너스를 숭배하는 원로원 의원 페트로니우스의 대결을 눈여겨 보시라.

2부에서는 르네상스와 종교 개혁의 두 바퀴로 굴러가는 유럽에 오른다. 르네상스는 헬레니즘의 부활을 표방했고 종교 개혁은 기독교의 강화를 목표로 했다. 겉보기에는 헬레니즘과 헤브라이즘 간의 대결이 재현된 것 같지만, 실제로는 그 속에서 새롭고 창조적인 유럽 문명의 태동을 엿볼 수 있을 것이다.

그리고 3부에서는 이성을 무기로 과거의 유산을 가차없이 비판하는 두 명의 계몽주의자와 만나 새로운 유럽의 전망을 들어 본다. 3

색기를 흔들며 프랑스 혁명을 이끄는 힘찬 이성의 이미지가 여러분의 눈앞에 솟아오를 것이다.

내 발걸음은 아쉽게도 여기서 일단 현실로 돌아온다. 그러나 나는 곧 이번 여행을 정리하고 만반의 준비를 거친 뒤 '새로운 유럽'을 향해 새로운 발걸음을 내딛을 것이다.

서양 고전 여행은 상상력의 거장들이 만들어 낸 세계 속으로 뛰어드는 여행이므로 여러분도 아낌없는 상상력을 발휘하기 바란다. 그리고 비판의 시선을 거두지 말고 만약 내가 상상력을 동원한답시고 엉뚱한 길로 여러분을 이끈다면, 다시 말해 적절한 작품을 선정하지 못했거나 엉뚱한 해설을 덧붙인다면 즉시 가차없는 질책을 보내 주시기 바란다. 노성두 선생과 강윤재 기획위원 외에도 연세대 국문학과의 김 철, 최유찬 두 교수, 정신여고의 강동찬 선생 등 이 책을 내놓기까지 많은 도움을 주신 여러분께 이 자리를 빌어 진심으로 감사드린다.

1997년 7월

저자

❷ 르네상스와 종교 개혁

❸ 새로운 유럽을 향하여

1부
헬레니즘과 헤브라이즘

먼 옛날 중동 지방의 페니키아에 에우로페(Europe)라는 공주
가 살았다. 어느 날 그녀는 꽃이 흐드러진 해변을 거닐다가 눈부시
게 아름다운 소 한 마리를 보았다. 소의 매끈한 등줄기를 어루만지
던 그녀는 참을 수 없는 유혹을 느끼고 그 등에 사뿐히 올라앉았다.
그러자 소는 서서히 몸을 일으키더니 느닷없이 바다를 향해 질주하
다가 푸른 하늘로 솟아올랐다.

신비스러운 소는 아름다운 에우로페 공주를 태우고 서쪽으로
날아가다가 코발트 빛 에게 해로 둘러싸인 그리스 남쪽 크레테 섬에
내려앉았다. 그 순간 소는 위엄 있는 노인의 모습으로 바뀌더니 자
신을 제우스라고 소개하였다. 에우로페와 제우스 신은 결혼하여 그
자손들로 하여금 서양 최초의 문명인 에게 문명을 일구게 하였다.

이 신화가 상징하는 것처럼 에우로페, 곧 유럽(Europe)은 중
동 지방을 가리키는 아시아와 구별하여 지중해 서쪽을 가리키는 이
름이 되었다. 그리고 때로는 노대륙 아시아와 대비해 그리스가 속한
신대륙을 뽐내는 이름으로도 쓰였다. 첫번째 '유럽' 그리스는 이렇
듯 아시아와의 심리적 대결 속에 태어났다.

흔히 고대 그리스 하면 그리스 신화가 떠오르지만 그리스를
참으로 그리스답게 만든 것은 신화의 극복에 있었다. 그리고 신화의
틀 안에서 신화를 벗어나려는 노력을 보여주는 것이 프로메테우스
신화이다. 자연의 힘으로 세계를 지배하는 신들에 맞서 인간 스스로

문명을 일으켜 자연을 누르고 세계의 주인이 되자는 힘찬 구호가 이 신화에는 담겨 있다.

인간의 힘으로 세계의 비밀을 파악하고 지배하려는 그리스 인의 노력이 창조한 문명을 우리는 헬레니즘이라고 부른다. 그러나 헬레니즘을 계승한 로마 인은 세월이 흐르면서 자신들이 이룩한 성과에 도취되어 퇴폐와 무사안일로 흘렀다.

그러자 아시아에서 제2의 '유럽'이 날아왔다. 첫번째 유럽이 페니키아로부터 왔다면 두 번째 유럽은 이스라엘에서 예수의 복음에 실려왔다. 고대 이스라엘 사람의 유태교 신앙을 개혁한 기독교는 로마 제국에서 제1의 유럽 헬레니즘과 치열한 투쟁을 벌인 끝에 서서히 대세를 장악하였다.

폴란드 소설가 셍키에비치가 당시의 시대상을 재현한 소설 『쿠오 바디스』에서, 그리고 헬레니즘의 수호자 율리아누스와 헤브라이즘 최대의 성인 아우구스티누스의 삶에서, 퇴조하는 헬레니즘과 새로운 유럽의 정신적 지주로 떠오르는 기독교를 만나볼 수 있을 것이다.

그 후 '유럽'은 야만적인 비기독교 세계로부터 문명의 기독교 세계를 구별하여 일컫는 말로 쓰이게 되었다.

헬레니즘의 최고 관념은 사물을 있는 그대로 보는 것(see things as they are)이다. 반면에 헤브라이즘의 최고 관념은 인도와 복종(conduct and obedience)이다.

— 매슈 아놀드

신들에 대한 인간의 반란
아이스킬로스, 『사슬에 묶인 프로메테우스』

내가 처음 그리스 땅에 이르렀을 때 목격한 것은 자유롭다 못해 방종하기까지 한 그리스 신들의 유쾌한 소란이었다. 올림포스 산 위에 자리잡은 신들의 마을에서 신들은 어딘가로 바쁘게 뛰어가고 있었다. 안 보고는 못 배길 구경거리라도 생긴 듯했나.

나는 늘씬한 몸매에 가벼운 샌들을 신은 미남신 헤르메스를 붙잡고 도대체 무슨 일이냐고 물었다.

"우리 형님 헤파이스토스가 말야, 생긴 건 팔불출에 가까워도 손재주 하나만은 누구도 못 당하거든. 그런 형님이 드디어 일을 저질렀다지 뭐야."

나는 무슨 일일까 고개를 갸웃거리며 헤르메스의 팔을 붙잡았다. 신들의 전령답게 헤르메스는 쏜살같이 화제의 현장으로 날아갔다. 주변의 뜀박질 대열에는 세상에서 제일 아름다운 남자 아폴론, 올빼미 눈에 투구와 갑옷으로 무장한 여신 아테나도 있었고, 삼지창을 들고 바다에서 마차를 타고 솟아오른 용왕 포세이돈, 투명 인간 모자를 벗고 흉악한 몰골을 드러낸 염라대왕 하데스도 있었다.

고대 그리스에는 줄잡아 300명은 족히 되는 신들이 있었다. 그런데 우리가 당도한 곳은 온갖 잡신들까지 다 모여 그야말로 신산신해(神山神海)였다. 약삭빠른 헤르메스를 따라 군중 속을 헤치고 안으로 들어간 나는 그만 숨이 넘어가는 줄 알았다.

세상에 저렇게 아름다운 미인이 또 있을까? 일찍이 밀로의 비너스를 비롯해 라파엘로의 삼미신(三美神), 고야의 마야 부인 등 고전적인 미인부터 신디 크로퍼드나 이소라 같은 현대의 슈퍼모델에 이르기까지 이 세계는 완벽에 가까운 미녀의 상을 거듭 창조해 왔다. 그렇지만, 이 순간 내가 목격한 아프로디테의 고혹적인 나신과 비교될 만한 것이 또 있을까? 게다가 그녀의 아름다운 육체는 신들 가운데 가장 거칠고 공격적이라는 전쟁신 아레스의 나체와 서로 부둥켜안은 채 뒤엉켜 있었다. 실 한 오라기 걸치지 않은 채 포개진 두 남녀의 건강한 육체는 마치 마술에 걸린 듯 하늘 위에 둥둥 떠 있었다. 그들은 군중의 시선 앞에서 낯을 붉히며 어쩔 줄 몰라했지만, 이상하게도 서로 떨어질 수도, 구름 위로 내려올 수도 없는 모양이었다. 대장장이신 헤파이스토스는 두 다리를 쩔뚝거리면서도 그 주위를 빙빙 돌며 도끼눈으로 두 남녀를 노려보고 있었다.

"헤파이스토스 형님이 나더러 신들을 다 불러오라고 시켰어."

헤르메스가 침을 꿀깍 삼키며 내게 속삭였다. 헤파이스토스나 헤르메스, 저 볼썽 사나운 아프로디테, 아레스 모두가 배는 달라도 한 아버지인 제우스의 자식들이다. 그러니 아프로디테는 헤르메스의 누나인 셈인데 세상에 자기 누나의 나체를 보면서 침을 흘리는 후레아들이 다 있나 싶었다. 하지만 그거야 인간인 내 생각일 테고 신들에겐 그들의 세계가 있으려니 하고 잠자코 있었다.

"형님과 아프로디테 누님은 부부 사이이지. 저런 미인을 아내로 삼

밀회를 즐기는 마르스와 비너스. 카를로 사라체니 그림
마르스와 비너스는 아레스와 아프로디테의 로마 이름이다.

으려고 형님이 얼마나 많은 돈을 들였는지 상상도 못 할 거야. 그런데 보다시피 형님은 불구 아닌가? 어렸을 때 제우스와 헤라 여신이 부부 싸움을 했는데 형님이 어머니인 헤라 편을 들었대. 그러자 성질이 불 같은 아버지가 형님을 저 아래 로도스 섬으로 내동댕이쳤지. 그 때 아흐레 낮 아흐레 밤을 떨어져 내린 바람에 저렇게 다리를 절게 된 거야.

그래도 형님은 타고난 손재주로 아름다운 물건을 많이 만들어주어 형수의 환심을 사려고 했어. 하지만 정절과 미모는 함께 가지 못한다는 말도 있잖아? 빼어난 미모의 아프로디테는 자기의 끓어오르는 욕망을 채워줄 남자를 간절히 원하던 끝에 타고난 싸움꾼인 아레스 형님과 눈이 맞은 거야."

헤파이스토스가 일하러 나가기만 하면 아프로디테는 아레스를 자기 침대로 끌어들여 농도 짙은 정사를 벌였다. 이를 보다못한 태양이 헤파이스토스에게 이 사실을 고자질했고, 헤파이스토스는 불면의 밤을 보낸 뒤 바람 난 아내를 혼내주겠다고 결심했다. 그래서 침대 위에다 지금 보다시피 불륜의 남녀를 달아맨 보이지 않는 그물을 걸어놓았다. 아프로디테와 아레스가 벌거벗고 엉겨붙자마자 투명 그물은 두 남녀를 옭아맨 채 솟구쳐 그들을 허공에 대롱대롱 매달아 버렸다.

모여든 신들은 군침을 삼키기도 하고 터져 나오는 웃음을 참기도 하면서 제우스의 눈치만 살피고 있었다. 신들의 왕인 제우스는 원래 그 자신이 소문난 바람둥이였지만 제 자식들이 벌이는 치정 사건 앞에서는 체면 때문에라도 눈살을 찌푸리지 않을 수 없었다. 그러나 벌거숭이 남녀가 어떻게든 그물을 벗어나려고 버둥대는 모습을 보고 근엄하게만 앉아 있는 것은 아무리 신이라 해도 쉽지 않은 일이었다. 마침 아레스와 아프로디테가 몸을 비틀다가 서로 이마를 부딪치면서 얼굴을 찡그리자 제우스는 참았던 웃음을 터뜨리고 말았고, 그 너털웃음 소리는 그가 몰고 다니는 구름들로 하여금 서로 부딪치며 천둥소리를 내게 했다. 그러자 다른 신들도 배를 잡고 웃기 시작하여, 한꺼번에 수백 명의 신이 박장대소하는 소리는 우주를 크게 진동시켰다.

무릇 간통이란 신들 사이에서도 배우자에게는 몸살 나는 질투거리가 되고, 뭇 신들에게는 몸살 나는 웃음거리가 되는 모양이다. 고개를 돌려 옆을 보니 헤르메스 옆으로 뭇 남신 가운데 가장 잘 생겼다는 곱슬머리의 아폴론이 서 있었다. 팔짱을 끼고 빙그레 웃음을

올림포스 산

띠면서 아프로디테의 몸매를 감상하고 있는 그의 모습은 과연 올림 픽의 상징답게 단단하면서도 아름다웠다. 그 옆으로 헤르메스기 다가가 슬쩍 놓치는 말이 내 귀에 들어왔다.

"저 정도 미인이라면 나도 한번 아레스 형님처럼 놀아보고 싶은걸요."

잘생긴 두 형제 신이 마주 보며 낄낄거렸는지, 아니면 씩 웃으며 아레스를 부러운 눈으로 바라보았는지는 잘 기억이 나지 않는다. 아무튼 형제 자매끼리 거리낌없이 몸을 섞는 야만적인 신들의 세계를 보면서 불쾌해지기는커녕 도리어 기분이 상쾌해졌다는 것은 희한한 체험이었다. 그리스 인은 인류의 조상이 신들과 다름없는 생활을 했다고 기억하고 있는데, 아마도 인류의 조상인 야만인들은 이 올림포스의 막돼먹은 신들처럼 불륜이란 의식 따위는 없이 개방적인 성생활을 누리지 않았을까 싶다.

고대 그리스 인의 실생활이 얼마나 어둡고 고통스러운 것이었던가를 그리스 비극과 역사를 통해 짐작하고 있던 내게 올림포스 산에서의 며칠이 주는 느낌은 해방감 바로 그것이었다. 신들의 세계는 유한한 인간들의 고통스러운 삶과는 너무나도 동떨어진 영원과 해방, 자유의 세계였다. 인간은 신들의 제약 없는 삶을 올려다보며 자신의 한계를 깨달았고 운명에 순종하는 법을 배웠다. 그러나 인간은 순종하는 동시에 배반하는 존재였다. 아니, 인간에게 주어진 운명 자체가 신들을 경외하는 동시에 신들에게 도전하게끔 되어 있었다. 인간은 설령 신이 될 수는 없을지라도 신이 누리는 해방의 세계를 향해 항상 도전의 손길을 내밀고 늘 부족한 대로나마 조금씩 전진해 나가도록 되어 있었다. 이 같은 인간의 운명을 가장 먼저 깨달은 사람들 가운데 하나가 바로 그리스 인이었다.

*　　　　　*　　　　　*

어느 날 올림포스 산정에는 비상이 걸렸다. 신들이 이리 뛰고 저리 뛰면서 허둥대는 모습이 아프로디테의 나신을 보러 몰려가던 때와는 전혀 다른 긴장감을 자아냈다. 올림포스 궁전 앞에 신들이 도열한 가운데 노여움으로 얼굴이 불그죽죽해진 제우스가 시종(侍從) 키클롭스 3형제를 이끌고 연단에 나타났다.

"도대체 이게 어찌 된 노릇이냐? 인간이 언제 저렇게까지 되었단 말인가?"

신들의 여왕 헤라가 예술의 아홉 여신 무사에게 눈짓을 하자 그 중의 한 명이 리모컨으로 궁전 앞에 설치되어 있는 대형 멀티비전을 켰다. 화면에는 키클롭스가 촬영한 기록 필름이 상영되었는데, 가장 먼저 인간들이 모닥불 주위에 둘러 앉아 고기를 구워 먹는 모습이 비쳤다. 이어서 손가락으로 셈을 하고 있는 어린아이의 모습, 손짓 발짓뿐만 아니라 말과 글까지 써가며 대화를 나누는 사람들의 모습이 보였다. 그 다음에 가축을 이용하여 농사를 짓고 있는 모습, 고삐 달린 말이 끄는 수레와 날개 돋친 배를 타고 뭍과 물을 누비는 사람들, 약초를 캐서 환자를 치료하는 사람들의 모습이 연달아 화면을 가득 메우자 신들 사이에서는 마침내 탄식이 터져 나왔다. 인간들은 신에게 제사를 지내기도 했지만 제물로 바치는 짐승의 맛난 살코기는 저희들이 다 먹어치우고 쓸모 없는 내장만 겉가죽에 보기 좋게 싸서 제단에 던져 넣었다. 이 장면은 지켜보는 신들의 부아만 돋우었다. 인간들은 신의 중요한 비밀들을 손에 넣었다는 자부심으로 득의만면했고, 그 중의 한 명은 카메라를 의식하고 승리의 V자를 그려 보이기까지 했다.

신들 사이에 술렁임이 이는 가운데 헤르메스가 앞으로 나아가 제우스의 귀에 대고 무어라고 속삭였다. 제우스가 눈을 부라리며 헤파이스토스에게 무언가 지시를 내리자 헤파이스토스는 절뚝거리면서도 잰 걸음으로 사라져버렸다. 궁금한 마음에 헤파이스토스의 뒤를 밟는 나의 뒤통수로 제우스의 으르렁거리는 소리가 날아왔다.

"프로메테우스 이놈! 내가 제 아비의 족속들을 송두리째 박살 내어 모조리 지하의 타르타로스에 내동댕이칠 때도 놈이 내게 덤비지 않았기에 내버려두었거늘 ……. 그런 놈이 내가 그토록 아끼는 불을 훔쳐 인간에게 주고 문명의 기술을 가르쳐줘!

나에게 도전하면 어떤 벌을 받는지 너희 모두에게 똑똑히 보여주겠노라. 놈을 카우카소스의 벼랑에 꼼짝 못 하게 매달아둘 것이니라! 놈이 내게 충성을 서약하기 전에는 그 곳에서 단 한 순간도 벗어나지 못하리라!"

　온 우주에 전운이 잔뜩 맴돌았다. 천둥이 치고 벼락이 소나기처럼 대지를 향해 쏟아져 내렸다. 헤파이스토스는 보기만 해도 사람의 기를 꺾어버릴 만큼 무시무시하게 생긴 두 사내를 데리고 어디론가 바삐 날아가고 있었다. 내가 헤파이스토스를 부르자 손에 큼지막한 망치와 대못 서너 개를 든 두 사내가 사나운 눈길로 뒤돌아보는 바람에 나는 그 자리에 얼어붙고 말았다. 헤파이스토스 자신도 큰 일을 앞에 둔 이들이 보통 그러하듯 잔뜩 상기되어 내 목소리는 듣지도 못한 채 총총히 사라져버렸다.

　카우카소스는 영어로는 코카서스라 하고 러시아 어로는 카프카스라고 하는 서아시아의 험준한 산악 지대이다. 한때 국민 전체의 말살까지도 불러올 수 있는 전쟁을 마다하지 않고 러시아로부터 독립하려 애쓰던 체첸 공화국군의 근거지로 이용되기도 했던 곳이다. 나는 '프로메테우스 결박'이라는 역사적인 장면을 목격하기 위해 서둘러 올림포스 산을 떠나 카우카소스로 향했다. 그리스와 아시아 대륙을 가로지르고 있는 보스포루스 해협을 건너뛸 자신은 없었기 때문에 육로를 따라 북진한 뒤, 마케도니아 지방을 지나고 흑해를 끼고 돌아 카우카소스 산맥에 도달하였다. 그러나 이 때는 이미 헤파이스토스와 두 장정이 거인 프로메테우스를 붙잡아 절벽에 단단히 달아맨 직후였다.

　치렁치렁한 금발 머리에 찬란한 구레나룻을 가진 프로메테우스의 구릿빛 얼굴은 고통으로 심하게 일그러져 있었다. 회향풀 줄기에 불씨를 숨겨 인간에게 전해 준 크고 믿음직한 두 손은 사슬에 묶인 채 황폐한 벌거숭이 바위산에 단단히 박혀 있었다. 그리고 인류애에 불타는 거인의 뜨거운 가슴에는 큼직한 쐐기가 꽂혀 있었다.

거꾸로 매달린 프로메테우
스. 야콥 요르다엔스 그림

　지금은 마지막 단계로 그의 발을 바위에 결박하는 중이었다. 부정
한 아내와 정부(情夫)를 보이지 않는 올가미로 달아맬 만큼 솜씨 좋
은 헤파이스토스도 이 잔인한 짓 앞에서는 손을 떨며 망설였다. 그
러나 그를 감독하는 두 사내는 피도 눈물도 없이 형 집행을 재촉했
다. 그들은 폭군 제우스의 심복으로 한 명은 '힘'이란 뜻의 크라토
스요, 다른 한 명은 '폭력'이란 뜻의 비아였다.
　일을 마치자 고개를 떨군 프로메테우스를 향해 크라토스가 빈정
거렸다.

"네 녀석이 짊어진 고난의 짐을 인간들이 덜어줄 수 있겠어? 신들이 네 이름을 프로메테우스(Prometheus)라고 부른 건 큰 잘못이었지. 네가 이 사슬에서 벗어나기 위해서는 누군가 '프로메테우스'를 많이 해주어야 할 테니 말야."

프로메테우스는 '미리 생각하기'라는 뜻이다. 이 뜻을 생각하면 크라토스의 빈정거림을 충분히 이해할 수 있다. 프로메테우스가 지금의 고통을 받게 된 것은 그 재수 없는 이름 탓 아니냐는 놀림이다. 개똥이란 이름을 가진 사내가 개똥을 밟고 미끄러졌을 때 그 사내에게 이름 때문에 그런 변을 당했다고 놀리는 거나 마찬가지다.

물론 이 말은 틀렸다. 프로메테우스는 이름 때문이 아니라 인간을 짐승이나 다름없는 야만의 상태에서 구제하려는 용감한 행동 때문에 고통을 받게 되었다. 하지만 다른 각도에서 보면 크라토스의 말이 맞다. 왜냐하면 프로메테우스가 그런 고통으로부터 벗어나려면 정말 그의 이름처럼 '미리 생각하기'를 꽤 많이 하지 않으면 안 되기 때문이다.

힘과 폭력과 헤파이스토스가 물러가자 나는 프로메테우스에게 물었다.

"당신이 인류를 위해 한 일로 보상을 받기는커녕 이렇게 크나큰 고통을 당하다니 정말 안타깝군요. 제우스의 말을 들으니 가만히만 있었으면 당신은 다치지 않고 잘살 수 있었던 모양인데 어쩌다가 인류를 돕겠다는 생각이 들었죠?"

"인류에 붙어다니던 고통들에 귀를 기울여보게. 그들은 보는 눈은 있었지만 쓸모 있는 것을 보지 못했고, 듣는 귀도 있었지만 아무것도 이해하지 못했지. 다만 꿈 속의 환영(幻影)들처럼 아무 목적 없이 혼미 속에 이일 저일 하다가 긴 인생을 마칠 뿐이었지. 벽돌로 집을 짓는 법을 알지 못해 뜨거운 태양을 마주 보았고, 숲 속에서 일할 줄도 몰랐지. 그저 우글거리는 개미떼처럼 땅 밑에 볕 안 드는 굴을 파고 살았어. 겨울이 다가오고 꽃 피는 봄이나 과실이 무르익는 여름이 다가오는 것조차도 모르고 살았지."

프로메테우스의 말을 들으니 불현듯 떠오르는 생각이 있었다. 인간은 처음부터 무슨 대단한 존재여서가 아니라 프로메테우스가 말하듯 다른 야수들에 비해서도 형편 없이 보잘것 없는 존재였기 때문에 문명을 일으켜 세울 수 있었구나! 프로메테우스는 동정심 때문에 인간을 돕기 시작한 것 같지만, 그 동기야 어쨌든 프로메테우스가 아니었으면 인간은 살아남을 수 없었다. 왜냐하면 프로메테우스는 한마디로 사고력의 신이요, 호랑이 발톱이나 독수리 날개 같은 무기가 없는 약한 인간은 이 사고력의 도움이 없었다면 진작 멸종해 버렸을 테니까. 그러고 보면 프로메테우스 없는 인류는 생각할 수도 없으니 인간과 프로메테우스는 둘이 아니라 하나인 셈이다. 그리고 그 둘이 하나가 된 순간 인간은 단지 살아남는 데 그치지 않고 신에 도전하는 만물의 왕으로까지 도약하고 말았다.

내가 이런 생각을 하고 있을 때 프로메테우스가 깊이 탄식하며 중얼거렸다.

"내가 인류를 위하여 고안해 낸 발명품들이 이와 같건만, 현재의 고통으로부터 나 자신을 구출할 아무런 지혜도 갖고 있지 않으니 이 얼마나 비참한 존재란 말인가!"

나는 가슴 한 구석이 무너져 내리는 듯한 충격을 받았다. 아니, 프로메테우스 당신이 정녕 그런 지혜를 가지고 있지 않단 말인가? 그렇다면 도대체 우리 인류는 무엇을 믿고 살아가야 하는가?

다음 순간 나는 허허 하면서 쓴웃음을 지었다. 갑자기 18세기 프랑스의 사상가 장 자크 루소의 말이 생각났기 때문이다.

"인간은 본래 자유롭게 태어났다. 그러나 지금 인간은 곳곳에서 사슬에 묶여 있다!"

루소가 프로메테우스를 염두에 두고 이 말을 한 것 같다는 생각이 뇌리를 스쳤다. 루소는 프로메테우스가 인간에게 문명을 선사한 것이야말로 실수였고 제 꾀에 제가 넘어가는 짓이었다고 생각한 건 아닐까? 다시 말하자면 머리를 짜내고 짜내어 문명 사회를 창조해 낸 결과 인간이 원시 상태에서 누리던 자연과의 조화로운 삶을 잃어버리고 스스로 문명의 장치에 억압당하는 꼴을 초래하고 만 것 아니냐는 이야기다.

나는 프로메테우스로부터 눈길을 돌려 인간들의 세계를 내려다보았다. 아닌게아니라 인간의 운명은 프로메테우스의 운명 그대로였다. 인간은 야만 상태를 벗어나려고 문명을 일으켜 세웠다. 그러나 바로 다음 순간 인간은 문명의 질서를 유지하고자 사회 내부에 다양한 억압 기구들을 만들었다. 저마다 신의 아들 또는 신의 대리인이라고 주장하는 자들이 나타나 이 기구를 장악하고 다른 사람들을 지배하고 있었다.

"이 노릇을 어찌해야 할꼬……"

나는 망연자실, 머리를 쥐어짜며 카우카소스를 내려왔다.

*　　　　*　　　　*

얼마 후 나는 프로메테우스에게 어떤 일이 일어났는지 전해 들을 기회가 있었다. 제우스는 계속 사자를 보내 프로메테우스를 달래기도 하고 윽박지르기도 했던 모양이다. 먼저 프로메테우스의 큰아버지인 오케아노스가 와서 조카를 달랬다. 세상 일이 뻗대기만 해서 되는 게 아니고 때로는 고개 숙일 줄도 알아야 한다고. 그러나 프로메테우스는 그를 간신배로 몰아붙이며 쫓아버렸다고 한다.

다음에는 신들의 전령이기도 하지만 저승 사자라는 무시무시한 역할도 가지고 있는 헤르메스가 나타났다. 그는 프로메테우스에게 이렇게 엄포를 놓았다고 한다.

"듣자 하니 제우스를 왕좌에서 끌어내릴 자가 누구인지 안다고 네 녀석이 떠벌린다던데 ……. 나는 멀리 내다보는 제우스의 분부를 받고 타협을 하고자 찾아왔다. 그 위험한 존재가 누구냐? 그것만 말하라. 말하면 여기서 풀려날 테고 말하지 않으면 영원히 가혹한 책벌을 면치 못할 것이니라."

프로메테우스는 그 비밀을 털어놓지 않았다. 오히려 그는 헤르메스에게 사나운 저주를 퍼부었고, 헤르메스 역시 야멸찬 저주를 남긴 채 카우카소스를 떠났다. 그리고 곧 천시를 신동하는 뇌성이 울리고 산이 들썩들썩하더니 굉음과 함께 프로메테우스가 매달린 바위산 전체가 땅 밑으로 꺼졌다고 한다. 거인 프로메테우스의 외마디 절규가 빈 하늘에 메아리쳤을 것이다.

"인류여, 프로메테우스를 발휘하여 사슬에서 벗어나라!"

프로메테우스는 비밀을 간직한 채 사라졌고 많은 과제를 남겼다. 그러나 프로메테우스와 같은 영웅을 가진 그리스 인은 축복받은 사람들이다. 18세기 유럽 사람인 루소가 인류는 아직 곳곳에서 사슬에 묶여 있다고 했으니, 그리스 시대에 프로메테우스가 사슬에서 벗어났을 리는 만무하다. 그러나 프로메테우스는 불과 기술 이상으로 값진 자산을 그리스 인에게 안겨주었다.

그것은 인간 스스로의 머리와 힘을 믿고 자신의 운명을 개척해 나갈 수 있다는 신념, 그리고 당장 밝은 미래가 보이지 않더라도 눈앞의 압제에 굴하지 않고 과감히 저항하는 영웅 정신이다. 진실로 그리스에는 수많은 프로메테우스가 나타나 찬란한 지성을 발휘하여 세계를 주재하는 신들의 능력을 더 많이 인간의 것으로 만들어나갔다. 물론 그리스 인들은 역사가 그들에게 허용한 시간 안에 프로메테우스의 비밀을 풀기에는 많이 미숙했다. 프로메테우스는 그리스 인이 남긴 최고의 영웅이자 인류의 숙제일 것이다.

 ## 역사적 배경에 관한 노트

헤겔은 세계사를 죽 훑어나가는 자리에서 고대 그리스 시대에 이르자 마치 고향에 온 느낌이라고 말한 적이 있다. 고대 그리스는 진실로 서구인의 정신적 고향이다. 근대 서구 문명은 그리스가 일구어 놓은 성과의 계승이요 발전이었기 때문이다.

고대 그리스는 오리엔트(이집트, 메소포타미아) 문명의 서자로 출발했다. 인류 최초의 문명 중 하나인 이집트 문명이 기원전 3천 년경에 출범한 반면, 북방에 살던 그리스 인이 오늘날의 그리스로 이주하기 시작한 것은 그보다 최소한 천 년이나 지난 뒤의 일이었다. 그리스 인은 오리엔트가 먼저 이룩한 문명의 성과들을 들여와 배우는 일로 자신의 문명사를 시작하였다.

그러나 그리스는 노회한 오리엔트의 신 중심 사회보다 인간의 능력을 더 빨리 자각하게 되었다. 고대 사회 어느 곳에서도 신이 지배하는 세계를 회의하고 인간의 자유 의지가 어디까지 관철될 수 있는

가를 그리스만큼 과감히 실험한 곳은 없었다. 신의 전유물이던 불을 훔쳐 인간에게 준 거인 프로메테우스는 그리스 정신의 신화적 상징이요, 기원전 6세기에 신정(神政) 국가 페르시아의 침략을 물리친 자유 시민의 나라 아테네는 그리스 정신의 역사적 상징이었다.

 출전(出典)에 관한 노트

헤파이스토스가 아프로디테와 아레스를 보이지 않는 그물에 달아매는 이야기는 호메로스의 서사시 『오디세이아』(B. C. 8세기?)에 나오는 일화이다. 호메로스는 고난에 찬 항해를 겪는 인간 오디세우스에 비해 신들의 세계가 얼마나 자유롭고 심지어 방탕하기까지 한가를 보이려고 이 일화를 삽입했다고 한다.

사슬에 묶인 프로메테우스 이야기는 고대 그리스에서 인구에 회자된 신화였으며, 아테네 3대 비극 시인의 선두인 아이스킬로스가 이를 각색하여 자신의 '프로메테우스 3부작'(B. C. 476)에서 형상화했다. 이 3부작의 다른 두 부는 현재 전해지지 않는다. 신화에 따르면, 프로메테우스를 사슬에서 풀어주는 이오의 14대 손은 헤라클레스라고 한다. 아이스킬로스는 페르시아 전쟁에 참여했던 열렬한 애국자이자 민주주의자였다. 그는 아테네의 아들답게 제우스를 독재자인 '참주'로 지칭하며 이에 저항하는 프로메테우스를 영웅적으로 묘사하고 있다.

인간에 대한 신의 반란

『신약성서』

나는 이스라엘의 갈릴리 지방으로 가던 중 로마 식민지로 전락한
그리스 일대를 지나다 다음과 같은 이야기를 들었다.

십자가에서 처형당한 뒤 매장된 남자의 무덤을 그의 아내가 지
키고 있었다. 여인은 오랫동안 상심해서 식음을 전폐하였으므로
몹시 지쳐 보였다. 이 여인을 불쌍하게 여긴 십자가 경비병이 그
녀에게 먹을 것과 마실 것을 주었다. 허기와 남편에 대한 정절로
딱딱하게 굳었던 여인의 몸과 마음은 음식물과 경비병의 친절로
말미암아 점차 노곤하게 풀리기 시작했다. 그러더니 어느 순간인
가부터는 그 경비병과 입을 맞추고 애무를 하며 한 몸이 되어 뒹굴
고 있었다. 그러는 사이에 경비병이 지키던 십자가 가운데 하나에
서 시체를 도난당했다. 이 사실이 발각되면 경비병의 목이 달아날
판이었다. 그러자 남편의 무덤을 지키던 여인이 태연히 말했다.
"제 남편의 시체를 꺼내 그 십자가에 매달도록 하세요."

현대인인 나에게 이 이야기는 무슨 고대인의 이야기가 아니라 근대 소설에나 나올 법한 이야기로 들렸다. 아무런 윤리적·종교적 보호막도 없이 인간의 본능에 냉혹한 관찰의 메스를 들이대는 악취미는 '근대성'의 중요한 재산 목록 아닌가? 그러니까 고대 말의 서양인은 자기 자신의 정신과 육체에 대해 노골적인 폭로전을 벌여대는 근대인에 접근해 가고 있었다는 얘긴데…….

그런데 고대에서 근대로 건너가는 건널목에 갑자기 '공사 중. 우회하시오'라는 간판과 함께 우회로를 가리키는 빨간 화살표들이 나타났다. 공사 명목은 퇴폐와 허무로 가득 찬 고대의 철거 및 재건이었으며, 우회로는 '중세'라는 이름의 기나긴 터널이었다. 이 터널의 주인은 가시관을 쓴 장발의 젊은이였다. 나는 바로 이 사나이, 예수 그리스도를 만나러 가던 중이었다.

갑자기 저 십자가 무덤의 여인에 대해 예수가 어떤 태도를 취할 것인지가 궁금해졌다. 예수는 신이 보낸 신의 아들임을 자처했고, 문제의 여인은 신을 의식한다면 결코 저지를 수 없는 일을 자행했으므로 두 사람은 상극이다. 나는 오래 전부터 이런 생각을 해왔다. 만약 프로메테우스가 방자한 신에 대한 인간의 반란이라면 예수 그리스도는 방자한 인간에 대한 신의 반란이라고. 그렇다면 예수는 이 여인을 용서해서는 안 된다. 그러나 모두가 알고 있듯이 예수가 내건 기치는 사랑과 용서 아니었던가?

갈릴리 지방에 닿자마자 나의 궁금증은 금방 풀려버렸다. 당시에 예수는 밤에는 올리브 산에서 묵고, 날이 밝으면 성전(聖殿)에 내려와 설교를 하곤 했다. 그런 그의 모습을 보러 성전으로 발걸음을 재촉하고 있을 때 한 무리의 율법학자들과 바리새 인들이 보였다. 그들은 한 여인을 끌고 가는 중이었다. 그리고 성전으로 들어가자마자

갈릴리 호수의 예수와 제자들. 라파엘로 그림

예수 앞에 여자를 무릎 꿇렸다.

"선생님, 이 여자가 간음하다가 현장에서 잡혔습니다. 모세는 율법에서 이런 죄를 범한 여자는 돌로 쳐죽이라고 하였는데, 선생님은 어떻게 말씀하시겠습니까?"

율법학자와 바리새 인은 예수를 시기한 나머지 어떻게든 그에게 죄를 씌워 없애려고 기를 쓰는 사람들이었다. 그들은 예수가 율법대로 그 여자를 돌로 쳐죽이면 즉시 그를 살인죄로 고발할 심산인 게 틀림없었다. 내가 궁금해하던 예수의 반응을 볼 수 있을 뿐 아니라 그의 정치적 수완까지도 한꺼번에 가늠해 볼 수 있는 기회다 싶었다. 그래서 나는 더욱 뚫어져라 예수의 일거수 일투족을 주시했다.

그러나 예수는 몸을 굽힌 채 손가락으로 땅에다 무엇인가를 열심히 쓰고 있을 뿐 아무 대답이 없었다. 나는 그것이 묘수를 찾아내기 위해 시간을 벌려는 행동이라고 생각했고 실제로도 그랬겠지만, 예수는 내 나이 또래의 젊은이라고는 도저히 생각할 수 없는 태연자약한 태도를 견지하고 있었다.

"어찌해야겠습니까, 선생님?"

율법학자들이 거듭 물었다. 그들이 아니었다면 나라도 감질나서 대들 듯 물었을 것이다. 그러자 예수가 고개를 들고는 사람들을 빙 둘러보고 나서 말했다.

"너희 중에 죄 없는 자가 먼저 돌로 쳐라."

다시 몸을 굽혀 땅바닥에다 쓰던 글을 계속 쓰는 예수를 보며 나는 이 사람야말로 정녕 프로메테우스의 강적이라고 감탄했다. 그의 말이 떨어진 뒤 잠시 멍하니 서 있던 사람들은 가장 나이가 많은 사람부터 시작하여 히니히니 도망치듯 그 자리를 떠났다. 나 역시도 그 자리에 가만히 서 있자니 "넌 뭐야? 죄가 하나도 없다는 거야?" 하는 비아냥이 쏟아질 것 같아 슬금슬금 발을 빼고 말았다. 그리고는 성전 입구에서 고개만 빼꼼이 내밀고 예수를 지켜봐야 했다.

이제 예수말고는 여인 혼자만 남았다. 예수는 고개를 들고 그녀에게 물었다.

"여인이여, 너를 고소하던 그들이 어디 있느냐? 너를 정죄할 자가 없느냐?"

여인이 대답했다.

"주여, 아무도 없나이다."

예수는 나직이, 그러나 힘이 담긴 목소리로 말했다.

"나도 네 죄를 묻지 않겠다. 어서 돌아가라. 그리고 이제부터 다시는 죄짓지 말라.”

　나는 한참 동안이나 멍한 얼굴로 서 있다가 정신을 차렸다. 바로 이것이다. 예수에게는 사람들의 양심을 비수처럼 파고들어 꼼짝 못하게 만드는 힘이 있었다. 그의 엄숙한 한마디로 여인을 용서해야 했던 사람들도, 죄를 용서받은 여인도, 가슴 속을 파고드는 알 수 없는 양심의 힘에 크나큰 압박을 느꼈을 것이다. 예수는 속으로 이렇게 말하리라. 너희들 인간이 어찌 정죄를 말할 자격이 있느냐? 오직 경건하게 옷깃을 여미고 신의 심판에 몸을 맡길지어다.

　프로메테우스가 사람들에게 자기 머리와 힘을 믿도록 부추겨 고개를 빳빳이 들고 신에게 저항할 의지를 주었던 것과 비교해 보라.

　내게 저 십자가 무덤의 여인 이야기를 들려준 그리스 인과 지금 간음한 여인을 용서한 예수는 단 한 가지 점만 빼고 모든 점에서 견해가 일치한다. 즉 그들은 둘 다 ‘인간이란 그런 존재’라고 본다. 인간은 쉽게 육체적 욕망 따위의 유혹에 굴복하는 보잘것 없는 존재라는 것이다. 그러면 두 사람은 어떤 점에서 다른가?

　십자가 무덤의 여인을 냉혹한 관찰자의 눈으로 바라보는 그리스 인은 여인의 행위가 자연 법칙에 따른 본능의 발로일 뿐이라고 주장할 것이다. 반대로 예수는 인간이란 그처럼 약점 많은 동물이니 신이 이끄는 대로 따르지 않으면 파멸이 따를 뿐이라고 엄숙히 경고할 것이다.

　예수는 이렇게 나타났다. 신에 저항함으로써 인간 해방을 이룰 것을 부르짖었던 프로메테우스의 맞은편에서. 신에 순종함으로써만 구원받을 수 있다고 가르치면서.

＊　　　　　＊　　　　　＊

나는 꼬깃꼬깃 접어 바지 뒷주머니에 집어넣었던 종이 쪽지를 꺼내 들었다. 예수와 만나기 전에 알아두어야겠다고 생각한 것들을 틈나는 대로 적어둔 쪽지였다. 하도 오래 주머니 속에 들어가 있어서 접은 부위가 다 찢어지다시피 한 쪽지를 펴자 가장 먼저 다음과 같은 글씨가 눈에 들어왔다.

모세는 "눈에는 눈, 이에는 이", 예수는 "누가 오른 뺨을 치거든 왼 뺨마저 돌려 대라".
모세는 "네 이웃을 사랑하고 원수를 미워하여라", 예수는 "원수를 사랑하고 박해하는 사람들을 위하여 기도하라".
똑같은 하느님을 섬기면서 왜 이렇게 다르지?

'바로 이거다' 하고 나는 나직이 혼자말을 했다. 예수는 여러 가지 점에서 유태인의 선지자이지 구약성서의 영웅인 모세와 다른 사람이다. 방금 간음한 여인을 놓아준 행위도 엄밀히 따지면 그녀를 벌하라는 모세의 율법과 어긋나는 것 아닌가?

그래서 나는 종이 쪽지를 보며 그 차이가 어디서 왔을까를 곰곰이 생각해 보기로 하였다. 이미 구약성서와 신약성서에 관해서라면 신물 나게 알고 있다고 생각하시는 분들도, 예수와 직접 만나는 엄숙한 마당이니만큼 복습한다는 의미에서 나를 따라와 주시기 바란다.

유태인은 그리스 인과 함께 고대 지중해 세계에 속하지만 걸어온 길은 정반대였다. 그리스 인은 오리엔트의 거대한 왕국들을 물리치고 현실 세계의 승리자가 되었다. 반대로 유태인은 시종일관 이집트, 바빌로니아, 페르시아 등 강대국들의 종살이로 시달리는 패배자의 길을 걸어왔다. 자칫 지리멸렬해서 역사의 무대에서 사라질 수도 있었던 유태인은 그러나 하나의 민족으로 끈질기게 살아남았다. 그 원동력은 바로 그들의 신앙이었다. 그리스 인을 비롯한 대부분의 오리엔트 나라들이 여러 신을 믿는 다신교인 데 반하여 그들은 오직 한 명의 신과 엄격한 계약을 맺고 이 신만을 섬겼다.

이 신과 계약이 이루어진 것은 기원전 2천 년경 이들이 이집트를 떠나 가나안으로 향할 때였다. 이들의 지도자 모세는 출애굽(이집트 탈출) 3개월째 되던 어느 날 시나이의 광야에서 신으로부터 강림을 약속받았다. 3일 후 시나이 산으로 올라가 유일신 여호와를 만난 모세는 수백 조에 이르는 율법을 들고 내려왔다. 이 가운데 성스러운 법궤에 보관한 열 가지가 핵심으로서 이를 '모세의 십계'라고 한다. 이 십계의 처음 세 가지는 다음과 같다.

> 첫째, 나 외에는 다른 신을 네게 두지 말라.
> 둘째, 너를 위하여 우상을 만들지 말라.
> (나 여호와 너의 하느님은 노여워하는 하느님이다……)
> 셋째, 너희 하느님 여호와의 이름을 망령되이 일컫지 말라.
>
> ―「출애굽기」20장

이 얼마나 강력한 신인가? 유태인에게 이런 신이 있는 줄 알았다면 제우스가 얼마나 통탄했을까? 이 강력한 유일신은 유태인이 계약만 지켜준다면 언젠가 구세주를 보내 그들에게 하느님의 나라를 선사하겠노라고 약속하였다. 이 약속이 비참한 유태인을 역사적 존재로 살아 있게 한 힘이었다.

그러나 2천 년이 넘도록 구세주는 나타나지 않고 이스라엘은 로마라는 세계 제국의 지배를 받게 되었다. 사람들은 점점 신앙을 잃어갔고, 종교 지도자들은 바리새 파니 사두가이 파니 하고 나뉘어 서로 율법 논쟁을 벌이며 현실적 잇속을 챙기기에 바빴다. 바로 이 때, 어찌 보면 하느님의 나라가 가장 멀어져간 듯한 시기에 도리어 하느님의 나라가 가까워졌다고 외치며 나타난 자가 예수 그리스도 였다.

그는 기원전 4년 베들레헴의 말구유에서 동정녀 마리아의 아들로 태어났다. 그는 자신이 하느님의 아들이며, 신을 믿지 않는 사람들에게 신의 존재를 분명히 알리고 구원의 길로 이끌기 위해 인간으로 이 세상에 왔다고 주장했다. 그는 자신의 강림을 알린 예언자 요한 으로부터 세례를 받은 뒤 광야에서 40일간 금식하며 스스로를 담금 질했다. 이 때 악마가 그를 유혹했다.

"당신이 하느님의 아들이거든 이 돌을 빵이 되게 해보시오."

그러자 예수는 이렇게 대답했다.

"사람이 빵만으로 사는 것이 아니라 하느님의 입에서 나오는 모든 말씀으로 살리라."

시련이 끝나자 예수는 많은 제자를 거느리고 전도를 시작했다. 그러나 그는 유태인이 오랫동안 갈망해 오던 구세주와는 여러 가지 면에서 달랐다. 모세는 신이 약속한 '젖과 꿀이 흐르는 땅', 가나안으로 유태인을 이끌었다. 이후의 선지자들이 유태인에게 약속한 것도 이 세상에 하느님의 왕국이 들어서 유태인을 낙원으로 이끌리라는 것이었다. 그러나 예수는 유태인만의 지상낙원 따위는 약속하지 않았다. 다가올 하느님의 나라에서는 최후의 심판이 벌어지는데, 이 심판을 통과하여 영원한 생명을 얻게 될 사람은 결코 유태인만은 아니다. 모든 인류가 심판의 대상이 되고 하느님의 뜻에 따르는 삶을 산 사람이면 누구나 천국행 표를 손에 넣을 수 있다. 단, 천국의 문은 좁은 문이라 선택받을 사람은 소수에 불과하다. 모세가 산에서 율법을 전한 것처럼 예수도 산에서 선택받을 자격의 요건을 밝혔다.

가난한 사람들아, 너희는 행복하다. 하느님 나라가 너희 것이다.

지금 굶주린 사람들아, 너희는 행복하다. 너희가 배부르게 될 것이다.

지금 우는 사람들아, 너희는 행복하다. 너희가 웃게 될 것이다.

그러나 부유한 사람들아, 너희는 불행하다. 너희는 이미 받을 위로를 다 받았다.

지금 배불리 먹고 지내는 사람들아, 너희는 불행하다. 너희가 굶주릴 날이 올 것이다.

지금 웃고 지내는 사람들아, 너희는 불행하다. 너희가 슬퍼하며 울 날이 올 것이다.

—「누가복음」 6장

이처럼 예수는 누구보다도 사회에서 소외되고 탄압받는 사람들에게 드러내놓고 우호적인 눈길을 보냈다. 심지어 '부자가 천국에 가는 것은 낙타가 바늘 구멍에 들어가는 것보다 어렵다'는 말까지 서슴지 않았다. 그가 가장 신임하는 열두 제자는 모두 사회의 하층 출신이었다.

그러면 천국에 가기를 원하는 자는 가난하고 굶주리기만 하면 될까? 그건 안 될 말이다. 숫자로 치면 그런 사람들이 잘먹고 잘사는 사람보다 훨씬 많은데, '좁은 문'이 어찌 그 많은 인원을 들여보낼 수 있으랴? 사랑과 용서의 정신을 실천한 사람이어야 한다. 그래서 예수는 정의와 복수를 강조하는 모세의 율법에 수정을 가했다. 율법

타락한 성전에서 채찍을 휘두르는 예수. 엘 그레코 그림

에 나오는 것처럼 '자기를 사랑하는 사람만 사랑하고 자기를 미워하는 자를 미워하는 일은 세리(稅吏)들도 할 수 있는 일'이라고 그는 말했다. 수천 년 동안 내려온 율법에 가하는 이 혁신을 예수는 '새 술은 새 부대에 담아야 한다'는 간결한 말로 표현했다.

　예수의 '새 술'은 사람 사이와 민족 사이에서 증오의 장벽을 허물어버리고 그들을 하나로 묶음으로써 여호와의 지배 영역을 과거와 비할 수 없이 넓히려는 시도였다. 이렇듯 모든 인간을 차별 없이 대하는 예수의 사상에 더 어울리고 이를 반길 사람들이 누구겠는가? 그들은 차별하는 자들보다는 차별받는 자들 쪽일 수밖에 없음을 예수는 잘 알고 있었다.

그의 사상이 이러하니 그가 유태인의 배타적인 낙원을 고대하던 고향 사람들에게 환영받을 수 없는 것은 정한 이치였다. 그래서 예수는 선지자가 고향에서 환영받아 본 적이 없다고 말하며 동족의 박해를 각오한 바 있다. 지금 간음한 여인을 데리고 왔던 바리새 인의 간교한 음모도 그러한 박해의 일환이었다. 예수는 머잖아 총애하는 제자의 배반으로 동족의 손에 체포되어 로마 제국의 총독에게 넘겨질 것이다. 그리고 동족의 집요한 고발로 유죄가 선고되어 십자가에 매달릴 것이다.

*　　　　*　　　　*

"프로메테우스를 아십니까?"

나는 간음한 여인이 저만치 멀어져가는 것을 보면서 이렇게 물었다. 예수는 땅바닥에 쓰던 글씨를 계속 쓰며 말없이 앉아만 있었다.

"프로메테우스는 제가 얼마 전에 만나고 온 그리스의 거인입니다. 그리스에는 당신한테 잡신 소리를 들을 만큼 많은 신이 있었습니다. 프로메테우스는 인간의 편에 서서 이들에 저항하다가 바위산에 매달리는 형벌을 받았습니다. 당신이 신의 정의를 부르짖다가 인간에 의해 십자가에 매달리는 형벌을 받는 것과 경위는 반대지만 결과는 같습니다."

고개를 쳐든 예수의 두 눈이 붉게 타올랐다. 나는 그것이 석양빛을 받은 탓이라고 생각했다.

"무엇이 반대란 말인가! 내가 인간의 편에 서 있지 않다는 말이냐? 이렇듯 싱싱한 육신을 지닌 이 인간 예수가?"

예수가 이렇게 언성을 높이는 걸 보고서야 나는 그의 타는 눈빛이 햇빛의 반사 때문만은 아니라는 걸 깨달았다.

"그런 건 아니지만……. 프로메테우스는 신들에게 저항했고 선생님은……."

나는 이미 기가 죽어 있었으므로 예수가 나와 같은 30대이면서도 내게 하대를 하는 것에 개의할 처지가 아니었다. 예수는 나를 한참 동안 바라보며 서 있다가 내가 말을 잇지 못하는 걸 보고 시선을 허공으로 옮겼다.

"프로메테우스가 지금 여기 있다면 나의 하느님께 저항했을 것 같은가?"

한동안 생각에 잠겼던 예수가 이윽고 입을 열고 물어왔지만, 나는 대답할 말을 찾지 못했다. 예수는 또다시 물었다.

"또 나의 하느님께서 프로메테우스의 저항 행위를 미워하실 것 같은가?"

이 물음에도 역시 대답하지 않았지만 물어보는 예수의 의도는 잘 알 것 같았다. 한마디로 이스라엘의 유일신은 인간에게 부당한 제약을 가하는 신이 아니며, 부당한 제약을 가하는 잡신들에 대한 프로메테우스의 저항은 정당했다는 뜻이리라.

나는 곰곰이 그리스의 '잡신'들을 떠올려보았다. 제우스는 인간의 왕들이 하는 일 이상을 한 것이 없고, 아폴론과 아테나는 철학자들이나 기술자들이 하는 일 이상을 한 것이 없다. 또 아레스는 군인들을, 헤르메스는 장사꾼들을, 헤파이스토스는 대장장이를 넘어서는 일을 하지 않았다. 실로 인간이 이렇게 그들의 직능을 죄다 넘볼 줄 미리 알고 그토록 문명의 씨앗인 불을 주지 않으려 버텼던 것일까?

그런데 신들이 자기들의 고유 영역을 인간에게 모조리 빼앗긴다고 해도 이스라엘의 유일신은 조금도 위협받지 않는다. 아니 오히려 그와 인간 사이를 두텁게 뒤덮어 시야를 가리던 스모그 현상—그리스 신들—이 깨끗이 제거되어 그의 존재가 더 선명하게 드러나는 효과마저 있다.

"프로메테우스의 후예라고 할 수 있는 그리스의 지성들이 일생을 바쳐 추구한 것이 과연 무엇인가?" 하고 예수가 다시 물었다.

"소크라테스 이전의 철학자들은 삼라만상의 근원이 되는 물질을 탐구했습니다. 그 물질을 원질(아르케)이라고 불렀는데 어떤 이는 물이 원질이라 하고, 어떤 이는 불이 원질이라 했습니다. 이 때는 아직 인간에 대한 관심보다는 인간이 속해 있는 자연에 대한 관심이 압도적이었으므로 그 철학자들을 자연철학자라고 부릅니다."

나는 잠시 숨을 돌리고 예수의 얼굴을 살짝 훔쳐보았다. '신의 아들'인 예수가 내 말을 매우 진지하게 경청하고 있었다. 나는 후한 기분이 되어 예수가 좋아할 듯한 이야기로 말을 옮겨갔다.

"인간이 철학의 대상이 된 건 소크라테스부터라고 합니다. 그 후로는 많은 철학자들이 인간과 사회에 관심을 갖게 되었습니다. 어떻게 하면 인간이 한세상 살아가면서 행복을 누릴 수 있을까, 그렇게 하기 위해 인간이 가져야 할 가장 좋은 사회 제도는 무엇일까 하는 물음을 던졌습니다. 소크라테스의 제자인 플라톤은 이 분야에서 타의 추종을 불허하는 업적을 남겼습니다."

예수는 팔짱을 끼고 흥미가 당긴다는 듯 턱을 약간 세웠다.

"아마도 플라톤은 생각하는 능력을 가진 영혼을 물질인 육체와 구분지은 서양 최초의 철학자일 겁니다. 그는 이 세상 밖 어딘가에 물질 세계와는 다른 영혼의 고향이 있으며, 어떤 이유에선가 영혼이 고향을 떠나 물질 세계의 육체와 결합하여 이 세상에 태어났다고 믿었습니다. 그가 '이데아'라고 부른 영혼의 고향이야말로 모든 인간이

아카데메이아 앞에 선 플라톤과 아리스토텔레스. 라파엘로 그림

행복을 누릴 수 있는 이상 사회의 모델이라고 그는 생각했습니다. 그리하여 그는 평생을 영혼의 고향을 되살려 내는 데 바쳤습니다."

나는 이 대목에서 예수가 회심의 미소를 지을 거라고 생각했다. 물론 예수의 얼굴을 똑바로 바라보지 못했기 때문에 정말 그가 미소를 떠올렸는지는 알 수 없었지만, 그는 낭랑한 목소리로 입을 열었다.

"과연 그리스 철학자들은 프로메테우스의 후예로다. 그들이 오랜 세월에 걸쳐 갈구한 것은 결국 영혼의 고향, 즉 이 세계의 근원이다. 그리스의 철인들은 참으로 많은 수고를 했구나. 그러나 이제 그들은 그러한 수고를 더 이상 할 필요가 없다. 그들이 그토록 찾아 헤매던 영혼의 고향은 실은 나의 고향인 천국이니 말이다. 나는 천국

에서 이 세상을 주재하시는 하느님 아버지의 분부를 받들고 이 세상
에 내려왔다. 이제 너희들이 할 일은 내가 전하는 하느님의 말씀을
믿고 이 세상에 임박한 하느님의 나라와 최후의 심판에 대비하는 것
뿐이다."

　이렇게 되면 예수는 프로메테우스를 자신의 선구자로 간주한 셈
이다. 그리스의 잡신들로부터 인간을 해방시키고, 해방된 인간을 새
로운 신을 찾아가는 길 위에 올려놓은 이교 세계의 영웅 프로메테우
스. 그리고 오늘날 인간 앞에 나타나 그 새로운 신을 보여주고 있는
예수. 제법 그림이 되지 않는가?

　그러나 아무리 생각해 보아도 그리스의 철인들이 탐구하던 이상
사회라든가 영혼의 고향 같은 것과 예수가 말하는 천국이 똑같다는
생각은 들지 않는다. 무엇보다도 그리스 인은 자신들의 힘으로 이
세상의 배후에 가려진 비밀을 찾아내려 했다. 그런 노력이 결실을
맺었다는 아무런 증거도 없다. 그런데 예수는 아주 간단하게 '믿으
라'는 한 마디로 그 노력들에 종지부를 찍는다. 이 세상을 주재하는
원리는 하느님이 쥐고 있으며 인간의 노력만으로는 아무리 발버둥
쳐도 그것을 손에 넣을 수 없다는 뜻이다. 나는 내가 쥐고 있던 회
심의 카드를 예수에게 던졌다.

　"하지만 플라톤의 제자인 아리스토텔레스는 이데아를 부정했습니
다. 그는 스승 플라톤을 공격하면서 이데아가 있다는 사실을 어떻게
증명할 수 있느냐고 했습니다. 아리스토텔레스는 이데아라는 '세상
밖의 또다른 세상' 같은 건 존재하지 않는다고 생각했어요. 그는 대
신 이 세상의 모든 사물과 현상을 샅샅이 탐구함으로써 이 세상 안
에서 그것을 움직이는 원리들을 발견하려 했습니다."

　예수는 이야기가 다 끝났다고 생각하고 산으로 돌아가기 위해 막

발걸음을 옮기려던 참이었나 보다. 내 이야기를 듣고 고개를 끄덕이긴 했지만 성가시다는 표정을 지으면서 말했다.

"그런 원리들을 캐나가다 보면 결국 자기는 움직이지 않으면서 이 세상 만물의 운동에 원동력을 주는 원동자가 있다는 데 이르는 것 아닌가? 그 원동자가 곧 이 세상을 주재하시는 하느님이 아니고 무엇이겠는가?"

우리의 대화는 거기서 끝났다. 예수도 나도 어느 정도는 만족한 상태에서 황혼을 맞았다.

예수는 자신을 프로메테우스와 대조하여 반인간적인 존재로 모는 듯한 나의 오해를 풀어주었다고 생각할 것이다. 사실 그와의 만남으로 헬레니즘과 헤브라이즘이 기계적으로 대립한다는 나의 선입관은 많이 해소되었다. 무엇보다도 내 입장에서 참으로 큰 소득은 그와의 대화를 통해 앞으로의 여정에 대한 불안감이 비교적 깨끗하게 해소되었다는 점이었다.

우선 고대 말기와 중세 초기의 기독교 세계를 여행할 때는 플라톤의 이데아론을 어느 정도 알고 가면 큰 도움이 될 것이다. 예수가 말한 것처럼 영혼의 고향이라는 플라톤의 이데아가 초기 기독교의 변증론자들에게 요긴하게 쓰일 것이기 때문이다.

그러나 중세 후기로 넘어가면 그 때의 사람들 사이에서는 자꾸만 지연되는 천국의 도래 대신 현세에 대한 관심이 늘어나게 되어 있다. 이 때는 많은 기독교 신학자들이 아리스토텔레스를 열심히 끌어들일 것이다. 그들은 예수의 마지막 말처럼 이렇게 주장할 것이다. 인간은 현실 속에서 현실을 움직이는 원리를 찾아낼 수 있고 그래야 한다. 그러나 그러한 탐구 결과 궁극적으로 이르는 곳은 역시 동일하게 세상을 주재하시는 하느님이다!

　그런데 이렇듯 아리스토텔레스를 이용한 기독교의 옹호는 의도했든 의도하지 않았든 현실에 대한 탐구와 관찰을 자극하여 끝내는 근대 자연 과학과 문예 부흥을 유발할 것 아니겠는가?

＊　　　　＊　　　　＊

　나는 마치 서양 지성사 순례를 다 끝내버린 사람처럼 포만감에 젖어 예수와 작별 인사를 나누었다. 그를 다시 못 만날 거라고 생각하자 십자가에 매달리게 되어 있는 그의 서글픈 운명이 떠올라 가슴이 아려왔다.

　그는 자신이 지금처럼 행동하다가는 십자가에 매달리게 되리라는 걸 잘 알면서도 신념껏 행동하기를 그치지 않았다. 내가 그의 주장을 수긍하든 말든 그의 영웅적인 일생은 나의 들뜬 가슴에 숙연함을 안겨주기에 충분하다.

　지금 나는 프로메테우스와 예수의 순교자적 행위가 객관적으로 어떤 결과를 인간 사회에 남겨주었든 간에 둘 다 인간의 완전성(또는 구원)에 초점을 맞추고 살았다는 주장에 완전히 동의한다. 나는 물론 그 '객관적인 귀결'을 냉정하게 탐구하러 떠나는 사람이지만, 바위산에 매달린 우람한 거인과 십자가에 못 박힌 여윈 젊은이의 구세(救世) 정신만은 가슴에 깊이 새기고 떠나고자 한다.

 # 역사적 배경에 관한 노트

어느 사상가의 말처럼 그리스의 내적 전성기는 페리클레스(B. C. 495~429) 시대요, 외적 전성기는 알렉산더 시대였다. 페리클레스는 페르시아의 침략을 물리친 후 아테네의 민주주의 시대를 연 지도자였다. 그러나 그의 영광은 짧았고 곧 분열과 상쟁의 그림자가 그리스를 덮었다. 아테네 시대는 귀족주의를 고수하는 스파르타와의 펠로폰네소스 전쟁(B. C. 431~404) 끝에 사실상 막을 내렸다. 그러나 뒤따른 암울한 시기는 위대한 철학자들의 사색을 촉구하여 플라톤과 아리스토텔레스 같은 사상의 거인들이 인류의 지식과 지혜에 획기적인 전진을 가져오는 결과를 낳았다. 그리스의 변경 마케도니아에서 일어나 그리스뿐만 아니라 오리엔트 세계까지 평정한 알렉산더 대왕은 아리스토텔레스의 제자였다. 아리스토델레스가 방내한 지식으로 세계를 품에 안은 것처럼 그 제자는 무력으로 세계를 정복하였다. 바로 여기서 그리스 문화가 오리엔트 문화를 흡수하여 서구 문화의 마르지 않는 샘인 헬레니즘을 형성하게 된다.

알렉산더 제국이 방대한 영토를 주체하지 못하고 짧은 생애를 마감했을 때 헬레니즘의 상속자로 역사의 전면에 등장한 것은 로마 인이었다. 그들은 지적인 면에서는 그리스 인에 뒤지지만 무력과 포용력만큼은 12세기의 몽고인에 필적하였다. 서력 기원을 전후하여 세계 제국으로 성장한 로마의 판도는 알렉산더 제국의 영토에 서유럽까지를 더하고 있었다. 이 광대한 강역을 배경으로 로마는 이전의 헬레니즘 문화 유산이 흘러들어오고 이후 서구 문화로 흘러 나가는 저수지로서의 역할을 충실히 해냈다.

그런데 로마로 흘러들어간 것이 그리스에서 발원한 총천연색의 헬레니즘이었다면 로마의 치세가 끝나갈 무렵 흘러 나온 것은 단조로운 잿빛의 새로운 흐름이었다. 이 흐름은 로마 문화가 향락과 퇴폐로 흐를 때 이를 씻어내는 도덕 재무장의 기치를 들고 급성장했으며, 그 발원지는 그리스와는 거의 인연이 없던 외딴 곳, 이스라엘 땅이었다. 기원전 2천 년경 이집트 왕국을 벗어난 유태인이 내부 결속을 위해 유일신 여호와에게 절대충성을 다짐한 것이 그 기원이었다. 이 신앙은 오랜 세월을 변함 없이 내려가다, 로마라는 세계 제국의 식민 치하에서 새로운 지도자를 만나 비약의 계기를 맞았다. 이 지도자의 이름은 예수 그리스도였다.

 ## 출전(出典)에 관한 노트

십자가 무덤의 여인 이야기는 이솝 우화 중에 발견된다. 로마 시대의 문장가인 페트로니우스가 쓴 『사티리콘』이란 소설 속에도 이 이야기가 등장한다. 유태인의 신앙 이야기는 『구약』과 『신약』이라는 서구 사회 최고의 베스트 셀러에 담겨 있다. 모세의 이야기는 구약 중의 「출애굽기」에 기록되어 있고, 예수의 생애에 관한 기록 가운데 가장 권위 있는 것은 「마태복음」, 「마가복음」, 「누가복음」의 3대 공관 복음서이다. 「요한복음」은 「요한계시록」과 함께 신약성서 중 문학성이 높은 것으로 꼽힌다. 구약성서가 70명의 그리스 인에 의해 번역되어 총정리된 것은 기원전 2세기의 일이고, 17권의 신약성서가 라틴 어로 번역 완료된 것은 서기 383년의 일이다.

글의 후반부에 등장하는 예수와 프로메테우스의 관계에 관한 대화에서는 스위스 신학자 얀 로흐만의 강연 원고 「그리스도냐 프로메테우스냐」의 논점을 일부 차용하였다.

예수의 탄생년을 기원전 4년으로 보는 것은 기원전, 즉 B. C.가 Before Christ(그리스도 이전)의 약자라는 점에서 이상하다. 그리스도가 그리스도 이전에 태어났다는 애기이기 때문이다. 이렇게 된 것은 연도 구분의 기준으로 A. D.(Ano Domini : 주 이후)와 B. C.를 창안한 사람이 예수 탄생년을 잘못 계산했기 때문이라고 한다.

헬레니즘과 헤브라이즘이 있는 풍경

셍키에비치, 『쿠오 바디스』

비니키우스의 집을 찾아가는 길은 쉽지 않았다. 전성기 로마의 중심가에 처음 발을 들여놓은 이방인이 그리 유명하지도 않은 젊은 호민관의 집을 찾아내기가 어디 그리 만만한 일이겠는가? 마침 그의 집에는 내가 만나보고 싶어했던 그리스 출신 궤변가 킬로 킬로니데스가 와 있었다.

"그 처녀가 사용하는 무슨 부적이나 신호는 없었습니까?"

하고 킬로가 물었다. 그 처녀란 전쟁터에서 막 돌아온 비니키우스가 첫눈에 반한 리기아를 말한다. 그녀는 로마에 정복당한 리기아족의 공주였으며 자신과 같은 종교의 신자인 귀족 부인의 집에서 보호를 받고 있었다. 그런데 그녀에게 몸이 단 비니키우스를 보자 권력 핵심부에 있던 그의 외숙부가 손을 썼다. 황제 네로에게 부탁하여 그녀를 빼앗아 황궁으로 데려다놓도록 했다. 그러고는 날을 잡아 리기아를 비니키우스의 집으로 보내기로 한 것이다. 비니키우스는 흥분과 초조 속에 그녀가 도착할 시간만을 기다리고 있었다.

그러나 리기아에게는 우르수스 ― 불곰이라는 뜻 ― 라는 천하장

포로 로마노 복원도. 고대 로마의 장터였던 이 곳은 로마 제국 정치·사회·생활의 중심지였다.

사가 충직한 경호원으로 붙어 있었다. 리기아의 종교적 형제였던 그는 로마 뒷골목으로 다른 형제들을 찾아가 리기아의 구출을 공모하였다. 그리하여 리기아를 태운 가마의 대열은 비니키우스의 집 앞에서 우르수스들의 기습을 받고 격투 끝에 리기아를 놓치고 말았다. 내가 이 곳으로 서둘러 왔던 것도 이 격투 장면과 리기아의 미모를 감상하기 위해서였는데 좀 늦는 바람에 아깝게 되었다. 지금 여기와 있는 킬로는 잃어버린 사랑을 되찾으려고 비니키우스가 고용한 사립 탐정이었다.

"모래 위에 물고기 그림을 그리더군."

하고 비니키우스가 대답했다. 나는 빙긋이 웃었다. 트렁크나 뒷유리창에 물고기 문양을 새겨 넣은 자동차들이 생각났기 때문이다. 그 자동차의 주인은 그 문양의 뜻이 무엇인지 알고 있을까?

나는 비니키우스의 집을 나서는 킬로의 뒤를 따라가 그의 귀에다 대고 이렇게 속삭였다.

“그 처녀는 기독교도입니다.”

그리고 내가 방금 기독(基督), 즉 그리스도를 만나고 왔다는 사실을 밝히고 물고기 문양과 기독교의 관계를 설명했다. ‘예수 그리스도 신의 아들 구세주’라는 그리스 어를 영문으로 표기하면 다음과 같이 된다.

Iesous Christos Theou Yos Soter

이 문구에서 머리글자들만 모아놓으면 ‘Ichthys’가 되는데, 이 말이 바로 그리스 어로 ‘물고기’란 뜻이다. 그러니까 물고기는 예수 그리스도를 뜻하는 암호인 셈이다. 며칠 뒤에 킬로는 교활한 사기꾼답게 나의 설명을 자신의 발견처럼 포장하여 비니키우스와 외숙부에게 전했다. 그는 의기양양하게 기독교식 인사를 건네며 기독교도들이 모이는 곳을 찾는 2차 탐문의 길을 떠났다.

“두 분께 평화가 있기를…… . 물고기는 바늘로 낚이고 기독교는 물고기로 낚입니다.”

*   *   *

나는 오스트리아눔이라는 로마 교외의 동굴 집회장에서 비니키우스와 킬로를 다시 만났다. 나는 내 나름대로, 킬로는 킬로 나름대로 수소문하여 이 곳을 찾아냈다. 오스트리아눔은 로마의 기독교도들이 모여 비밀 예배를 드리는 장소로, 이 날은 매우 특별한 날이었다. 예수 그리스도의 수석 제자인 베드로가 로마에 입성하여 처음으로 이 곳에서 설교를 하기로 되어 있었기 때문이다.

나로서는 입맛 당기는 자리가 아닐 수 없었다. 로마 인은 이 세상의 온갖 잡다한 신들을 다 자기네 신으로 만들어 숭배하는 사람들이었다. 베드로는 그 로마 인에게 예수 그리스도가 이 세상에 강림한 신이며, 단지 또 하나의 신이 아니라 유일한 신이라는 것을 어떻게 설득할까?

베드로의 설교 내용은 나로서는 귀에 못이 박히게 들어본 것들이었다. 비니키우스도 실망했다는 듯 떨떠름한 표정이었다. 물론 신도들은 대부분 핍박받는 이들이었으므로 베드로의 가르침이 꽤나 가슴에 와 닿았을 것이다.

베드로의 설교 가운데 내 뇌리에 남는 것은 딱 한 마디였다.

"우리 주 예수 그리스도가 십자가에 못 박혀 돌아가신 지 사흘 만에 부활하신 것을 내가 이 두 눈으로 똑똑히 보았습니다."

그가 이 말에 유난히 힘주는 것을 보면서 나는 문득 플라톤 생각이 났다. 『소피의 세계』라는 철학책에는 유럽 인이 시각(視覺)을 중요시했으며 플라톤 철학의 핵심 개념인 '이데아'도 '본다'는 말에서 왔다고 적혀 있다. 그래서 플라톤을 만나면 보는 것과 이데아 개념 사이의 관계를 물어보고 싶었는데 시간 관계상 그를 지나칠 수밖에 없었다.

얼치기로 공부한 기억을 돌이키자면 이렇다. 여러 모습으로 나타나는 여인들을 보면서 우리는 완벽한 미인의 모습을 머릿속에 그린다. 또 눈앞에 보이는 군주는 폭군도 있고 우둔한 군주도 있지만 우리는 선정을 펼치는 성군(聖君)을 떠올린다. 우리는 이렇듯 눈앞의 사물들을 보면서 눈앞에 있지 않은 이상형을 '본다'. 이렇게 보이는 이상형이 곧 이데아이다. 우리는 이데아를 어떻게 알 수 있는 것일까? 어디선가 봤기 때문이다. 인간의 영혼은 불완전한 육체와 합쳐 이 세상에 태어나기 전에 그 어딘가에 있는 완전한 이데아의 세계에서 살았다. 그 때 보아둔 완전한 형태들을 이 세상의 불완전한 사물을 보면서 '상기'한다고 플라톤 선생은 말한다.

베드로는 그렇듯 '보는 것'을 중요시하는 유럽 인을 설득하려고 의식적으로 '두 눈으로 보았다'고 강조했는지도 모른다. 하지만 어쨌든 사람들이 직접 예수의 부활을 본 건 아니다. 결국 문제는 이 말을 사람들이 믿어주느냐에 달렸다. 비니키우스는 어떠했을까? 나는 동굴을 빠져나오는 비니키우스에게 다가가서 물었다. 베드로의 설교를 어떻게 들었느냐고.

"혼란스럽군요. 그는 매우 성실하고 진실한 사람으로 보였습니다. 특히 인내를 강조하는 것은 인상 깊어요. 지금 명성이 자자한 철학자 세네카도 인내를 가르치기는 해요. 하지만 그 사람은 이렇게 말해요. 세상의 이치가 인간에게 한계를 요구한다, 그러니 욕심대로 안 되는 건 참을 도리밖에 없지 않으냐고. 그런데 베드로는 분명한 보상을 약속하는군요. 다가오는 영원한 행복을 위해 인내하고 원수를 사랑하라는 거예요. 도덕적인 가르침이란 대개 고리타분했는데 이렇게 힘차게 들리기는 이번이 처음입니다."

아하! 나는 잠시 말문을 닫고 생각에 잠겼다. 이 친구가 말하는 세네카는 금욕주의로 알려진 스토아 학파 사람이니 인내를 가르치는 게 당연하다. 그런데 똑같이 인내를 요구하는 기독교가 스토아 학파보다 훨씬 힘차 보인다. 공자왈 맹자왈 하는 그 엄숙함 뒤에 굉장한 장밋빛 약속이 도사리고 있기 때문이다. 그래서 그토록 예수가 부활한 것을 믿게 하려고 힘을 주었구나! 인내와 사랑을 실천한 예수가 부활했음을 믿어야만 자신들도 예수의 모범을 따르기만 하면 부활과 영생이 있으리라 확신할 것 아닌가?

믿어라! 예수가 부활하여 승천했음을 믿어라. 그러면 당신은 플라톤처럼 이데아의 세계를 찾느라 골치 썩일 필요가 전혀 없다. 다름 아닌 예수가 바로 그 이상 세계에서 온 사람이니까. 알량한 인간의 머리로 완전한 사회에 관한 이론을 만들려고 더 이상 애쓰지 말고 오로지 예수의 본을 따라 실천에만 힘쓰라. 그것이 구원의 길이다!

정녕 문제는 그놈의 '믿음'이로구나 생각하며 나는 키 큰 비니키우스를 올려다봤다. 그리고 다그쳐 물었다.

"그런데 뭐가 혼란스럽다는 겁니까?"

비니키우스는 어깨를 으쓱하며 대답했다.

"그 진실해 보이는 사람이, 더구나 거짓말하지 말라고 가르치는 사람이 믿을 수 없는 말을 하지 않습니까? 죽은 사람이 살아나 하늘로 올라갔다니 말이 됩니까?"

*　　　　*　　　　*

내가 가장 혀를 내두른 것은 기독교의 내남무쌍한 세계 전략이었다. 예수가 베드로에게 로마로 가서 전도하라는 명령을 남긴 게 사실이라면 그것만으로도 그는 위대한 인물이다. 한낱 변두리 소수민의 신을 세계인의 신으로 끌어올리겠다는 발상도 발상이려니와, 아무런 물리력도 없이 이교도가 장악한 세계의 심장부를 바로 공략하다니! 그 대담함은 정녕 그가 신이었음을 증명하는 걸까?

베드로에 버금 가는 전도사 바울로는 로마 시민이었다. 그는 기독교도가 된 비니키우스의 소개로 로마 황제의 별장으로 갔다. 그리고 로마의 권력자들을 상대로 전도 활동을 펼쳤다. 그런데 도대체 어떻게 된 걸까? 비니키우스가 기독교도가 되다니…….

동굴에서 나온 비니키우스는 리기아를 납치하러 그녀가 머무는 기독교도의 집을 습격했다. 그러나 우르수스에게 걸려, 죽지 않을 만큼 얻어맞고는 기절해 버렸다. 그런 그를 다른 사람도 아닌 리기아가 정성껏 간호해 주었다. 처음에 비니키우스는 바로 코앞에 있는 그녀가 그리스·로마의 미희들처럼 나긋하게 휘감겨오지 않는 사실에 몸부림쳤다. 그는 힘으로라도 한 여자를 자기 곁에 두고 그녀의 육체를 소유하면 그것으로 사랑이 이루어진다고 생각하는 쪽이었다. 원래 로마 인의 사랑을 대표하는 아모르가 상대방의 아름다운 육체를 소유하고픈 욕망 그 자체였으므로 그가 그렇게 생각했던 것은 어쩌면 당연한 일이리라. 그러다가 비니키우스는 리기아의 기독교적 순결을 보면서 이 세상에 그리스·로마적인 아름다움과는 또 다른 아름다움이 있다고 느끼게 되었다. 그리고 서서히 기독교의 정신 세계로 빠져들어 갔다. 그것은 동시에 아름다운 젊은 남녀의 사랑이 이루어지는 과정이기도 했다.

'마르스의 아들'을 손에 넣은 사도 바울로는 이번에는 '취미의 심판자(Arbiter Elegantiarum)'를 정복하기 위해 황제 별장으로 향했다. '취미의 심판자'란 비니키우스의 외숙부인 페트로니우스의 별명이다. 그는 원로원 의원으로서 사람들이 즐기는 시나 노래, 장식, 애인 등과 같은 취미의 우아하고 고상한 정도를 심판하는 심미안을 지니고 있었다. 그에 걸맞게 그가 가장 숭배하는 신은 미의 여신 비너스였다.

당시 로마의 삶은 불안했다. 퇴폐와 향락은 극에 달했고 네로의 광기가 기승을 부렸다. 원로원 의원조차 앞날을 기약하지 못하고 외줄타기 하듯 네로의 총애 얻기 경쟁을 벌이는 살벌한 형국이었다. 이런 상황을 근거로 해서 바울로는 페트로니우스에게 정면 돌파를 시도했다.

"우리가 일상 생활의 번뇌에서 완전히 벗어날 수 있을까요? 당신 아니라 황제조차도 잠든 사이에 사형 선고를 받고 깨어날지 모릅니다. 그러나 만약 황제가 이 종교를 믿는다고 생각해 보세요. 그러면 당신의 행복은 훨씬 더 많이 보장됩니다.”

행복을 보장받으려면 인내와 사랑의 종교를 믿으라, 나아가 목숨을 걸고 황제를 개종시켜라! 바울로의 주문은 이렇듯 과감한 것이었다. 그러나 페트로니우스는 시큰둥한 표정으로 토론을 기피했다.

“그것은 나를 위한 것이 아닙니다.”

그는 무슨 생각을 하면서 바울로와의 토론을 회피했을까? 나는 그 속내를 나중에 비니키우스로부터 들을 수 있었다. 페트로니우스가 별장에서 로마로 돌아오는 길에 조카에게 털어놓은 바로는 이렇다. 바울로가 말하는 생활의 번뇌가 페트로니우스 자신에게는 오히려 인생의 매력이다. 가령 사람들이 주사위로 승부를 가리는 일 따위를 하지 않는다면 하루 아침에 재산을 날리는 일은 없을 것이다. 그런데도 사람들은 주사위 놀음을 한다. 페트로니우스는 정말로 불안한 하루하루를 보내면서 목숨 건 권력 투쟁 게임을 하며 살고 있다. 하지만 그것은 재미있기 때문이다. 기독교식 도덕은 하루 만에 싫증난다…….

실로 ‘취미의 심판자’다운 변명이다. 이렇게 로마 황제 공략의 지렛대 노릇을 거부한 헬레니즘 신사 페트로니우스는 다음과 같이 덧붙였다.

“나는 기독교가 옳다는 것을 하품을 하면서 인정한다. 지금 세상이 말세로 가고 있다는 것은 인정하지. 하지만 죽음이 우리를 잡아가기 전에 죽음에 구애받기는 싫어. 삶은 그 자체를 위해 있지 죽음을 위해 있지는 않거든.”

*　　　　*　　　　*

　나는 이청준 씨의 『축제』라는 소설을 좋아한다. 한 사람의 죽음을 기리기 위해 초상집에 모여든 군상들의 모습을 '축제'로 묘사한 소설이다. 아무리 보잘것 없는 사람이 죽어도 그의 장례는 죽은 자를 기리고 살아남은 자들의 새 삶을 다짐하는 축제이다. 하물며 전 인류를 상대로 "내가 너희들의 죄를 모두 안고 십자가에 못 박히노라"고 외친 예수의 죽음 앞에서랴. 이 죽음에 이어진 것은 많은 인류, 특히 서구인이 벌인 속죄와 구원의 축제였다.

　이 축제의 절정은 'Christianity'라고 불리는 서구 문명이었지만, 그 전에 예수가 흘린 피 위에서 수천 수만의 피가 다시 솟는 참혹한 죽음의 축제가 몇 번씩이나 반복되어야 했다. '순교'라고 불리는 이 피의 축전은 기독교가 세계의 중심을 노린 만큼 규모도 컸다. 그 첫

네로 황제

번째 막의 망나니 역으로 나선 자는 황제 네로였다.

네로는 탐미주의자였다. 그는 이렇게 생각했다. 호메로스는 위대한 시인이다. 그의 시는 트로이 전쟁을 소재로 삼았다. 따라서 전쟁을 통해 트로이가 파괴되지 않았던들 그의 위대한 시도 탄생할 수 없었다. 그래서 자신도 위대한 시를 남겨야겠다고 마음먹은 네로는 몰래 로마에다 불을 지르도록 명령했다. 불구경, 그것도 세계 최대의 도시가 잿더미로 없어져가는 대참변의 구경에 나서면서도 네로에게 가장 중요한 문제는 이런 것이었다. "오, 신성한 로마여! 이다—트로이의 산 이름—보다 더 영원하리라 여겼건만" 하고 외치며 두 손을 모두 올릴 것인가, 아니면 한 손에 현악기를 들고 다른 한 손만 올릴 것인가?

그러나 대화재로 엄청난 피해를 입은 로마 시민이 흥분하자 사태는 급박하게 돌아갔다. 여차하면 황제에게 모든 책임이 돌아올지도 모르는 판국이었다. 그러자 네로는 교활하게도 신흥 종교인 기독교의 신자들을 방화범으로 몰아 위기를 벗어나려고 했다. 게으르고 놀기 좋아하지만 비열하지는 않은 '취미의 심판자'가 이 대목에서 진가를 발휘했다. 그는 '저 원숭이 같은 놈(네로)이 두려움 때문에 자기 목숨을 명예욕보다 얼마나 중시하는가 보자'고 속으로 뇌까리며 네로의 면전에 대고 말했다.

"그런 짓은 서투른 희극입니다. 클리오—뮤즈 9여신의 한 명으로 역사를 담당한 신—의 이름으로 말합니다. 황제께서 시를 위해 조국을 바쳤음을 솔직히 고하십시오. 그래야만 '네로는 자기가 로마를 불태우고도 공포로 인해 죄 없는 자를 희생시켰다'는 후세의 비난을 면할 것입니다."

자신이 숭배하는 미의 여신처럼 끝까지 아름답게 살고자 한 이 헬

레니즘의 아들에게 그러나 미래는 없었다. 그는 이 멋진 한마디로 네로의 눈 밖에 났을 뿐 기독교도 사냥을 막지는 못했다. 처형장은 굶주린 야수가 날뛰는 원형 경기장이었다.

그런데 이상한 일이 벌어졌다. 그 많은 기독교도들이 참혹한 죽음을 맞으면서도 저항의 몸짓 하나 없이 묵묵히 하늘만 응시하며 죽어 갔다. 그들이 무슨 말을 한다면 그리스도의 영광을 찬양하는 기도뿐이었다. 단말마의 저항을 보며 가학적인 쾌감을 느끼고 싶어하던 로마 인에게 이 이상한 죽음은 서서히 공포로 다가왔다. 페트로니우스는 직감했다. 로마가 기독교를 제거하고 있는 것이 아니라 반대로 기독교가 로마를 정복하고 있다는 것을.

피의 제전은 리기아의 처형일에 절정을 맞았다. 수많은 관중이 숨죽인 가운데 리기아의 경호원인 우르수스가 경기장에 들어섰다. 그가 긴장하여 주위를 두리번거리고 있을 때 느닷없이 무시무시한 들소가 발가벗은 리기아를 업고 돌진해 왔다. 네로는 괴력을 가진 인간이 괴수와의 격투 끝에 맞는 최후를 감상하고 나서 미녀를 처리할 셈인 것 같았다. 처음에는 그 계산대로 되었다. 우르수스는 들소와 경기장 한가운데서 팽팽히 맞섰다. 그러나 결과는 네로뿐 아니라 모든 사람의 예상을 뒤엎어 버렸다. 쓰러진 쪽은 우르수스가 아니라 들소였으니까. 관중은 신비감에 도취하여 리기아와 우르수스를 살려주어야 한다고 외쳐댔다. 네로는 성난 군중의 요구에 굴복하여 리기아를 방면했고, 그녀는 비니키우스와 더불어 시칠리아로 떠났다. 이 기적을 비니키우스는 하느님의 선물이라고 했다. 그러나 페트로니우스는 "절반은 우르수스, 절반은 로마 시민의 공"이라고 했다.

한편, 네로의 만행을 지켜본 베드로는 절규했다.

"주여, 어찌하여 이 짐승의 소굴을 당신의 도읍으로 삼으라 하셨나이까?"

신도들은 위험한 로마를 뜨라고 베드로에게 간청했다. 심신이 지친 베드로는 이를 받아들여 압피아 국도를 따라 무거운 걸음을 옮겼다. 그기 힌참을 걷고 있을 때 태양의 황금빛 테두리가 땅을 향해 퍼져 내리면서 눈앞에 예수 그리스도가 나타났다.

베드로는 무릎을 꿇고 두려운 마음으로 물었다.

"쿠오 바디스 도미네(주여 어디로 가시나이까)?"

"네가 나의 어린 양들을 버리면 내가 로마로 가서 다시 한 번 십자가에 매달리리라."

베드로는 발길을 돌려 짐승의 소굴 로마로 다시 들어갔다. 그리고 얼마 지나지 않아 그는 바티칸 언덕의 십자가에 매달려 죽었다. 그는 죽어가면서 이렇게 외쳤다고 한다.

"우르비 에트 오르비(이 도시여, 이 세상이여)!"

'이 도시'는 천주교(가톨릭)의 총본산이 되었고, '이 세상'은 베드로를 초대 교황으로 기억하고 있다.

*　　　　　*　　　　　*

페트로니우스의 초대를 받아 그의 집으로 가면서 나는 그가 조카에게 쓴 마지막 편지의 한 구절을 생각하고 있었다.

"너희들이 말하는 사랑은 마음에 안 든다. 비천한 이집트 인이나 네로 따위를 어떻게 사랑하란 말이냐? 또 이 세상에는 흉측한 자가 최소한 10만은 된다. 사랑을 이야기하면서 왜 모든 사람에게 팔라티네 황궁의 조각 같은 미를 주지 않았나? 미를 사랑하는 사람은 단지 그 이유 하나만으로도 도저히 추한 것을 사랑할 수 없다."

이 구절은 기독교가 승리할 수밖에 없는 확실한 이유가 된다. 헬레니즘이 이미 이루어놓은 아름다움만을 핥아대며 자신의 자리에 안주했던 탐미주의자 페트로니우스. 그러나 세상은 점점 추한 것으로 가득해 갔다. 끊임없는 정복 전쟁에 의해 세계 속에 편입되어 오는 '추한' 야만인들, 좀더 자극적인 것을 찾아 헤매며 고전 예술을 화석으로 만들어버리는 지배층의 호색한들……. 그러는 사이에 기독교는 현세적인 아름다움 따위는 물거품에 지나지 않는다면서 사람들의 양심 속을 맹렬히 파고들고 있었다.

저물어가는 '취미의 심판자'가 집에서 베푼 연회는 스스로 마련한 죽음의 잔치일 거라고 나는 추측했다. 네로의 눈 밖에 난 이상 그는 죽은 것이나 다름없는 상태였다. 천하의 페트로니우스가 네로 면전에서 치욕스러운 죽음을 맞겠는가? 그는 사교계의 왕자답게 매우 유쾌한 모습을 보여주며 연회를 이끌었다. 술과 음식도 좋았고 음악도 감미로웠다. 그리고 분위기가 무르익을 무렵 그는 말했다.

"우리는 우리 자신을 처리할 수 있다. 내 이제 그걸 보여주겠다."

나는 속으로 뇌었다. 그는 지금 살고 죽는 건 하느님 뜻이라는 기독교 교리를 의식하고 있구나……. 죽음마저도 기독교와 싸우며 맞이하는 헬레니즘의 마지막 신사여, 잘 가라!

페트로니우스는 달콤한 술잔을 기울이며 자신의 주치의로 하여금 자기 팔의 동맥을 절단하게 했다. 그의 아름다운 연인 에우니케도 그의 옆에서 함께 동맥을 끊었다. 두 사람은 마치 두 개의 몸을 가진 아름다운 신처럼 우아한 자태로 누워 있었다. 꿈결 같은 음악이 연주되는 가운데 주치의는 두 남녀의 끊어진 동맥을 한 번 이었다가 다시 끊었다. 이 아름다운 조각 같은 두 시체를 앞에 두고 솅키에비치의 다음과 같은 시구말고 달리 어떤 말을 할 수 있으랴!

그들의 죽음은 그들이 살아 있음으로써 가치 있었던
시와 아름다움마저 송두리째 이 세상에서 앗아갔나니.

 **역사적 배경에 관한 노트**

로마 공화국은 기원전 1세기에 제국으로 변신하였다. 1차로 카이사르가 황제의 지위에 오르려 했으나 자신의 양자였던 브루투스의 칼에 목숨을 잃었다. 그러나 그의 또다른 양자 옥타비아누스가 뒤이은 권력 투쟁에서 승리, 마침내 원로원으로부터 ‘아우구스투스(위대한 자)’라는 칭호를 받고 절대 권력의 지위에 오른다. 로마 황제는 처음에는 세습직이 아니라 선출직이었으나 워낙 서양 세계 전체를 좌지우지하는 지위였으므로 그 권력은 막강했다.

네로는 로마의 5대 황제였다(A. D. 54~68). 초기에는 세네카의 지도를 받아 선정을 폈으나 곧 포악해지기 시작하여 친위대의 반란 때 처단되었다. 로마의 대화재(A.D. 64)가 기독교도 학살과 연관되어 있다는 것은 타키투스의 『연대기』에서만 찾을 수 있는 기록이다. 아무튼 그가 세계 최초의 기독교 박해자가 된 것은 사실이다.

그러나 네로의 치세는 결코 로마의 쇠퇴기가 아니었다. 네로 이후 공포 정치의 대명사인 도미티아누스 황제(81~96) 시대를 넘어서자 로마 제국은 안정된 전성기에 들어섰다. 서기 2세기 내내 지성과 경륜을 지닌 5현제(五賢帝 : 네르바, 트라야누스, 하드리아누스, 안토니누스 피우스, 마르쿠스 아우렐리우스)가 잇따라 등장하여 외적으로는 최대의 판도를 형성하고 내적으로는 안정 속에 문화를 꽃피웠다(96~180).

이 시기에 기독교는 지속적으로 탄압을 받았다. 현세가 안정되었으므로 현세를 부정하고 내세를 갈구하는 종교가 배척당하는 것은 어떻게 보면 당연한 일이었다. 『명상록』의 저자이며 너그럽기로 소문난 철인(哲人) 황제 마르쿠스 아우렐리우스(161~180)조차도 국가 정책상 기독교를 박해했을 정도였으니까. 로마의 안정기가 기독교도에게는 역으로 시련의 시기였던 것이다.

 ## 출전(出典)에 관한 노트

역사 소설 『쿠오 바디스』(1895)의 저자는 19세기 폴란드의 문호인 셍키에비치였다. 이 작품은 비록 로마를 배경으로 했지만 강대국의 간섭으로 비극적인 근대사를 겪어야 했던 폴란드 국민에게 크나큰 용기를 주었던 것으로 알려져 있다. 작품에서 애틋한 사랑을 나누는

비니키우스와 리기아는 작가가 창조해 낸 허구의 인물이고, 네로, 페트로니우스, 베드로, 바울로 등 그 밖의 주요 등장 인물은 역사적 실존 인물이다. 물론 소설 속의 많은 사건, 예를 들면 바울로가 로마 귀족들에게 전도하는 일 같은 것은 허구이다.

작가는 이 작품에서 초기 기독교도의 수난과 인내를 찬양하고 있지만, 정작 그의 문학적 재능이 발휘되는 대상은 베드로나 바울로가 아니라 로마 귀족 페트로니우스이다. 작가는 한 편지에서 이러한 딜레마의 원인을 잘 설명해 준다.

"타키투스의 『연대기』를 자세히 읽으면서 나는 자주 예술 작품 속에서 두 개의 세계를 대비해 보고 싶다는 유혹에 사로잡혔습니다. 그 하나의 세계는 거대한 지배 권력과 전능한 행정 기구, 다른 하나는 주로 정신의 힘을 대표하고 있습니다. 폴란드 인으로서의 나는 정신이 물질의 힘을 이긴다는 사상에 이끌렸으며, 예술가로서의 나는 고대 사회가 몸에 걸칠 수 있었던 그 형식의 훌륭함에 매료되었습니다."

페트로니우스는 우아하면서도 타성에 젖어 있던 난숙기의 로마를 상징하는 실존 인물이다. 당시 로마 지식인의 정신 상태를 표현하는 '닐 아드미라리(nil admirari : 허무적 감동)'가 그에게처럼 잘 어울리는 경우는 많지 않다. 십자가 무덤의 간음한 여인 이야기가 각색되어 들어 있는 그의 소설집 『사티리콘(풍자)』(A. D. 1세기)은 오늘날까지도 전해 오는데, 이 작품은 16세기 이후 서구 각국에서 인기를 누린 '피카레스크(악당) 소설'의 선구를 이룬다. 근대 프랑스의 시인 발레리는 "만약 근대라는 말을 시간적 의미로서가 아니라 어떤 성격을 뜻하는 것으로 쓴다면 로마의 난숙기야말로 바로 그것에 해당한다"고 말했다. 마치 페트로니우스를 염두에 두고 한 말처럼 들린다.

배교자 줄리안

메레슈코프스키, 『신들의 죽음』

"오 창백한 갈릴리 인이여, 그대가 정복하였노라,
세상은 그대의 입김으로 회색이 되었고
우리는 망각의 물을 마시고 충만한 죽음을 먹었노라"
— 스윈번(Swinburne)

예수는 다음과 같은 이야기를 했다.

어떤 사람이 두 아들을 두었는데 작은아들이 아버지에게 제 몫으로 돌아올 재산을 달라고 청하였다. 그래서 아버지는 재산을 갈라 두 아들에게 나누어주었다. 며칠 뒤 작은아들은 자기 재산을 다 거두어가지고 먼 고장으로 떠나갔다. 거기서 재산을 마구 뿌리며 방탕한 생활을 하였다. 그러다가 돈이 떨어졌는데 마침 그 고장에 심한 흉년까지 들어서 그는 알거지가 되고 말았다. 거지꼴이 되어 갈 데가 없어진 작은 아들은 하는 수 없이 집으로 돌아왔다. 그런데 뜻밖에도 아버지는 일찍이 없던 성대한 잔치를 베풀어 돌아온 작은아들을 기쁘게 맞이하였다. 밭에 나갔다가 돌아온 큰아들은 하도 기가 막혀 아버지에게 따졌다.

"아버지, 저는 여러 해 동안 아버지를 위해서 종이나 다름없이 일했고 아버지의 명령을 어긴 일이 한 번도 없었습니다. 그런데도 제게는 친구들과 즐기라고 염소 새끼 한 마리 주지 않으시더니 창녀들한테 빠져서 아버지의 재산을 다 날려버린 동생이 돌아오니까 그 아이를 위해서는 살진 송아지까지 잡아주시다니요!"

이 말을 들은 아버지는 이렇게 대답했다.

"애야, 너는 늘 나와 함께 있고 내 것이 모두 네 것 아니냐? 그런데 네 동생은 죽었다가 다시 살아왔으니 잃었던 사람을 되찾은 셈이다. 그러니 이 기쁜 날을 어떻게 즐기지 않겠느냐?"

*   *   *

이것이 저 유명한 '탕아의 비유'다. 이 비유에서 아버지는 기독교의 하느님이고 돌아온 아들은 그 하느님을 등지고 방황하다가 귀의한 사람을 가리킨다.

'그렇다면' 하고 나는 생각했다. '욕망이 원하는 대로 실컷 관능적인 쾌락과 방탕한 생활을 누리다가 최후 심판의 순간에 재빨리 회개하기만 하면 될 것 아닌가? 그러면 그 때까지 독실하게 살았던 다른 성실한 신자들보다 천국에서 오히려 더 환대받을 것 아니냔 말이다. 더구나 예수는 말을 안 했지만 만약 큰아들이 화가 나서 아버지에게 등을 돌렸다면 무슨 일이 일어났겠는가? 예수를 충실히 따르다 막판에 한 번 배반하는 바람에 악마로 전락한 유다 꼴이 되지 말란 법이 있겠는가? 인생의 달콤한 맛은 보지도 못하고 착한 척 내숭 떨고 있다가 그냥 천국으로 들어가면 조금은 억울할 것 아닌가? 또

괜히 막판에 삐끗하기라도 하면 그야말로 한평생 농사가 도로아미 타불 아닌가?'

나같이 생각하는 기회주의자들을 경계해선지 예수는 또 이렇게 못 박아두기를 잊지 않았다.

"최후 심판의 때(크로노스와 카이로스)는 아버지께서 자기의 권한에 두셨으니 너희 알 바 아니요." (「사도행전」 1 : 7)

그 날이 임박했으되 정확히 언제인지는 알 수 없다는 말이다. 오늘 닥칠지 내일 닥칠지 모르는 노릇이다. 그러니 이거 어디 신경 쓰여서 마음놓고 주색잡기 한번 해볼 수 있겠나? 옛날 탕아들이야 이런 예수의 경고를 모르는 채 놀 거 다 놀고도 회개할 기회가 있었지만, 이제는 놀아나 봤자 마음도 편치 않고 아차 하는 순간 막차를 놓치는 수가 있다. 그저 일찌감치 회개하고 나 죽었네 기도나 하고 있는 게 정신 건강에는 더 좋을지 모른다.

그리스 시대에는 그래도 여유가 있었다. 그토록 참된 삶을 살라고 가르쳤던 플라톤 선생도 인간의 완성이 한 번의 짧은 인생에 이루어질 수는 없다고 고백했다. 기독교처럼 죽은 뒤의 영생을 약속했던 오르페우스 교라는 종교는 어떠했던가? 사람의 영혼은 거듭 환생하는데, 이 반복되는 삶 중에 세 번의 연속된 삶을 죄 없이 살면 영생을 얻으리라고 했다. 그러니까 단 한 번의 확실한 회개만으로도 영생이 보장되는 기독교보다 속죄 기간이 긴 것은 흠이지만 어쨌든 기독교처럼 다급하게 몰아붙이지 않아서 숨 돌릴 틈은 있었던 셈이다.

그런데 신의 시간은 인간의 시간과 다른 모양이다. 예수가 죽은 지 300년이 다 돼가도 최후의 심판은 여전히 임박한 것으로 되어 있었다. 아니, 그 날에 대한 절박함과 공포감은 오히려 확산되어 이제 기독교는 세계 제국 로마가 공인한 종교로까지 승격되어 있었다. 바야흐로 세계의 제일인자인 로마 황제가 앞장 서서 예수 앞에 석고대 죄하는 세상이 된 것이다. 그러니 웬만한 사람들이야 감히 딴마음을 품을 엄두나 내었겠는가?

　그러나 온다온다 하면서 오지 않는 최후의 심판에 목을 매고 있기가 짜증스러운 사람도 없지는 않았다. 특히 그리스 시대의 여유와 그 여유에서 나온 다채로운 문화를 그리워하는 지식인층이 그랬다. 지금 나와 함께 말을 타고 쿠르드 족의 마을을 지나고 있는 이 사내도 그런 '등 돌리는 큰아들' 중의 한 명이다. 그는 예수를 어떻게 생각하느냐는 나의 질문에 퉁명스럽게 대답했다.

　"그 갈릴리 사람 말인가? 최후 심판의 때가 언젠지도 모르는 그런 자가 무슨 하느님의 아들이고, 인격화된 하느님의 말씀(로고스)인가? 멍청한 사이비 예언자일 뿐이지. 그런 자의 허풍에 기가 질려 덥석 세례를 받고 그 날을 고대하던 내가 어리석었지!"

　그는 예수를 갈릴리 사람으로 부른다. 갈릴리는 예수가 전도를 시작한 곳으로 이스라엘의 한 시골 지방이다. 그러니까 예수를 촌놈으로 깎아내림으로써 기독교를 세계 종교가 아닌 일개 시골 종교로 격하시키려는 의도가 깃들어 있다. 도대체 이 당찬 반기독교도는 누구인가? 그는 서른을 갓 넘긴 나이에 키는 작으나 목이 두껍고 다부진 체격을 지녔다. 눈망울은 초롱초롱하게 빛나고 턱에는 철학자풍의 구레나룻을 길렀다. 외모와 나이로 보건대 책깨나 읽은 엘리트 청년 장교쯤으로 보인다. 그가 유행하는 종교에 대해 한번 젊은 호기를 부려본 것이라면 이 시대의 기독교도들이 크게 신경 쓸 일이 아닐 것이다. 그러나 사정은 그렇게 간단하지 않다.

　이 사내의 이름은 플라비우스 클라우디우스 율리아누스, 놀랍게도 대제국 로마의 황제이다. 그는 기독교를 공인한 콘스탄티누스 대

콘스탄티누스 황제

제의 조카로 태어나 어려서부터 풍부한 기독교 문헌을 접했고 일찌 감치 세례도 받은 사람이다. 그랬던 그가 어찌하여 황제의 보위에 오른 지금 예수에게 등을 돌렸는가?

"나는 열다섯 살 무렵에 카파도키아의 마켈룸에서 세례를 받았지. 그 땐 우리 아버지가 궁중 음모에 말려 살해당한 뒤였고, 나는 사실 상 유배된 거나 다름없는 상태였어. 큰아버지(콘스탄티누스 대제)의 그늘 아래 있던 그 시대에 기독교 입문은 자연스럽기도 하고 생존에 필수적이기도 했지. 교회에서 성경을 낭송하는 일도 했다고. 하지만 이미 그 때 나는 스승 마르도니우스로부터 헬레니즘 문화의 진면목 을 배울 수 있었어. 기독교의 일률적이고 강압적인 분위기와는 달리 그리스 고전들은 내게 다채롭고 흥미진진한 세계를 선사했어."

그 이후로 그는 점점 더 그리스 문화에 빠져들게 되었고, 마술사 이자 신 플라톤주의자인 막시무스와 만난 뒤로는 서서히 기독교에

서 멀어져 갔다. 이런 사람이 혈기왕성한 서른의 젊은 나이에 대제
국의 황제가 되었으니 막 지상에 하느님 나라를 세웠는가 싶던 기독
교로서는 야단이 난 셈이다.

"기독교는 우리의 국가 유기체 안에 발생한 병이야. 헬레니즘과
헤브라이즘 전통 가운데서 가장 나쁜 유전자만 물려받은 기형 종자
지. 기독교의 모체가 된 유태교 자체는 내가 다 훑어봤지만 헬레니
즘 세계의 다른 종교들과 큰 차이가 없어. 신은 하나밖에 없다는 독
단이 문제지만 말야. 자고로 이런 독단 아래에서는 문화가 발전할
수 없다고. 유태인의 역사를 한 번만 살펴보란 말이야. 그리스와 로
마가 배출해 낸 것 같은 그 많은 시인, 예술가, 철학자, 과학자가 단
한 명이라도 있었나? 이게 다 헬레니즘 세계의 종교적 관용과 다양
성을 우상 숭배니 뭐니 하면서 배척한 결과지. 그런데 기독교는 그
유태교로부터 떨어져 나오면서 더 형편 없어졌어. 신은 여호와 하나
뿐이라면서 예수가 그의 아들인 동시에 신이라는 얘기가 노대체 이
치에 닿기나 하느냐고. 저희들끼리는 신의 위격(位格)이 하나니 둘
이니 셋이니 알 수 없는 말싸움이나 하면서도 남들이 다른 종교 믿
는 건 죽어라 반대하거든. 그러니 이게 사회를 오염시켜도 단단히
오염시키는 병균이 아니고 뭐난 말야?"

율리아누스는 고대 세계를 기독교의 오염으로부터 지켜내야 한다
는 사명감에 도취된 듯 자못 흥분되어 있었다. 그렇다고 해서 그가
네로처럼 기독교도들을 사자밥으로 내던지는 야만인이었으리라고
상상하지는 마시라. 그는 헬레니즘의 문화 유산을 제대로 습득한 사
람이고 기독교 문헌에도 상당히 정통한 지식을 지닌 신사이다. 그는
절대로 기독교에 물리적인 탄압을 가하지 않았다.

"나는 기독교를 말살하려는 게 아니고 우리 문화 유산을 기독교의

예루살렘의 유태교 성전. 로마 인이 서기 70년에 파괴한 것을 현대에 복원한 건물

파괴 행위로부터 지키려는 것뿐이야. 그래서 나는 모든 종교에 관용을 베푼다는 칙령을 선포했지. 물론 기독교를 믿는 것도 자유야.”

그러나 기독교의 신은 이런 율리아누스에게서 심한 배신감을 느꼈던 모양이다. 비유컨대 충실한 줄 알았던 큰아들이 어느 날 갑자기 아버지를 욕하면서 안방에서 내쫓고는 곳간에서라도 살려면 살라고 큰소리치는 경우라고나 할까? 율리아누스는 얼마 전에 마치 예수의 복수라도 되는 것 같은 일을 당했다.

그는 정치 감각도 꽤 있는 편이어서 기독교의 조직적인 반발을 견제하는 데 그들의 숙적인 유태인을 이용할 줄 알았다. 그는 팔레스타인에 유태인의 자치 공동체 건설을 약속하고, 우선 유태교 성전을 짓는 일에 착수하였다. 그런데 이놈의 성전이 기초만 겨우 닦았을 때 지진이 일어나 폭삭 주저앉고 말았다는 것이다. 적잖이 찜찜한 일이 아닐 수 없다.

"저 갈릴리 사람(예수)의 예언이 허무맹랑하다는 걸 보여주기 위해 시작한 일인데 그 친구 좋은 일만 시켰어."

율리아누스는 입맛을 다셨다. 여기서 예수의 예언이란 유태교의 성전을 바라보며 그것이 장차 무너져내릴 것이라고 했다는 말을 가리킨다. 그 예언에다 대고 보기 좋게 한 방 먹이려고 했는데 무슨 천지의 조화인지 성전을 짓기도 전에 수포가 되었다. 그러니 오히려 예수의 예언만 확인해 준 셈이다. 콘스탄티노플에는 유태인들이 성전에 주춧돌을 놓으려는 순간 돌개바람과 함께 예수의 환영이 나타났다는 소문이 무성했다.

"돌아가면 다시 짓고 말겠어. 위대한 헬레니즘 세계가 그깟 미신에 넘어가는 꼴은 절대 그냥 둘 수 없지."

율리아누스는 지금 페르시아 원정을 나왔다가 석진에서 아군과의 접선에 실패하는 바람에 퇴각하는 중이었다. 그런데 어딘가에 매복하고 있던 페르시아 군이 한꺼번에 나타나 로마 황제의 군대를 가로막았다. 무시무시한 전투가 벌어졌다. 화살과 창이 비 오듯 날아왔지만 율리아누스는 뛰어난 군인답게 침착함을 잃지 않고 병사들을 지휘했다. 기겁을 했지만 그래도 가장 안전한 황제 옆에 붙어서 주변을 경계하던 나는 어느 순간 소스라치게 놀랐다. 로마 군 진영에서, 그것도 황제의 뒤에서 한 병사가 황제를 향해 창을 겨누고 있던 것이다. 그 병사는 페르시아 인과 핏줄을 나눈 사라센 계통의 용병으로 보였다. 소리지를 겨를도 없었다. 창은 쏜살같이 날아가 정확히 황제의 심장 부위를 뒤쪽으로부터 꿰뚫어버렸다.

자신을 배반한 자에 대한 예수의 복수가 이렇게 완성된 걸까? 한

때 신봉하던 기독교를 고대 문명의 적으로 규정하고 그 해악과 맞서 싸우려던 젊은 혈기는 이렇게 스러져버렸다. 기독교는 다시 지상의 하느님 나라를 되찾을 것이다. 황제를 등에 업었던 유태인은 가혹하게 살육당할 것이다. 그리고 율리아누스는 기독교 신앙을 등진 마지막 로마 황제로 기록될 것이다. 그가 꽤 세련된 사람이었음을 알 만한 사람은 다 알지만, 서구 사회는 그를 '배교자 줄리안'(여기서 줄리안이란 율리아누스의 영어식 이름이다)으로 부르며 오랫동안 악마의 화신으로 기억할 것이다.

출전(出典)에 관한 노트

노르웨이의 문호이자 근대극의 아버지인 입센(1828~1906)은 자신의 사상적 성숙기를 상징적으로 표현하는 희곡「황제와 갈릴리 인」을 썼다. 전설적인 배교자 황제의 이야기를 소재로 하여 헬레니즘과 헤브라이즘 사이에서 방황하는 자신의 고민을 다룬 작품이다. 또 러시아의 소설가 메레슈코프스키(1865~1941)는 영혼과 육체, 신과 악마의 대결을 주제로 한 역사철학적 3부작『그리스도와 반(反) 그리스도』의 제1부『신들의 죽음』에서 배교자 율리아누스를 주인공으로 등장시켰다.

율리아누스의 반기독교 정책은 그의 짧은 치세 때문에 역사 속의 일화로 끝나버렸지만, 서구 지식인들의 뇌리에 '배교자 줄리안'은 서구 문명 근저에 자리잡은 두 원류 사이의 충돌을 상징하는 존재로 아로새겨져 있다.

율리아누스는 전쟁 지휘로 여념이 없는 상태에서도 종교에 대한 견해를 담은 수필과 많은 편지를 썼지만 오늘날 남아 있는 것은 많지 않다. 라이트(C. Wright)가 영역한 그의 저작 모음이 하버드 대학의 로이브 고전 총서로 나와 있다. 일부만이 남아 전하는 「반(反) 갈릴리 인」이라는 논문은 진지한 종교 문제를 재치 있고 흥미 있는 문체에 실어 논하고 있어서 율리아누스의 문학적 재능을 엿보게 한다. 여기 소개한 율리아누스의 이야기는 메레슈코프스키의 소설이나 입센의 희곡에 구애받지 않고 역사책의 기록과 율리아누스의 논문 등을 널리 참고하여 재구성하였다.

돌아온 탕아
아우구스티누스, 『고백』

"이제 지혜로운 자가 어디 있고 학자가 어디 있습니까? 또 이 세상의 이론가가 어디 있습니까? 이 세상의 지혜가 어리석다는 것을 하느님께서 보여주시지 않으셨습니까? …… 유태인은 기적을 요구하고 그리스 인은 지혜를 찾지만, 우리는 십자가에 매달리신 그리스도를 선포할 따름입니다."

—바울로

줄리안이 죽은 지 10년 가까이 지났다. 강산도 바뀌는 이 세월 동안 기독교는 다시금 곳곳에서 융성하기 시작했다. 지금 내가 가고 있는 곳은 북아프리카 지중해 연안의 카르타고라는 도시이다. 여기도 번듯한 성당이 서 있고 마을 전체에서 기독교적인 경건함이 물씬 배어나왔다. 나는 고대의 성당은 어떻게 꾸며져 있었는지 호기심이 발동하여 성당 안으로 들어갔다. 예배가 끝난 탓인지 성당 안에는 아무도 없었다.

그런데 아무래도 좀 이상하다. 성당 강단에 드리워진 자주색 커튼

고대의 성탄절 의식. 바티칸의 성 베드로 성당에서 재현된 고대의 성탄절 의식 장면

이 들썩들썩하고 있다. 창문을 다 닫았으므로 바람이 들어올 리도 없는데……. 나는 가까이 다가갔다. 소곤거리는 사람의 목소리가 들려왔다. 아니, 이게 뭔가? 두 남녀의 거친 숨소리, 살끼리 부딪치는 소리…….

"사랑하고 사랑받는 것만큼 즐거운 일이 어디 있어? 더구나 서로의 몸을 어루만지며 즐기는 것이야말로 최고의 기쁨 아닌가?"

젊은 남자의 목소리다.

"그래도 여기서 이런 짓을 벌였으니 천벌이라도 받으면 어떻게 해요?"

반쯤은 교태가 섞인 여자의 넋두리였다.

나는 당황하기도 했지만 그보다는 터져나오는 웃음을 참을 수 없어 서둘러 성당을 나섰다. 절간이건 교회건 소위 성스러운 장소를 이렇게 모독하는 행위는 처음 볼 뿐만 아니라 들어본 적도 없다. 저 젊은 친구는 간도 크지만 상상력 또한 보통 뛰어난 위인이 아닌가 보다. 아마 별의별 못된 악마를 다 상상해 냈던 기독교 교부들도 성당 안에서 이런 짓을 하는 악마는 생각해 보지 못했을 것이다. 줄리안의 세련됨이라고는 찾아볼 수 없는 이 지독한 신성 모독! 예수는 이런 자의 회개도 받아줄까? 그가 행여 회개를 하랴마는 만약 그런다면 과연 그도 '돌아온 탕아'가 될 수 있을까?

*　　　　　*　　　　　*

시간은 흘러 지금은 서기 400년이다. 나는 같은 북아프리카의 히포 레기우스라는 마을을 지나고 있었다. 기울어가는 로마의 국운을 말해 주듯 짙은 황혼이 마을을 덮고 있었다. 중세 기독교 신앙의 기초를 닦았다는 아우구스티누스가 이 곳의 주교로 있다는 소식을 듣고 그를 만나러 가는 길이었다. 마침 성당이 눈에 띄어 어쩌면 그 사람을 바로 만나게 될지도 모르겠다고 생각하며 안으로 발을 들여놓았다. 조용한 건물 안에서 한 중년 남자가 홀로 무릎 꿇고 앉아 기도하고 있었다.

그의 말을 엿들을 의도는 없었지만, 안이 워낙 조용하고 벽의 울림이 커서 사내의 목소리가 내 귀에도 들려왔다.

"당신을 예배하는 축제에서, 당신 교회의 벽 안에서, 우리는 어떻게 하면 향락할 수 있을까 하는 죽음의 열매를 찾아 감히 사건을 벌였습니다."

나는 깜짝 놀라 일어났다. 저 카르타고의 성당에서 목격한 그 사

아우구스티누스.
보티첼리 그림

건을 이야기하고 있는 것 아닌가? 그 청년이 기독교 신자가 되었단 말인가? 돌아온 탕아가 되어 자신이 더럽힌 성소(聖所)에서 기도를 올리고 있단 말인가?

내가 그의 얼굴을 확인하려고 다가가자 그는 놀라는 기색도 없이 편안한 태도로 돌아보았다. 얼굴은 더 검어졌고 턱을 감싼 구레나룻이 희끗희끗했지만 그 날의 그 무뢰한인 것만은 틀림없었다. 내가 신원을 밝히자 그는 정중하게 말했다.

"내 이름은 아우렐리우스 아우구스티누스입니다. 이 지역 교구를 책임지고 있는 주교입니다. 그러나 당신도 내 고백을 듣고 짐작했겠지만, 나는 이런 공식적인 직함을 맡고 남들에게 이래라저래라 할 수 있는 사람이 아닙니다. 그저 할 수만 있다면 조용히 물러앉아 주님을 찾는 길을 탐구하고 싶은 게 제 소망입니다."

그의 말을 듣고 나는 한동안 그 자리에 얼어붙었다. 이 사람이 내가 찾던 아우구스티누스란 말인가! 영어권에는 세인트 어거스틴으로 알려져 있는 기독교사상 가장 위대한 성자(聖者) 중 한 명, 독실한 천주교도들이 즐겨 그 이름을 영세명으로 쓰는 바로 그 사람이란 말인가!

"그 여인과는 결혼했나요, 아니면 그냥…… 서로…… 좀…… 즐기던 사인가요?"

"그녀를 사랑했지만 결혼하지는 않았습니다. 그냥 동거만 했지요. 그러다가 원치 않던 아이도 생겼죠. 저는 나중에 다른 여자와 결혼했습니다. 물론 그녀도 저를 떠났지만요."

아우구스티누스는 한숨을 푹 내쉰 다음 방탕했던 젊은 시절의 이야기를 들려주었다. 그의 어머니는 독실한 기독교 신자였으나, 유년기와 청년기의 아우구스티누스에게는 아무런 영향도 끼치지 못했다. 오히려 남매끼리 몸을 섞고 구름이나 새로 변해 난봉질을 하는 그리스 신들이 엄격한 여호와보다 한층 친근한 아우구스티누스의 벗이었다.

"허구로 가득 찬 그리스 신화는 내게 환상과 동경의 세계였죠. 나중에는 그게 제 합리화의 도구가 되었습니다. 신들도 간음을 하는데 인간인 내가 그런 짓을 한다고 부끄러울 게 뭐 있나, 이런 거였죠."

그래선지 카르타고에서 유학하던 청소년기에 그는 일찌감치 성에 눈을 떴다.

“사랑하고 사랑받는 것만큼 나를 즐겁게 해주는 것은 없었습니다. 영혼과 영혼이 통하는 방법에 머물지 않고 비열한 육욕의 쾌락과 사춘기적 열정이 안개처럼 내 안에 자욱했습니다. 내 육신의 16세 당시에 육(肉)은 나를 완전히 지배하고 만 거죠. 사랑하는 여인의 육체를 즐기는 데서 나는 최고의 쾌락을 맛보았습니다.”

그는 가진 것 없는 집안에서 자라났기 때문에 곧 돈이 떨어져 유학 생활을 포기하고 고향의 양친에게 돌아가 무위도식했다. 그 시절에 그의 타락은 극에 달했다.

“어머니는 다른 여자와 간음하지 말라고 가르쳤는데 나는 이를 부인들이나 하는 얘기라고 여겨 따르기를 싫어했죠. 도리어 명예욕에서 그런 짓을 하고 다녔어요. 여자하고 잔 이야기를 거짓말로 지어내서 친구들한테 자랑하기도 했을 정도니까요. 뿐만 아니라 몰려다니며 도둑질을 일삼기도 했어요. 훔치려는 물건에 대한 욕심보다는 훔치는 일 자체가 더 나를 자극했답니다. 또 내 비참한 꼴을 묘사하는 그림으로 가득하고 내 욕정의 도화선 노릇을 한 극장 구경에는 왜 그렇게 미쳐 있었는지 ……..”

*　　　　*　　　　*

바울로와 베드로는 생전에 직접 예수를 볼 기회가 있었다. 비유 속의 ‘돌아온 탕아’는 돌아갈 집을 알고 있었다. 그러나 생전에 신을 보지도 못하고 신에게 이르는 길이 주어져 있지도 않았던 탕아 아우구스티누스는 어떻게 예수를 발견하고 믿게 되었을까?

“중단했던 공부를 다시 시작한 열아홉의 나이에 키케로라는 철학자의 책을 읽게 되었습니다. 이 때부터 나는 방탕한 생활을 청산하고 인생의 의미를 찾기 시작했죠. 처음에는 회의주의에 빠졌습니다. 마니교라는 사이비 종교에 빠져 10년이 넘는 세월을 허송하기도 했습니다. 그러다가 신 플라톤주의자들을 만나면서 하느님의 실체에 다가가게 되었죠."

신 플라톤주의란 플라톤의 사상을 신비주의적으로 계승한 고대 말의 지배적인 철학 사조이다. 신 플라톤주의! 배교자 율리아누스는 신 플라톤주의자(막시무스)와 접하면서 기독교와 멀어졌다고 했다. 그런데 아우구스티누스는 도리어 신 플라톤주의자 덕분에 기독교와 가까워졌다고 한다. 재미있는 일이 아닐 수 없다.

"플라톤은 이 세상이 이상 사회인 이데아를 불완전하게 모방한 곳이라고 했죠. 그런데 신 플라톤주의자들은 여기서 한 걸음 더 나아갔어요. 단지 이 세상이 모델로 삼아야 할 이상 사회가 아니라 이 세상 만물을 흘려 내보내는 근원으로서의 절대자를 생각해 냈답니다. 마치 태양이 자기는 조금도 줄어들지 않으면서 만방으로 빛과 열을 흘려 보내는 것처럼 말이죠. 그런 절대자에 대한 관심 때문에 신 플라톤주의자들은 성경을 많이 연구했죠. 내가 성경을 알기도 전에 이미 그들의 책에서 성경에 나오는 대부분의 구절을 보았을 정도니까요. 하지만 그들의 영혼은 그 절대자를 한없이 멀리서 바라볼 뿐 그분과 만나는 길을 알지 못하고 방황했을 뿐입니다."

그럼 아우구스티누스는 어떻게 그 길을 발견했는가?

"그 길은 기억 속에 있습니다."

자, 이제부터 모두들 자신의 마음 속으로 들어가 기억의 창고 앞에 서 있기 바란다. 그러면 아우구스티누스가 여러분에게 하느님께 이르는 길을 알려줄 테니까.

기억은 우리가 보고 듣고 만지고 느낀 이 세상 모든 것을 이미지의 형태로 회상한다. 우리는 기억을 통해 과거의 개인적 삶도 돌아볼 수 있다. 그런가 하면 미래의 가능성들도 기억 속에서 끄집어낼 수 있고, 이 모든 것들을 이리저리 짜맞출 수도 있다(이건 뭔가 '기억'을 확대 해석한 것 같은데!). 이 기억의 힘은 너무 위대해서 밑바닥이 없는 것 같다. 게다가 기억은 마술사이기도 해서 우리가 보지도 듣지도 만지지도 않았던 물체를 떠올리게 해주기도 한다. 또 기억은 이성이라든가 법, 수와 같은 추상적인 개념도, 참과 거짓의 판단도 회상한다. 욕망, 기쁨, 두려움, 슬픔 등의 감정도 기억에 의해 떠오른다. 심지어 우리는 무언가를 잊어버렸다는 사실조차도 기억한다. 깜깜한 곳에 들어가 일체의 감각을 사용하지 말고 오직 정신의 힘으로만 기억 속을 더듬어보라. 당신은 어느 순간 잊었던 신의 존재를 찾아내고 "아, 바로 이분이로구나" 하고 소리지르게 될 것이다. 이렇듯 기억 속에서 신을 발견하는 일은 창고 속에서 자신이 잃어버린 것을 뒤적기리다가 마침내 찾아내고는 "여기 있다!"고 감격하는 것과 같은 일이라고 아우구스티누스는 말한다.

나는 고개를 갸웃거리며 물었다.

"당신의 말은 사람의 마음 속에 삼라만상이 다 들어 있고 그것들의 근원인 신도 들어 있다는 얘기 아닙니까? 그것 참 희한하군요. 그게 말이죠, 태어날 때 '천상천하 유아독존'이라고 소리쳤다는 분이 있거든요. 보리수 그늘 아래 앉아 명상한 뒤에 이 세상의 이치가 다 사람 안에 있다는 가르침을 주신 분입니다. 혹시 이분에 관해 들어보신 적이 있나요?"

이렇게 묻고서는 나도 적이 당황했다. 표절이라도 한 것 아니냐고 다그치는 꼴이 된 듯해서였다. 아우구스티누스는 황급히 고개를 가로저으며 말했다.

"그런 얘기가 아니오. 신을 찾는 내 정신의 능력은 내 안에서 나오는 게 아닙니다. 신은 나를 포함한 모든 개별적인 존재 안에 깃들어 계심과 동시에 그런 개별자 밖에서 세계를 통괄하고 계십니다. 그분은 이 세상의 알파이며 오메가이십니다."

나는 아우구스티누스의 이야기를 확실히 이해하지는 못했다. 그러나 마침 내가 보리수 이야기를 꺼냈던 터라 지금 아우구스티누스 얘기를 들으니 어디선가 본 보리수의 모양이 떠올랐다. 보리수는 가지가 늘어져 땅에 닿으면 땅 밑으로 들어가 뿌리로 변해 그 위에서 새 줄기가 자라난다. 이 줄기가 자라 가지를 치면 그 가지가 다시 땅으로 뻗어 내려가 뿌리가 되고……. 이런 식으로 해서 한없이 넓은 공간을 차지하게 된 보리수를 생각해 보라. 이 나무는 겉으로 보면 (연결 부위가 땅 밑에 숨어 있으므로) 서로 다른 수많은 나무들이지만 실제로는 단 한 그루뿐인 셈이다. 아우구스티누스의 하느님이 꼭 그런 보리수를 연상시킨다. 무한한 전체이면서 각각의 유한한 영혼에 대해서는 또 그 자체로 하나씩 있는…….

아우구스티누스는 나의 외람된 '보리수의 비유'를 듣고는 미소를 띠며 이렇게 받았다.

"재미있는 비유군요. 하지만 하느님을 묘사하는 데는 충분치 않아요. 당신의 비유 속에서 보리수는 시간의 경과에 따라 차츰 무한한 공간을 차지하게 됩니다. 그러나 하느님의 경우에는 그런 시간의 흐름이 없어요. 처음도 끝도 없다는 말입니다. 이 말을 이해하려면 우리의 기억을 생각해 보면 됩니다. 과거, 현재, 미래라는 시간의 순서가 우리의 기억 속에서는 의미가 없어지지 않습니까? 우리는 기억 속에서 자유자재로 시간을 편집할 수 있어요. 과거로도 갔다가 미래(미래의 가능성이나 꿈 같은 것이겠지!)로도 갔다가 이것들을 마구

뒤섞어 놓기도 했다가……. 결국 기억 속에서는 모든 시간이 현재일 뿐이죠. 하느님은 기억하는 인간처럼 이 세계의 시간을 항상 현재로서 대합니다."

유한한 인간에게는 지나간 과거도 있고 아직 오지 않은 미래도 있다. 그러나 하느님은 시간의 흐름을 손바닥 위에 올려놓고 어느 순간에나 모든 시점(時點)을 다 보고 있다는 얘기렷다! 요컨대 우리의 '돌아온 탕아'가 고백하는 하느님은 공간과 시간 안에 있는 모든 것을 다 알고 있는 완벽한 창조주인 것이다.

*   *   *

바깥이 많이 깜깜해졌다. 시간도 많이 늦고 했으니 이젠 벼르고 별렀던 질문을 던질 때가 온 것 같다.

"'탕아의 비유'를 아시죠? 이것을 들었을 때 서는 공연한 억하심정을 가졌습니다. 그런데 이제 기독교도로 성공한 당신을 보니 그 심정이 나의 '기억' 속에 되살아나는군요. 세상에는 평생 제 마누라 엉덩이만 만지작거리다 죽어가는 착한 기독교 신자들이 많을 겁니다. 그런데 그들이 다 천국으로 간다는 법도 없고, 천국으로 간다고 해도 성자인 당신보다는 덜 대접받을 겁니다. 놀 만큼 논 당신보다 말입니다. 난 지금 당신이 그런 대접을 받아서는 안 된다고 말하는 게 아닙니다. 다만 당신의 전지전능하다는 신은 어찌해서 당신 같은 사람이 타락하는 꼴을 그냥 두고 봅니까? 그러니까 나중에야 회개한 당신이 죽 성실하게 신앙을 지켜온 사람보다 더 대접받는 불공평이 생기는 것 아닙니까? 철이 덜 든 젊은이들이 당신 핑계를 대면서 '회개는 나중에라도 할 수 있으니 놀 수 있을 때 신나게 놀아보자'

고 설쳐대면 어떻게 할까요? 그들이 채 회개할 겨를도 없이 최후의 심판이 닥친다면 그 역시 불공평한 노릇이고요."

아우구스티누스는 고개를 떨구었다. 몹시 괴로운 표정이었다. 불혹의 나이가 지나도록 그 문제로 밤잠깨나 설쳤음이 분명해 보인다.

"저는 이렇게 생각합니다."

잠시 고개를 숙이고 있던 아우구스티누스가 생각을 정리했는지 밝은 표정으로 내 눈을 마주 보며 말했다.

"그 문제 때문에 저는 기독교로 개종하기 전에 마니교에 몸담았습니다. 마니교는 세상에 악이 존재하는 문제를 좀더 쉽게 설명합니다. 세상은 신이 주관하는 선과 악마가 주관하는 악의 싸움터라는 거죠. 그런 논리대로라면 제가 어린 시절 몸을 막 굴렸던 것도 쉽게 설명할 수 있어요. 제가 그 때에는 아직 악의 진영에 포섭되어 있었기 때문이라고 하면 되니까요. 하지만, 그렇게 되면 선의 편인 하느님은 악을 완전히 장악하지 못한 유한한 존재가 됩니다. 그것은 잘못된 생각입니다. 절대자인 하느님이 어떻게 유한할 수가 있습니까? 하느님은 전지전능한 이 세상의 창조자이십니다."

그렇다면 이렇게 결론 내리면 되지 않을까? 어쨌든 세상에는 악이 존재하므로 세상의 창조자인 신에게도 악의 요소가 있는 것이라고 말이다. 그러니까 하느님은 선악을 겸비한 하느님이다. 아아, 정말로 이게 진리라면 우리는 그야말로 소돔과 고모라의 자유를 누릴 수 있다. 그 두 도시의 사람들처럼 자연에 반하는 타락 행위를 일삼아도 그건 어디까지나 절대자의 한 요소인 악을 실천하는 것이니까. 생각이 여기에 이르니 마치 나 자신이 악마라도 된 듯한 기묘한 느낌이 든다. 나는 머리를 긁적거리며 아우구스티누스를 바라보았다. 그는 어떤 쾌도난마 같은 결론을 가지고 있을까?

　물론 우리의 성자 아우구스티누스가 이런 '사악한' 결론을 가지고 있을 리는 없다.

　"저는 이렇게 말하겠습니다. 악은 이 세상에 존재하지 않습니다. 하느님은 절대 선이며 그분의 피조물인 세계는 각각의 개체도 선하고 전체는 더욱 선합니다. 따라서 악이란 이 세상에 실체로서 존재하지 않습니다. 악은 결국에는 무(無)에 이르게 될 선의 탈락입니다. 젊은 시절 나의 타락은 내가 지니고 태어난 선이 조금씩 조금씩 없어져갔던 것이라는 말입니다. 따라서 당신이 타락한다면 그것은 선한 당신의 본모습을 잃어가는 것입니다. 당신을 선하게 창조하신 하느님은 전혀 책임이 없습니다."

　악이 선의 탈락이라는 말을 들으니 좀 스산해지는 느낌이다. 이 세상은 본래 선한데 악한 피조물들이 자꾸 떨어져 나간다면 그 세상의 모습은 그야말로 가지만 남은 앙상한 보리수 모양일 것이다.

　사실 아우구스티누스가 저지른 악이라고 해봐야 이 여자 저 여자와 눈이 맞아 잠자리를 같이하거나 좀도둑질을 한 것뿐이다. 강간을 한 것도 아니고 강도질이나 살인을 한 것도 아니다. 그러니 그로서는 자신이 그저 선의 일부를 잠시 잃었던 거라고 생각할 수도 있다. 그러나 수백만 명을 학살하거나 인간을 짐승처럼 부려먹는 이 세상의 온갖 끔찍한 죄악들을 보라. 이런 것들이 실체로 존재하는 악이 아니라 '무에 이르게 될 선의 탈락'이라면, 내버려두면 스르르 없어져버릴 거라면, 이건 너무나도 낭만적인 이야기가 아닐까?

　"그렇다면 우리가 이 세상에서 선한 본분을 다하고 살려면 어떻게 살아야 한다고 생각하십니까?"

　나는 배교자 율리아누스를 염두에 두고 이렇게 물었다. 나는 율리아누스와 아우구스티누스가 이 시대의 쌍생아라는 느낌을 가지고 있다. 두 사람은 헬레니즘과 헤브라이즘(기독교)이 격렬하게 충돌하는 시대를 약 한 세대 간격으로 살았다. 율리아누스는 세상을 독단적인 신앙 일색으로 만들어버리는 기독교에 회의를 품고 헬레니즘을 지키려 했다. 지난 천 년 이상을 이어온 헬레니즘의 이상적인 인간형은 무엇이었던가? 다방면에 걸친 지식과 교양을 쌓고 완전한 인격을 갖추려고 노력하는 지식인이었다. 그러면 율리아누스와는 반대의 역정을 걸어온 아우구스티누스, 향후 천 년의 중세를 지배할 기독교 사상의 기초를 놓은 이 사람이 이상적으로 본 인간형은 과연 무엇일까? 나는 바로 이 점이 궁금했던 것이다.

아우구스티누스는 저물어가는 황혼녘을 닮은 아늑한 목소리로 대답했다.

"문예라든가 자연 과학 등 이 모든 것을 알고도 하느님을 모르는 사람은 틀림없이 불행할 수밖에 없어요. 하지만, 다른 모든 것에 관해서는 아는 게 없어도 하느님을 알아볼 수 있는 사람은 행복해질 수 있을 겁니다. 그리고 어느 누군가가 하느님도 알고 그 밖의 모든 것도 속속들이 알지라도, 하느님만을 알고 있는 사람보다 결코 더 행복할 수는 없을 것입니다."

 ## 역사적 배경에 관한 노트

3세기 들어 국경은 불안해지고 내치도 덩달아 동요하면서 로마에는 신비주의적인 구원을 내세우는 동방의 종교들이 잇따라 들어왔다. 이들 중 하나에 불과했던 기독교가 크게 부각되어 급기야 제국

의 정신 세계를 사로잡게 된 것은 기독교의 철저한 배타성과 단단한 조직의 힘이었다.

기독교에 마지막 탄압을 가한 디오클레티아누스 황제(284~305)는 거대한 제국을 동서로 나눈 뒤 양쪽에 모두 제1황제(아우구스투스)와 제2황제(카이사르)를 두었다. 그리고 디오클레티아누스는 국방상 더 중요한 동방의 제1황제가 되어 제국 전체를 통치하였다. 이러한 4분치(四分治) 제도는 그의 사후에 제국의 분열을 가져왔다. 이 분열을 극복한 사람이 콘스탄티누스 대제(306~337)이다. 그는 예수의 환영(幻影)을 보고 기독교도가 된 후 내전에서 승리하여 다시 통일 제국의 황제가 되고 기독교를 공인하였다(313).

콘스탄티누스는 니케아 종교 회의에서 삼위일체의 가톨릭 교리를 확정하고(325), 제국의 수도를 헬레니즘의 잔재가 강한 로마에서 동방의 콘스탄티노플로 옮겼다. 기독교의 세계 전략이 결실을 거두는 순간이었다.

그에 의해 제국의 공인을 받음으로써 드디어 기독교는 탄압받는 종교에서 여타 종교를 탄압하는 위치로 상승했으나, 헬레니즘과 헤브라이즘 간의 격렬한 사상 투쟁은 고대 말 내내 계속되었다. 콘스탄티누스 대제의 조카인 율리아누스는 저물어가는 헬레니즘 문화를 보수하려는 입장을 대표하며, 북서 아프리카의 사제였던 아우구스티누스는 떠오르는 기독교 문화를 진보시키려는 입장을 대표한다. 로마가 몰락하는 모습을 지켜보면서 신국의 도래를 설파한 아우구스티누스는 사상적인 면에서 고대의 막을 내리고 중세를 시작한 역사적 인물이다.

출전(出典)에 관한 노트

　여기 소개되어 있는 아우구스티누스(354~430)의 인생 편력이나 몇 가지 신학적·철학적 소견들은 인류 최초의 자서전이라고 할 만한 『고백』(400)에 담겨 있다. 한 서양철학자는 자기 내면의 심층을 탐구하여 이를 대담하게 드러낸 점에서 아우구스티누스는 고대의 어떤 철학자보다 위대한 면모를 지닌다고 평가했다. 총 13권으로 이루어져 있는 『고백』은 인간 죄악, 그것도 심각한 죄악의 문제에 사로잡혀 있는 사람의 내밀한 고백이다. 젊은 아우구스티누스가 성당에서 저지르는 비행은 『고백』의 청년 시절 부분에 시사되어 있을 뿐 구체적인 묘사는 필자의 상상의 산물이다.

　아우구스티누스 말년의 대표작으로는 『신국(De Civitate Dei)』(413~427)이 꼽힌다. 410년 서고트 족에게 로마 제국이 점령당했을 때 여러 재앙이 일어났다. 이것이 로마의 전래 신들을 잊고 기독교를 신봉한 탓이라고 주장하는 이교도들의 비난이 일자, 이에 대항하여 기독교를 옹호하기 위하여 쓴 책이다. 총 22권으로 구성된 이 책에서 아우구스티누스는 하늘나라와 이에 대립하는 땅의 나라를 설명하고 있다. 인류 역사는 신의 섭리에 따라 창조의 6일간에 비교되는 여섯 시대를 거쳐 곧 안식일에 해당하는 신의 나라에 이르리라고 주장하는 서양 최초의 역사철학서이다. 아우구스티누스는 이 신국의 도래를 보지 못하고 자신이 주교로 있던 마을 히포 레기우스가 야만족에게 점령당한 430년, 76세를 일기로 세상을 떠났다.

르네상스와 종교 개혁 ^{2부}

그리스·로마 인은 이집트나 페르시아에 가서 자기 나라에 없는 신을 보면 자기네 신과 동일시하거나 새로운 신으로 편입시켰다. 그것은 다양한 세계에 대한 지식을 넓히는 과정이었다.

기독교인은 다른 나라에서 여호와가 아닌 신을 보면 우상이나 악마로 몰아붙였다. 그것은 자기네 유일신을 중심으로 하는 세계의 통일성을 강화하는 과정이었다.

중세 내내 동로마 제국의 주변부로 고립되어 있던 서유럽에서 배타적인 기독교의 정신적 지배는 요지부동인 것처럼 보였다. 그러나 십자군 선생을 세기로 유럽의 팽창이 시작되사 편건 없이 새로운 지식을 받아들이는 그리스·로마적 요소가 필요해졌다. 때마침 동로마 제국이 붕괴하면서 이 노제국이 보존하고 있던 그리스 문화유산이 서유럽으로 쏟아져 들어왔다. 그러자 기독교도 현실 적응을 위해 개성을 존중하는 방향으로 개혁의 길에 들어섰다. 바야흐로 되살아난 헬레니즘과 수정된 헤브라이즘이 유럽에서 다시 한 번 건곤일척의 승부를 겨루기 시작한 것이다.

단테는 『신곡』에서 지옥, 연옥, 천국을 차례로 여행하면서 중세 기독교의 '저 세상'에 대한 상상력을 절정까지 끌어올렸다. 여기서 주목할 점은 그가 중세 기독교 사상을 종합하는 가운데 현세를 중시하는 헬레니즘을 복권시키고 있다는 점이다. 그의 후배인 보카치오에 이르러 피렌체 사람들은 『데카메론』에서 보듯이 '이 세상'에서의 현세적 삶으로 관심을 돌리게 된다.

르네상스를 헬레니즘의 부활이라고 말한다면 종교 개혁은 헤브라이즘의 새로운 혁신이다. 르네상스와 종교 개혁은 16세기에 함께 꽃피었으나 르네상스 휴머니즘이 아직 일부 지식인의 머릿속에 머물러 있던 반면, 종교 개혁은 민중을 장악하고 중세 교회의 독재를 무너뜨리는 정치 혁명으로 직접 나아갔다. 인간의 자유를 부르짖은 라블레와 신에 대한 인간의 철저한 복종을 부르짖은 루터를 통해 16세기 서구인의 정신 세계를 들여다보자.

르네상스에 의해 재발견된 인간과 세계는 『햄릿』과 『돈 키호테』에서 그에 걸맞는 문학적 표현을 얻는다. 개신교도 햄릿은 중세적 신비와 부조리로 가득 찬 12세기 덴마크라는 구세계에서 합리적 사고를 하는 근대인으로 등장하며, 구교도 돈 키호테는 이미 현실주의적인 근대 사회로 탈바꿈한 17세기 스페인에서 케케묵은 중세적 기사도를 노래하는 중세인으로 등장한다.

루터의 종교 개혁이 불러일으킨 피바람은 칼뱅의 개혁에서 절정을 맞았다. 칼뱅주의자들인 청교도들이 영국과 미국에서 일으킨 혁명은 서구인들이 기독교의 힘을 빌려 인간 해방을 추구한 최후 최대의 봉기였다. 『실락원』은 그러한 청교도 사상의 정화이다. 그러나 르네상스에 의해 부활한 헬레니즘은 프랑스에서 고전주의란 이름으로 프랑스 절대 왕정을 빛내주는 장식물로 전락하고 있었다.

저 세상의 절정에 올라

단테, 『신곡』

> "나는 이 세상을 살아가는 사람들을 비참한 상태로부터 지복
> 의 경지로 이끌고자 이 시를 썼다."
>
> —단테

참 이상한 일도 다 있다. 나는 중세의 황혼을 등지고 르네상스의 여명을 노래한 시인 단테를 찾아 이탈리아의 피렌체로 가고 있었다. 때는 1300년이니 서른다섯 한창 나이의 단테는 피렌체의 집정관이 되어 정력적으로 혁명 활동을 수행하고 있을 터였다. 그런데 이탈리아로 가다 말고 알 수 없는 힘에 이끌려 지금은 회교도의 수중에 있는 기독교의 성지 예루살렘으로 날아가고 말았다.

기왕 이렇게 된 것, 갈릴리에서 만났던 예수의 추억을 곱씹으며 그가 십자가에 매달린 골고다 언덕을 돌아볼 생각이었는데, 또다시 알 수 없는 힘이 이끄는 대로 어느 숲을 헤매다 그만 뻥 뚫린 구멍을 통해 까마득한 땅 밑으로 곤두박질치고 말았다. 그러고는 맹렬한 기세로 떨어져 내려가다가 의식을 잃었다.

심연보다 깊은 잠에서 깨어난 나는 멀리 아름다운 성이 바라다보이는 숲 속에 누워 있었다. 꿈 속에서 본 온갖 환영들이 머릿속을 어지럽혔다. 정숙해 보이는 젊은 여인의 얼굴이며, 무언가를 갈구하면서 가시밭길을 걸어가는 두 남자의 모습이 이리저리 겹치더니, 마침내 한 가지 기억이 또렷하게 살아났다. 내가 몹시 지쳐 보이는 사람들과 어느 음산한 강가에 서 있을 때 한 험상궂은 노인이 배를 저어왔다. 그는 사람들에게 고래고래 소리를 질러대며 배에 태우다가 말을 안 들으면 노로 후려치기도 했다. 내가 겁에 질려 배에 오르려니까 노인은 이렇게 으르렁거렸다.

"아니, 오늘따라 왜 이렇게 산 놈들이 죽어 자빠진 놈들 사이에 자꾸 섞여 들어오지?"

그리고는 기억이 끊겼다. 노인 말대로라면 그 지친 사람들이 모두 죽은 자의 영혼이란 말인가? 그렇다면 그 뱃사공은 저 그리스 신화에 나오는, 죽음의 아케론 강을 건너 영혼을 하데스(지하 세계)로 인도한다는 케이론? 아아, 내가 죽은 게로구나! 중세를 벗어나보지도 못하고 엉뚱한 곳에서 엉뚱한 죽음을 맞았구나!

주루룩 눈물을 쏟고 있는데, 등 뒤로 인기척이 났다. 흠칫 놀라 고개를 돌리자 흰 두루마기를 입고 줄지어 걸어오는 노인들이 보였다.

나는 선두에 선 노인에게 물었다.

"나는 시인 단테를 찾아가다가 이 곳에 떨어졌습니다. 도대체 여기는 어디고 노인장들은 누굽니까?"

맹인인 듯 두 눈을 감고 있는 그 노인이 나직이 말했다.

"단테를 찾고 있다면 제대로 들어왔네. 그 젊은이는 우리 친구 베르길리우스 군에게 이끌려 지옥, 연옥, 천국을 순례하는 중이니까. 중도하차하지 않고 제대로 갔다면 지금쯤은 이 곳을 벗어나 연옥으로 올라갔을 걸세."

　베르길리우스라면 대서사시 『아이네이스』를 쓴 고대 로마의 시인이다. 내가 지옥에 떨어진 뒤 보았던 두 남자의 환영은 단테와 베르길리우스였던 모양이다. 그렇다면 그들과 겹쳐 나타나던 정숙한 여인은 누구일까? 그리고 베르길리우스를 '군'이라고 부르는 이 노인은?

　"나는 이 노인들과 더불어 지옥의 제1옥인 림보(Limbo)에 사는 주민일세. 내 이름은 호메로스고, 이쪽은 호라티우스, 그리고 여기 오비디우스……."

　나는 그의 대답을 듣고 그만 숨이 막히는 줄 알았다. 시인들뿐만이 아니었다. 헤라클레이토스, 플라톤, 데모크리토스, 세네카 등등 쟁쟁한 철학자들도 즐비했다. 그야말로 기라성 같은 고대 그리스·로마의 지성들을 이 지옥의 꼭대기에서 만나게 될 줄 어느 누가 짐작할 수 있었으랴!

　지옥은 잊혀진 세계이다. 지상에서도 천국에서도 영원히 격리되어 있다. 그러나 림보만은 다르다. 지옥의 변방인 림보는 지상과도, 천국과도 단 한 뼘밖에는 떨어져 있지 않다. 예수가 죽어서 부활하기까지 사흘간 머물렀던 곳이 바로 림보이다. 그 때 림보에는 구약시대의 선지자들이 머물러 있다가 예수와 함께 승천했다고 한다. 그러니까 림보는 비록 지옥의 일부지만 부활의 희망이 있는 곳, 천국과의 교감이 있는 곳이다. 이런 곳에 구약이든 신약이든 기독교 전통과는 아무런 관련이 없는 고대의 이교도들이 자리잡고 있는 건 참으로 놀라운 일이다.

　"단테는 이렇게 말하더군. 우리가 비록 주 그리스도를 모르고 그를 섬기지 않았다고는 해도 기독교 성자들과 견주어 손색이 없을 만큼 고결한 성품과 위대한 지성을 겸비했다고."

　노인들 가운데 가장 지위가 높은 듯한 분이 내 속을 들여다보기라도 한 것처럼 그렇게 말했다. 나는 그의 얼굴을 라파엘로의 그림에서 본 일이 있으므로 쉽게 알아보았다. 아카데메이아 앞에 플라톤과 나란히 서서 학문을 논하던 아리스토텔레스였다. 그의 이야기는 듣고 보니 그럴 법했다. 5세기의 '돌아온 탕아' 아우구스티누스도 고대 철학의 도움을 받아 하느님을 발견했거니와, 이들 고대의 지성들이 기독교 사상에 기여한 바는 모세라든가 다니엘 같은 구약의 선지자들에 못지않다. 특히 아리스토텔레스의 논리학은 13세기의 신학자 토마스 아퀴나스가 신의 존재를 입증하는 데 절대적인 무기였다.

　생각이 여기에 미치자 이번에는 이 노인들이 고작 림보에 머물고 있다는 게 납득이 가지 않았다.

　"그렇다면 여러분은 오직 그리스도를 몰라서 세례를 받지 못했다는 한 가지 이유만으로 지옥에 머물러야 하는 셈이군요. 다른 모든 점에서 천국의 성자들과 비추어 손색이 없는 여러분으로서는 정말 억울한 노릇이 아닐 수 없겠습니다."

　유덕한 이교도들은 어두운 표정으로 고개를 끄덕였다.

　"단테도 그런 말을 하더군."

　하고 아리스토텔레스가 말했다.

　"그래도 단테를 이끌어 하느님 앞으로 인도하는 일을 우리 중의 한 명이 맡았으니 자축할 만한 일 아닌가?"

　왜? 왜 중세의 세련된 기독교 지성인인 단테가 고대 이교도의 인도를 받아서 하느님에 이르는 길을 가는 걸까? 아우구스티누스 이래 천 년 가까이 공력을 쌓아온 중세 기독교에 무슨 결함이 있길래 단테는 교회의 공식 통로를 외면하고 이 험난하고 특이한 구도의 길을 택했을까?

생각에 잠겨 림보를 내려가는 나의 눈 앞에 천 년의 중세가 갖은 상상력으로 꾸며놓은 완벽한 어둠의 세계가 나타나기 시작했다. 단 한 줄기의 빛도 비치지 않는 지옥의 이름은 그 옛날 그리스에서는 하데스였으나 지금은 인페르노(Inferno)라고 불린다. 여러분은 하늘을 위협하듯 솟아 있는 마천루가 대화재 때문에 생지옥으로 돌변하는 영화 「타워링」을 기억할 것이다. 스티브 매퀸과 폴 뉴먼을 불후의 영웅으로 만든 이 영화의 원제가 ‘The Towering Inferno(솟아오른 지옥)’이다. 지옥은 땅 밑에 있어야 하는데 바벨 탑처럼 하늘 높은 줄 모르고 위로 치솟았다는 의미이니 참으로 그 걸작에 그 이름이다. 지옥은 바로 이 ‘타워링’을 땅 속에다 거꾸로 꽂아놓은 모양이었다. 다른 점이 있다면 밑으로 내려갈수록 폭이 좁아지며 백 수십 층의 초현대식 건물과 달리 림보를 포함하여 모두 아홉 개의 둔덕으로 이루어져 있다는 것이다. 각 둔덕마다 특정한 죄를 지은 자들이 수감되어 그리스 시절부터 이 곳을 지키던 소문난 악마들에게 시달림을 받고 있었다.

먼저 영혼들이 본격적인 지옥의 시작인 제2옥에 도착하면 지옥의 재판관 미노스가 죄의 질과 종류를 판별하여 각각의 감옥으로 배치한다. 그는 그리스 남쪽 크레타 섬의 소문난 족집게 임금이었다. 그를 숙적으로 여기던 그리스 인조차 그가 죽으면 하데스의 대쪽 재판관이 될 것을 굳게 믿었을 정도이다. 당신이 이웃의 남편이나 아내를 탐한 사람이라면 미노스 곁의 제2옥에서 바람 부는 허공을 빙빙 떠다니게 될 테고, 다른 죄를 지었다면 아래쪽으로 이감될 것이다.

음식 욕심이 많은 분들도 조심하시라. 제3옥에는 지옥을 지키는 게걸스런 개, 케르베로스가 기다리고 있다가 당신처럼 생전에 음식

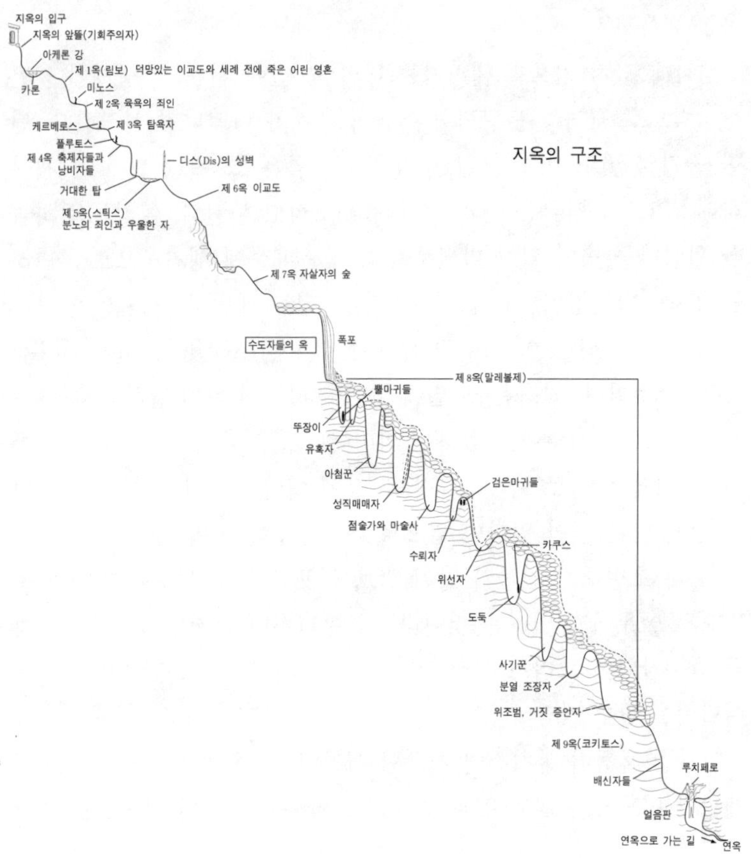

을 탐한 영혼들을 물어뜯는다.

　돈 가지고 자린고비처럼 짜게 굴거나 "내 돈 가지고 내가 쓰는데 무슨 상관이냐"며 물 쓰듯 써대는 분들도 지옥은 용서하지 않는다. 당신들은 제4옥에서 부귀재보의 마귀인 플루토스에게 곤욕을 치를 것이다. 플루토스는 본래 그리스에서 땅이 지닌 풍부한 생산력을 주재하던 신이다. 신성한 부(富)를 더럽힌 당신들은 그의 주재 아래 두 패로 나뉘어 영원히 괴로운 싸움을 해야만 한다.

성미 급한 분들도 앞으로는 마음을 좀 느긋하게 잡수시라. 일로(一怒)에 일로(一老)한다고 했으니 자꾸 화를 내면 죽기도 빨리 죽을 뿐 아니라 죽어서는 지옥행이 확실히 보장되어 있다. 당신들이 제5옥으로 떨어지면 하데스를 흐르던 또 하나의 강 스틱스에 잠기어 흙탕물 속에서 영원히 허우적거리게 될 것이다.

스틱스 강을 건너면 '디스의 성'이라고 하는 음산한 성채가 나타난다. 디스는 그리스에서는 염라대왕이던 하데스의 다른 이름이었지만, 기독교의 지옥에서는 마왕 루치페로(영어로는 루시퍼)의 다른 이름이다. 루치페로는 천국의 천사였으나 하느님에게 반란을 일으켜 지옥으로 떨어져 내린 자이다. 이 성 아래 제6옥에는 이단자들이 가고, 제7옥에는 폭력배, 자살자, 고리 대금업자 등이 간다. 또 제8옥에는 열 개의 골짜기에 온갖 사기꾼들이, 그리고 마지막 제9옥에는 온갖 배신자들이 수용된다.

나는 이 지옥에서 그리스 영웅 오디세우스가 트로이 목마라는 속임수를 썼다는 이유로 벌받는 것을 보았을 때 약간 의아했지만 있을 수 있는 일이라고 생각했다. 또 신앙계의 분열을 일으켰다는 이유로 두 쪽으로 쪼개진 마호메트의 영혼을 만났을 때도 기독교의 지옥이니 그를 잡아넣을 수 있겠다고 여겼다. 그러나 도저히 나의 눈과 귀를 믿을 수 없었던 것은 기독교 신의 계획에 속하는 이 지옥에 너무나도 많은 하느님의 목자들이 우글거리고 있다는 사실이었다. 수도사, 신부, 추기경과 심지어는 교황까지도 지옥의 이 골짜기 저 골짜기를 헤매고 있었다. 처음에는 그들이 죄지은 영혼들을 어루만지려고 들어온 줄 알았다. 그러나 지옥은 지상의 감옥과는 다르다. 죄인들을 교화하는 곳이 아니다. 이 곳의 영혼들은 지상으로든 천국으로 든 오를 희망 없이 회개 따위와는 담을 쌓은 채 끊임없이 원망을 내 뱉고 있을 뿐이다. 그 수많은 성직자들은 영겁의 벌을 받으러 지옥 에 들어온 가련한 죄수들이었다!

수도자며 추기경은 물론이요, 지상에서 하느님을 대리한다는 교 황이 지옥에서 벌을 받다니? 그럴 리가 없다며 발끈하는 독자가 있 다면 여기 내가 목격한 니콜라우스 3세의 참상을 보시라. 13세기 말 의 교황 니콜라우스는 제8옥의 한 골짜기에서 납빛 돌덩어리에 거 꾸로 박혀 있었다. 밖으로 나온 다리가 지글지글 불에 타고 있었기 때문에 그는 고양이 입에 반쯤 먹힌 쥐처럼 파득파득 요동을 쳤다. 그가 처박힌 돌은 피렌체의 성 요한 성당에 놓인 돌과 같은 것이다. 당시 피렌체에서는 세례 요한의 축일마다 신부가 그 돌 위에 서서 신자들에게 세례를 주곤 했다. 니콜라우스가 생전에 얼마나 성직자 의 길을 거슬렀으면 그 돌 위에 똑바로 서지 못하고 거꾸로 박혔겠 는가?

그 죄는 '시모니아'였다. 시모니아란 성직을 금품으로 사고 파는 행위를 말한다. 그 옛날 시몬이라는 사마리아의 마술사가 예수의 사 도들이 안수로 기적을 일으키는 걸 보고 돈으로 그 권능을 사려 한 데서 유래한 말이다. 니콜라우스는 앞으로 이 곳에 떨어져 거꾸로 처박힐 교황이 최소한 두 명은 더 있다고 했다. 만인의 모범이어야 할 로마 교회가 심장부에서부터 이 같은 타락상을 보이고 있으니 단 테가 이교도의 손에 이끌려 천국으로 여행하는 것도 당연한 일 아닐 까?

내가 피렌체로 가지 않고 이 지옥으로 떨어진 것은 어쩌면 더 잘 된 일일지도 모르겠다. 서구 역사상 최초의 근대 도시라는 피렌체보다 이 곳 지하 세계에서 오히려 1300년의 유럽이 겪고 있는 거대한 위기를 더욱 투명하게 들여다볼 수 있었으니까. 천 년 간 유럽의 정신 세계를 이끌어오던 로마 교회는 부패와 타락에 빠져 교황들이 지옥으로 굴러떨어질 지경에 이르렀다. 반면에 무시되거나 고의적으로 회피되던 그리스·로마 세계의 현자들은 지옥의 변방까지 치고 올라와 바야흐로 부활의 기회를 호시탐탐 노리고 있다. 그리고 이런 상황에서 인간이 구원받을 길을 모색하며 피안의 세계에 들어온 단테는 그 이교도 중의 한 명과 함께 지옥을 순례한 뒤 빠져 나갔다. 그를 뒤따르는 나의 발걸음이 더욱 빨라지기 시작했다.

*　　　　*　　　　*

　지옥의 마왕 루치페로는 본래 하늘의 천사였다. 그는 하느님에게 반란을 일으켰다가 쫓거나 곧장 지구의 남빈구로 떨어져 내렸나. 인류가 사는 대지는 본래 남반구에 있었는데 저 무시무시한 마귀가 떨어지는 걸 보고 놀라 북반구로 도망가 버리고 남반구에는 바다만 남았다. 그 때 땅 밑에서 지옥과 나란히 있다가 루치페로와 충돌하는 걸 옆으로 살짝 피하면서 바다 한가운데로 솟아오른 땅이 있었다.

　이 땅의 이름은 푸르가토리오(Purgatorio). 우리말로는 '연옥(煉獄)'이라고 한다. 죄를 지은 영혼도 그 죄가 지옥에 갈 만큼 크지 않으면 이 곳에서 죄를 씻는 고행을 겪은 뒤에 천국으로 갈 수 있다. 이런 곳이 있다는 게 사람들에게 알려진 건 얼마 되지 않았다. 죽은 다음에 갈 곳은 천국과 지옥밖에 없다고 믿었던 중세의 죄 많은 중생들에게 연옥이라는 제3의 피안이 있다는 소식은 그 어떤 복음보다 훨씬 큰 희망이었으리라. 바로 그 희망의 땅을 아직 죽지 않은 시인 단테가 지금 오르고 있다. 그가 연옥산의 등정을 성공리에 마치고 그 소식을 세상에 전하면 사람들의 가슴은 벅찬 희망으로 얼마나 두근거리랴!

북반구 예루살렘의 땅 밑에서 시작된 지옥은 지구의 중심을 가로질러 남반구의 연옥으로 이어진다. 남반구 해수면으로부터 거꾸로 틀어박힌 마왕 루치페로의 늘어뜨린 꼬리를 지나면 본래 연옥이 있던 공터가 나오고, 여기서 밖으로 통하는 입구에는 커다란 바위가 가로놓여 있다. 이 바위에 뚫린 틈을 빠져 나가면 신선한 대기와 드넓은 바다로 둘러싸인 고고한 섬에 올라 지금까지 볼 수 없었던 아름다운 별들을 볼 수 있다. 연옥에 도착한 것이다.

모래밭을 부지런히 걸어간 끝에 산기슭에서 마침내 꿈에 본 두 남자를 따라잡을 수 있었다. 그들은 키가 작은 한 노인과 실랑이를 벌이고 있었다. 노인이 그들을 향해 호통을 쳤다.

"지옥의 골짜기를 항상 칠흑같이 만드는 밤으로부터 너희들을 끄집어낸 등불이 무엇이냐? 심연의 법칙이 깨어진 것인가, 아니면 하늘의 뜻이 바뀐 것인가?"

그러자 두 남자 가운데 베르길리우스로 보이는 이가 노인 앞으로 다가가 반가운 기색을 하며 말을 건넸다.

"제가 온 것을 기뻐하소서. 저는 자유를 찾아가는 길이니 그 소중함은 자유를 위해 목숨을 버린 당신께서 잘 아시는 바입니다."

그들의 대화에서 노인의 정체를 알게 되자 나는 또 한 번 소스라치게 놀랐다. 노인은 로마의 정치가 카토였다. 그는 로마 공화정의 신봉자로서 이를 위협하던 카이사르와의 대결에서 패배하자 영혼의 불멸을 논한 플라톤의 『파이돈』을 밤새워 읽은 뒤 자결하였다. 기독교가 혐오하는 자살자이자 베르길리우스보다 먼저 죽은 이교도이다. 기독교의 관점에서 보면 대단히 저급한 이 영혼이 왜 연옥산 기슭에서 죄를 씻으러 오는 기독교도들을 맞이하고 있는가?

나는 슬며시 단테에게 다가가 옆구리를 쿡 찌르고 내 신원과 목적을 밝혔다. 단테는 고개를 끄덕이며 말했다.

"잘 왔네. 나도 피렌체에서 집정관을 지내고 있던 중에 느닷없이 어느 숲 속으로 들어가 헤매었네. 그러다가 존경하는 베르길리우스 님을 만나 여기까지 왔지. 우리 저분의 인도에 따라 한번 이 연옥산을 올라보세."

카토에 관한 나의 의문에는 이렇게 대답했다.

"저분은 자유를 잃고 살아가느니 죽음을 통해 영혼의 자유를 얻으려 한 분이지. 자유를 얻기 위해 이 산을 오르려는 영혼들을 맞이할 만하지 않나?"

그의 말에 나는 고개를 끄덕였지만 속으로는 이렇게 중얼거리고 있었다. '이거 순 이교도 판이로군!'

연옥산의 정경은 영화 「타워링」에서 본 불타는 마천루의 모습 그대로였다. 혹은 폼페이를 잿더미로 만든 활화산의 모습을 연상해도 좋다. 홀쭉한 산봉우리가 온통 이글거리는 불길을 머금고 하늘을 찌를 듯이 솟아 있었다. 「타워링」과 다른 점이 있다면 이 불길 속에 든 영혼들은 아무리 뜨겁고 괴로워도 결코 발악하거나 절망하지 않는다는 사실이었다. 오히려 그들은 불길이 맹렬하면 맹렬할수록 차분하고 경건하게 신의 영광을 노래했다. 보는 사람에 따라서는 연옥의 영혼들이 자기를 벌하는 신을 조롱하는 것처럼 느낄 수도 있을 지경이었다.

연옥산을 오르는 영혼들이 이처럼 산등성이 곳곳에서 끔찍한 화형을 당하는데도 즐거워하는 까닭은 형벌의 목적이 교화에 있기 때

피렌체를 향해 『신곡』을 읊고 있는 단테. 도메니코 디 미켈리노 그림
가운데에 연옥이 있고 그 왼쪽으로 지옥, 하늘에는 천국이 펼쳐 있다.

문이다. 구제받지 못할 영혼이 천국과 영구 격리되는 지옥과 달리
이 곳의 영혼들은 잘만 견디면 하느님의 나라로 갈 수 있다는 희망
속에 산을 오르고 또 오른다. 그들이 연옥의 문에 이르면 참회의 천
사가 기다리고 있다가 그들의 이마에 칼끝으로 일곱 개의 P자
(peccati : 죄)를 새겨준다. 그러면 문지기인 초대 교황 베드로가 문
을 열어주어 일곱 개의 언덕을 거치며 차례로 P자를 지워나가는 고
행의 등정이 시작되는 것이다.

자, 그렇다면 하늘을 위협하는 이 희망봉의 정상에는 무엇이 자리
잡고 있을까? 그 곳은 인간으로서 범한 모든 죄를 깨끗이 씻은 영혼
들이 올라가 천국 등정을 기다리는 장소이다. 선악과를 따먹기 이전
의 아담과 이브로 돌아간 인간이 갈 곳, 불타는 산 위에서 죄 많은

인간들로부터 격리되어 있는 곳……. 성경을 읽은 기억이 조금이라도 남아 있는 분은 손뼉을 치며 이렇게 외칠 것이다.

"그 곳은 에덴 동산이다!"

그렇다. 지상낙원인 에덴 동산에는 본래 선악과 나무와 생명 나무가 있었는데, 인간이 선악과를 따먹고 선악을 알게 되자 하느님은 이들을 추방하고 생명 나무 둘레에 불칼을 장치하여 인간의 접근을 막았다. 바로 그 불로 둘러싸인 지상낙원이 언젠가부터 이 곳 연옥산의 정상으로 옮겨와 있었던 것이다.

우리가 마침내 이 곳에 올라 훈훈한 바람을 맞으며 아름다운 숲을 거닐 때 눈앞에 그지없이 맑은 두 줄기의 강물이 나타났다. 베르길리우스가 숙연한 표정을 지으며 두 강에 대해 설명했다.

"이 강에는 죄악의 기억을 앗아버리는 힘이 있고, 저 강은 온갖 선행의 기억을 새롭게 한다네. 이 강은 레테, 저 강은 에우노에. 두 강물을 먼저 맛보지 않으면 천국행은 어림도 없네."

이 때 베르길리우스의 두 눈에 눈물이 어리는 것을 내가 아니면 누가 발견할 수 있었겠는가? 나는 베르길리우스에게 다가가 슬쩍 귀엣말을 건넸다.

"저 강물을 마시는 사람은 천국에 올라 하느님을 보게 될 테죠. 하지만 이교도로 죽은 선생님은 저 강물을 마실 자격이 없죠? 이제 선생님의 임무는 끝났으니 섭섭하기도 하고 억울하기도 해서 슬퍼하시는 것 아닙니까?"

베르길리우스는 말없이 고개를 끄덕였다. 이교도가 기독교도를 인도할 수 있는 영역은 여기까지다. 저 레테의 강을 건너려면 연옥의 불로 단근질받았을 뿐만 아니라 반드시 그리스도의 이름으로 세례받은 자라야만 한다. 나 역시 기독교도가 아니었으므로 그 곳에서 발길을 돌려야 하기는 마찬가지였다. 기독교에 정복당한 구(舊) 헬레니즘 세계의 유령에 대한 연민도 연민이려니와 내가 지금까지 고생한 걸 생각하니 부아가 끓어올랐다. 나는 단테의 어깨를 툭 치며 떨떠름한 표정으로 물었다.

"실컷 이교도들의 힘을 빌려 여기까지 와서 천국 구경은 자네 혼자 하겠다는 건가? 우리 속담에 그런 사람은 십 리도 못 가서 발병 난다고 했는데……."

"그런 소리 말게. 비르질리오(베르길리우스) 님이 아니었으면 나는 지옥에서 단 한 걸음도 옮기지 못했을 걸세. 보아선 안 되는 걸 못 보게 해주시고, 가선 안 되는 길을 막아주셨네. 난들 왜 그분을 모시고 천국으로 올라가고 싶지 않겠나? 하지만 그분이 고대 세계에서 갈고 닦은 인간의 이성은 사람의 영혼을 올바른 길로 이끌어 하느님 앞에까지 데려다놓을 수는 있어도 하느님을 직접 뵐 수는 없네. 왜냐하면 천국에 자리잡은 하느님의 이성은 결코 인간의 이성으로는 파악할 수 없으니 말일세."

나는 단테의 말을 앞부분은 이해하고 뒷부분은 이해하지 못했다. 인간의 능력으로 파악할 수 없다는 하느님의 이성을 인간인 단테가 무슨 수로 파악할 수 있단 말인가? 내가 베르길리우스를 돌아보자 그는 손으로 레테의 강 건너편을 가리켰다. 그 곳에서는 천국의 환상적인 쇼 몇 가지가 진행되고 있었다. 아름다운 아가씨가 강변을 거닐면서 노래를 부르는가 싶더니 촛대를 든 행렬이 나타나고, 4대 복음을 상징하는 동물들이 걸어오기도 했다. 그 쇼의 끝머리에 나타난 여인을 보고 나는 화들짝 놀랐다. 내내 의문점으로 남아 있던 환영 속의 그 여인이었기 때문이다.

"자, 가세."

베르길리우스가 내 소매를 잡아끌었다.

"이제부터는 신앙 없는 우리들이 관여할 것이 없네."

베르길리우스가 걸음을 서둘렀으므로 나도 숨을 가쁘게 몰아쉬며 허겁지겁 그 뒤를 따라 하산했다. 연옥산은 황혼과 어우러져 더욱 붉게 타올랐다. 우리와 교차하여 열심히 천국을 향해 산을 오르고 있는 영혼들을 보며 나는 문득 바벨 탑을 떠올렸다. 고즈넉한 중세의 바다를 뚫고 하늘을 향해 솟아오른 붉은 바벨 탑. 죄 많은 인간들을 조금이라도 더 많이 천국으로 올려보내려는 욕망을 품고 붉디붉게 타오르는 그 모습이 내 눈에는 새로운 시대를 향해 불을 뿜으며 돌진하는 역사의 기관차처럼 보였다.

*　　　　　*　　　　　*

오르는 데 나흘이 걸렸던 연옥산을 우리는 네 시간이 채 안 되어 내려왔다. 산기슭에 이르렀을 때는 완연한 어둠이 깃들어 있었다. 지금쯤이면 단테가 그 환영 속의 여인과 함께 거닐고 있을 하늘나라를 올려다보았다.

"그 여인을 바라보던 단테의 눈은 이미 인간의 것이 아니더군요. 그런 걸 두고 신들린다고 하는가 봅니다. 도대체 선생님과 같은 분의 도움을 받아서도 오를 수 없는 천국으로 단테를 이끄는 그 여인은 누구입니까? 설마 하느님은 아니겠죠."

내 물음에 베르길리우스는 씩 웃으며 대답했다.

"단테에게는 하느님이나 다름없지. 단테를 천국으로 이끄는 계획은 처음부터 끝까지 그분이 세운 것이라네. 이름은 베아트리체. 단테가 항상 마음에 품고 있던 여인일세. 애석하게도 스물다섯의 꽃다운 나이에 이승의 삶을 마감하고 지금은 천국에서 성모 마리아와 함께 계시네. 내게 와서 단테를 지상낙원까지 안내해 달라고 부탁한 분이 바로 그분이지."

"왜 베아트리체가 직접 단테를 이끌고 천국으로 오르지 않았죠?"

"그분이 죽은 후로 단테가 많은 죄업을 쌓는 바람에 천국으로 직행할 수가 없었던 거지. 왜 베아트리체가 죽자 단테가 죄를 짓게 되었을까? 인간의 영혼은 본래 사랑을 위해 태어난지라 자신이 좋아하는 외부 사물을 향해 쏠리는 법일세. 하지만 언제나 선한 상대만 골라 사랑하게 되는 건 아니야. 인간이 진실로 자기를 행복하게 해줄 선한 것만 사랑하도록, 그리고 그 사랑을 올바로 이룰 수 있도록 지도하는 것이 바로 이성의 힘이네. 단테는 베아트리체를 잃고 나서 이성을 잃고 올바른 사랑의 길에서 벗어난 게지."

그래서 베르길리우스라는 이성적인 고대 지식인이 단테를 이끌고 지옥과 연옥을 돌며 인간 세상에서 저지른 죄를 분별하고 이를 깨끗이 씻어내도록 도와주었던 것이다. 그리고 그의 참된 사랑인 베아트리체 앞에 데려다놓았다. 올바른 사랑의 길을 찾은 단테는 사랑 가운데 가장 큰 사랑인 하느님에 대한 사랑을 누릴 수 있게 되었다.

"아마 그 친구는 레테 강 앞에서 베아트리체 아가씨에게 단단히 혼쭐이 났을 걸. 자신이 지은 죄를 눈물로 반성하지 않고는 아가씨의 분도 풀리지 않고 두 강도 건널 수 없을 테니까."

나는 엉뚱한 상상을 하며 씩 웃었다.

"무덤의 흙이 마르기도 전에 새장가를 들었군요. 혹시 이 여자 저 여자를 전전하고 다녔나요?"

베르길리우스는 고개를 가로저었다. 단테는 베아트리체를 보내고 새장가를 들 일이 없었다. 그들은 부부가 아니었으니까. 단테는 항

생각하는 사람. 로뎅이
단테를 모델로 하여 제작한 청동상

상 먼빛으로 베아트리체를 연모했을 뿐이고 그녀는 다른 남자와 결혼했다. 단테 역시 다른 여인과 결혼하여 현재 유부남이다.

아내가 있는 남자가 천국에서 유부녀의 영혼과 밀회를 즐기면서 구원을 받는다⋯⋯. 나는 사랑에 대한 베르길리우스의 이론이야 어떻든, 이것이야말로 중세적 낭만의 극치라는 생각이 들었다. 사랑하지만 내 것이 아닌 연인, 그 연인과 세상의 한계를 초월하여 맺어지는 사랑, 그 사랑으로 말미암아 얻는 영혼의 구원.

우리는 카토가 깔끔하게 정돈해 준 산장에서 하룻밤을 보낸 뒤 헤어졌다. 베르길리우스는 림보로 내려가고 나는 참회 천사가 마련해 준 배를 타고 피렌체로 향했다. 베르길리우스의 익숙한 시구가 귓전을 울렸다.

"사랑은 모든 것을 이기느니라……"

내가 피렌체에 당도했을 때는 이미 단테가 피안의 세계를 여행하고 돌아왔다는 소문이 쫙 퍼져 있었다. 사람들마다 연옥산을 이야기하며 고무되어 있었다. 연옥산을 연상시키는 첨탑 모양의 건물들이 이곳 저곳에 솟아올랐다. 누가 말하기를 그런 건축 형식을 고딕 양식이라고 하는데, 중세 말의 도시 미관을 이 양식이 장악하고 있다고 했다. 또 곳곳에서 사람들이 베아트리체를 노래했다. 사랑은 모든 것을 이긴다는 베르길리우스의 노래도 커다란 인기를 끌었다. 단테가 문을 열어 젖힌 희망의 시대로 달려들어가는 피렌체 사람들은 이런 구호를 함께 외쳤다.

"머리에는 베르길리우스의 이성을! 가슴에는 베아트리체의 사랑을!"

 **역사적 배경에 관한 노트**

서양의 중세를 지탱한 두 가지 기둥은 기독교와 봉건 제도였다. 로마 교황청은 전 유럽의 봉건 영주들을 합쳐놓은 것보다도 큰 재력과 권력을 누리면서 유럽을 하나로 묶는 '보편의 지배'를 행사하였다. 800년에 출범한 프랑크 제국과 그 뒤를 이은 신성 로마 제국은 교황의 승인을 받아 세속의 권력을 누렸고, 그 아래 봉건적 충성의 사슬이 층층시하로 이어져 사람들을 얽어맸다.

이렇듯 성과 속이 연합한 보편적 지배 체제는 10세기경 이탈리아에 피렌체를 비롯한 새로운 도시들이 출현하면서 금이 가기 시작했다. 십자군 전쟁으로 촉진된 동로마 제국 및 사라센과의 교역에서 상인 자본가들이 등장하였고, 이탈리아의 신흥 도시들은 이들을 중심으로 점차 독립적인 도시 국가를 형성해 갔다.

13세기에 피렌체 시민들은 자기들의 주권을 침해하는 신성 로마 제국의 황제에 맞서기 위해 로마 교황의 권위를 옹호하였다. 그 결과는 황제의 권력에 빌붙는 귀족 세력과 교황권을 내세우는 시민 세력 사이의 치열한 내전이었다. 13세기 말에 혁명적인 피렌체 시민들은 귀족들에 최종 승리를 거두고 공화제 도시 국가를 수립하였으나, 곧 대시민과 소시민 사이에 첨예한 대립이 발생하였다.

혁명 시인 단테는 바로 이 시기에 소시민과 노동자를 대변하는 현실 정치가로 활약하였다. 그러나 두 시민 정치 세력을 화해시키려는 교황 보니파키우스 8세의 미숙한 정치력과 대시민 세력의 음모 때문에 단테는 고향 피렌체에서 영구 추방되는 비극을 맞이하고 말았다. 도시 귀족화한 피렌체의 대시민은 교황권을 손에 넣고 전 유럽을 상대로 징세권을 행사하여 막대한 부를 축적하고 활발한 교역을 벌여 번영을 구가하였다.

단테는 새로운 시대의 개막을 알리는 장엄한 시 『신곡』으로 르네상스의 싹을 틔웠고, 그의 고향 피렌체는 여러 차례의 정치적 혼란을 극복하고 권력을 장악한 메디치 가의 후원 아래 15, 16세기의 르네상스를 꽃피웠다.

출전(出典)에 관한 노트

『신곡』은 서곡을 이루는 제1곡과 지옥편, 연옥편, 천국편 등 각 33곡을 합쳐 모두 100곡으로 구성되어 있으며, 전편이 삼위일체를 상징하는 3행시의 연속으로 짜여 있다. 단테는 이와 같은 형식 속에 중세 지식의 대백과사전이라 할 정도로 포괄적인 내용을 담아냈다. 아리스토텔레스 철학에 기초한 중세 후기의 스콜라 철학이 다른 여러 분과 학문에 대한 지식과 함께 『신곡』 속에 오롯이 녹아 있다.

그러나 오늘날 『신곡』은 중세 문학의 결정판이라기보다는 근대 문학의 시초로 더 많이 알려져 있다. 단테는 중세 유럽의 보편 언어였던 라틴 어를 버리고 민중들 사이에 통용되는 생생한 이탈리아 어로 『신곡』을 썼다. 그는 이탈리아 어를 가리켜 "라틴 어가 사라지는 곳에서 일어선 새로운 빛, 새로운 태양이며, 암흑 속에 갇힌 사람들에게 광명을 주는 존재"라고 찬양하였다.

죄의식에 찌든 중세인에게 하늘을 향해 높이 솟은 연옥산의 이미지를 제공한 것은 『신곡』의 가장 독창적인 면 가운데 하나이다. 연옥은 구약에도 신약에도 나오지 않는다. 그 곳에는 없는 연옥이 지상낙원을 품에 안고 우뚝 솟아오름으로 해서 사람들은 현세의 삶에 좀더 충실할 수 있는 희망을 얻었다. 림보에 머물고 있는 그리스·로마의 지성들이나 지상낙원까지 오르는 베르길리우스의 존재는 다음 시기에 이루어질 고대의 화려한 복권을 예고하고 있다.

이 세상에 발을 딛고 서서
보카치오, 『데카메론』

"머리엔 베르길리우스의 이성을! 가슴엔 베아트리체의 사랑을!"

피렌체는 이렇게 노래하며 중세의 잠을 깨우고 있었다. 마치 부산 자갈치 시장의 새벽과 같은 왁자지껄한 활기가 거리 곳곳을 메웠다. 그러나 호사다마(好事多魔)라고 했던가, 비로 이런 시기에 피렌체를 급습한 악령이 있었으니…….

때는 1348년. 아시아와 유럽 대륙을 휩쓴 흑사병이 마수를 뻗치자 피렌체는 도시 전체가 납골당으로 돌변하였다. 텅 빈 거리에는 시체 썩는 냄새만 진동했고, 어쩌다 십자가를 들고 가는 신부의 모습이 보이면 그 뒤에는 예외 없이 서너 개의 관이 따랐다.

흑사병이 앗아간 것은 도시의 활기와 사람들의 목숨만이 아니었다. 그것은 피렌체 사람들이 재발견했던 인간성의 두 요소, 곧 단테를 천국으로 이끈 이성과 사랑을 파괴했다. 갖은 지혜를 다 짜내도 흑사병을 막을 방도는 찾을 길이 없었고, 그렇게 되자 사람들 사이에 서로 아껴주는 마음 따위는 깨끗이 사라져버렸다. 자신의 목숨을 건지기 위해서라면 부모가 자식을 버리는 짓도 마다하지 않았다.

혹사병에 휩싸인 나폴리의 메르카텔로 광장. 도메니코 가르지울로 그림

　나는 이런 살풍경을 피해 피렌체를 떠났다. 약 3km 정도 갔을까, 눈앞에 푸른 초원과 야트막한 언덕이 나타났다. 초원 한쪽에는 맑은 물이 솟는 샘터도 있었다. 언덕을 오르자 아름다운 별장이 보이고 그 앞뜰에 젊은 남녀가 모여 앉아 즐거운 이야기꽃을 피우고 있었다. 내 눈을 의심치 않을 수 없는 광경이었다. 십 리도 안 되는 거리를 두고 지상낙원과 지옥이 공존하고 있다니!

　그들이 혹시 요양 중인 환자들일지도 모른다는 생각에 나는 마음의 옷깃을 단단히 여미고 그들에게로 다가갔다. 마침 한 젊은 남자가 이야기를 마치고 있었다.

　"하느님은 우리가 어려울 때 반드시 우리의 소원을 들어주신다는 믿음을 버리지 맙시다."

이크, 이거야말로 정말 죽을병에 걸린 환자들이나 할 법한 이야기로구나! 기겁을 하며 발길을 돌리려는 내 앞에 건장한 남자가 나섰다. 파르메노라고 자기 이름을 밝힌 이 사내는 그 별장의 집사였다. 그는 내게 그 곳에 머물 것을 권유했다. 뜨락에 둘러 앉은 젊은 남녀들은 정신적으로나 육체적으로나 아주 건강한 사람들이며 다만 생존권을 지키려고 악몽 같은 피렌체를 피해 온 사람들이라고 했다.

"그렇다고 무책임하게 도피한 건 아닙니다. 이번 역병으로 친지들을 모조리 잃고 더 이상 어떻게 해볼 수 없는 지경이 되자 이리로 온 거죠. 저분들은 이 별장에 머무는 동안 무질서와 혼란을 피하기 위해 도덕적이고 규율 잡힌 생활을 하기로 의견일치를 보았어요. 열 분이 돌아가면서 하루에 한 번씩 왕이 되어 서로 간의 질서를 유지하기로 한 거죠. 남녀분들이 모두 각방을 쓰면서 생활이 문란해질 가능성도 원천봉쇄했죠. 두고 보세요, 이분들은 저렇게 이야기를 주고받는 가운데 틀림없이 이 험한 세상에서 살아갈 지혜를 얻게 될 테니까요."

나는 파르메노의 안내로 별장 안을 둘러보았다. 파르메노는 아끼 젊은 남자가 한 이야기를 내게 다시 들려주었다.

토스카나(피렌체를 중심으로 한 지방)에 살던 차페렐로라는 사나이는 희대의 사기꾼이었다. 그의 직업은 공증인이었는데 자기의 서류 가운데 하나라도 허위로 꾸미지 않은 것이 있다면 수치로 여길 정도였다. 뿐만 아니라 돈을 위해서라면 청부 살인도 서슴지 않고 성당은 문턱도 가지 않은 채 하느님을 예사로 헐뜯고 술집과 사창가를 제집처럼 드나들며 무절제한 삶을 살았다. 그는 프랑스 부자의 부탁을 받고 부르고뉴 지방에 빚을 받으러 가서 그 곳에 사는 토스카나인 고리 대금업자 형제의 집에 묵었는데, 그만 여기서 덜컥 병이 나 죽게 되었다.

그러자 형제는 걱정이 태산 같았다. 저 악질 인간은 고해를 해도 죄질이 너무 나빠 성당에서 장례를 치러주지 않을 거다. 아니, 아예 고해 따위는 하지도 않고 죽을 거다. 그런데 이 버림받은 자를 데리고 있는 고리 대금업자 형제들 역시 그 동안 부르고뉴 사람들에게 좀 못되게 굴었던가? 그들은 사람들이 자신들에게 달려들어 성당에서도 받아주지 않는 저질들이라며 분풀이를 해댈 게 뻔하다고 생각했다. 두 형제의 걱정을 엿들은 차페렐로는 이렇게 말했다.

"걱정 말게. 나는 지금까지 하느님께 못된 짓을 많이 해왔으니 죽어가는 마당에 한 번만 더 나쁜 짓을 할 생각이네. 신부를 불러주게."

그는 죽음을 앞두고 난생 처음 고해 성사를 하기 위해 신부와 마주했다. 그가 고백하는 죄는 이런 것들이었다. 사순절의 단식일에 음식을 먹은 죄, 세상 사람들이 양심을 파는 짓을 하는 걸 보고 못 견뎌서 화를 낸 죄, 손님이 잘못 알고 몇 푼 더 낸 물건값을 모르고 금고에 넣어둔 죄……

신부, "그 밖에 죄를 지은 일은?"

차페렐로, "한번은 성당에서 악의는 아니었지만 침을 뱉은 적이 있습니다."

신부, "개의치 마시오. 우리들도 온종일 침을 뱉고 있으니까."

차페렐로, "심하시군요. 신성한 성당이야말로 청결해야 하거늘."

차페렐로가 엄청난 죄악을 숨기고 있다는 걸 모르는 신부는 이렇게 생각했다. 세상에 이토록 순결한 영혼이 또 있을까? 얼마나 결백

하면 이렇듯 그냥 넘어가도 좋을 것들을 일일이 들추어내서 고백을 할꼬?

차페렐로가 죽자 신부는 그를 성자로 추존하였다. 부르고뉴 사람들은 차페렐로가 하느님의 은혜를 중계하는 성인임을 굳게 믿고 진심으로 그에게 기도하였다. 고리 대금업자 형제에게는 아무 일도 일어나지 않았다. 만약 차페렐로가 천국으로 갔다면 그것은 하느님의 무한한 자비를 증명하는 것이다.

—『데카메론』1일 첫번째 이야기

하느님을 대변한다면서 인간의 속마음도 읽어내지 못하는 교회 제도와 성직자의 무능에 대한 풍자가 일품 아닌가? 그래서 나는 빙그레 웃었지만 마지막 말이 마음에 걸려 이렇게 물어보았다.

"차페렐로가 천국으로 가면 하느님의 자비를 증명하는 거라니요? 그런 악딩이 천국으로 가는 게 옳다는 이야깁니까?"

파르메노는 별장 지하실에 보관되어 있던 고급 포도주를 술잔에 따라주면서 대답했다.

"차페렐로가 벗들을 곤경에서 구하고 그 동안의 잘못을 조금이나마 갚는 길은 한 번 더 하느님께 나쁜 짓을 하는 것뿐이었어요. 하느님은 이 사기꾼의 잘못보다는 이 마지막 순수한 뜻을 꿰뚫어 보실 거다, 이런 얘깁죠."

나는 별장의 집사를 보는 하인치고는 제법이라고 생각하며 술잔을 기울였다. 정말 그럴 듯한 역설 아닌가? 차페렐로 같은 악당이 막판에 눈물을 줄줄 흘리면서 하느님의 용서를 구했다고 해보라. 얼마나 맥 빠진 이야기가 되었으랴. 문법에서 두 개의 부정은 하나의 긍정이라고 하더니, 차페렐로가 만약 천국으로 갔다면 그는 죽음을 앞에 두고 범한 또 하나의 악으로 이전의 모든 악을 갚은 셈이다!

혹사병을 벗어났다는 안도감에 취하고 술에 취한 나는 파르메노가 마련해 준 잠자리에 누웠다. 멀리서 남녀들의 꾸밈없는 웃음소리가 들려왔다. 단 하나의 이야기를 들었을 뿐이지만 그들이 험한 세상에서 살아갈 지혜를 얻으려 한다던 파르메노의 말을 이해할 수 있었다. 유럽 최초의 근대 도시 피렌체에 살았고 무서운 병마가 몰아온 참극을 경험한 이 젊은이들은 세상을 신부나 도덕 설교자들의 눈으로 보지 않는다. 마치 페트로니우스를 연상시킬 정도로 냉정하게, 있는 그대로의 현실을 직시하려 한다. 꿩 잡는 게 매라고나 할까, 험한 세상을 살아가는 지혜는 차페렐로 식의 지혜일 수도 있다. 울며불며 신부에게 면죄를 애원하고 기도하는 것으로는 험난한 세상에서 불행을 피해 갈 수 없다.

남녀들이 하루의 일과를 마치고 돌아온 모양인지 현관 쪽이 시끄러웠다. 그들이 서로 주고받는 말에서 나는 그들의 이름을 대충 알수 있게 되었다. 여자가 일곱, 남자가 셋이었다. 특히 남자들의 이름이 재미있었다. 판필로(모든 사랑), 필로스트라토(슬픈 사랑), 디오네오(디오네의 남자). 디오네는 미와 사랑의 여신 아프로디테의 어머니이다. 여자의 수가 두 배 이상 많고 남자들은 모두 사랑과 관계되는 이름을 가졌다.

혹시 짐작되는 게 있지 않은가? 그들이 험한 세상을 헤쳐갈 수 있는 지혜를 발휘하여 얻고자 하는 가치는 이들의 인적 구성이 말해주듯 아마도 여성적인 것이리라고. 그리고 그 여성적인 가치란 세사람의 남자 이름이 상징하는 것, 피렌체가 베아트리체의 이름으로 노래부르던 '사랑'일 것이라고.

　　　　　*　　　　　　*　　　　　　*

　피렌체에 사는 한 귀부인은 남편을 경멸하고 있었다. 모직물 직공인 남편은 큰돈을 벌었지만 천박하고 무식했다. 항상 애인을 갈구하던 부인은 어느 날 드디어 마음에 쏙 드는 중년 신사를 만났다. 그 남자에게 자신의 사랑을 고백할 기회를 노리던 그녀는 어리숙하지만 신앙심 깊기로 소문난 동네 성당의 신부를 찾아가서 이렇게 거짓말을 했다.

　"저는 제 남편을 너무나 사랑하는데 한 중년 신사분이 자꾸 저를 집적거린답니다. 저를 노린다고밖에는 볼 수 없을 만큼 제 집 주변을 서성대는 거 있죠. 신부님께서 그분이 이성을 잃지 않도록 충고 좀 해주세요."

　신부는 부탁을 들어주겠노라면서 헌금을 요구했고, 부인은 회심의 미소를 지으며 그의 손에 살며시 돈을 쥐어주었다.

　신부로부터 난데없는 꾸중을 들은 중년 신사는 신부보다는 사물의 이치를 제대로 볼 줄 아는 사람이었다. 그는 부인의 심중을 바로 헤아렸다. 그리하여 부인이 신부에게 한 말대로 그녀의 집 주변을 서성거리면서 신부를 안테나로 삼은 부인의 신호에 응답을 보냈다.

　부인은 다시 신부를 찾아가 이번에는 지갑과 허리띠를 내놓으면서 말했다.

　"전 이런 건 얼마든지 있는데 그분이 아직도 정신을 못 차리고 이걸 보냈답니다. 신부님께서 돌려주시면서 야단을 쳐주세요."

　신부는 부인에게서 금을 선물받고 다시 신사를 불러 지갑과 허리띠를 내보이며 호통을 쳤다. 신사는 부인의 집 앞에 가서 그 물건들을 부인에게 보이며 부인의 선물에 감사를 표했다. 바야흐로 두 사람 사이에 분위기가 무르익을 즈음 부인의 남편이 제노바로 출장을 떠났다. 부인은 당장 신부에게 달려갔다.

"제 남편이 제노바로 떠났다는 걸 그분이 어떻게 알았는지 모르겠어요. 오늘 아침에 그 사람이 우리 집 정원으로 들어오더니 제 침실 창가에 있는 나무에 올라 창문을 열고 들어오려고 하지 않겠어요? 저는 더 이상 참을 수 없어요."

신부는 부인을 타일러 돌려보낸 뒤 신사를 불렀다. 그리고는 부인의 말을 전하면서 이렇게 윽박질렀다.

"자네가 이번에도 말을 듣지 않으면 부인더러 참지 말라고 했네."

신사는 다음 날 아침 기도 전에 부인의 정원으로 들어가 나무를 올라갔다. 창문은 활짝 열려 있었고, 신사를 반가이 맞은 부인은 더 이상 참지 않고 욕망을 불태웠다.

—『데카메론』 3일 세번째 이야기

별장의 이야기 잔치는 무르익어갔다. 사람들은 가급적 끔찍했던 흑사병의 기억을 잊으려고 노력하면서 이렇게 재미있는 이야기로 웃고 즐겼다.

사랑을 이루려면 머리를 써라!

이것이 거의 대부분의 이야기를 꿰뚫고 있는 주제였다. 그런데 그 사랑은 보다시피 단테와 베아트리체 류의 천상의 사랑이 아니었다. 이 세상의 사랑이요 성인 취향의 육체적 사랑이었다. 자연스런 인간 본능의 발로인 에로스를 금기시하는 교회와 성직자들은 이 남녀들의 가차없는 조소와 매도의 대상이 되었을 뿐만 아니라 때로는 저 어리숙한 신부처럼 보기 좋게 이용당했다. 그러나 비단 교회만이 이 천부의 사랑을 가로막는 장애물은 아니었다.

살레르노 공 탕크레디는 딸 지스몬다를 너무나 사랑한 나머지 그녀가 결혼하자마자 남편을 잃었지만 두번째 남편을 구해 줄 생각을 하지 않았다. 지스몬다도 수줍음 때문에 재가를 요구하지 않았다. 그러나 활달한 여성이었던 지스몬다는 아버지의 궁전에서 가장 용감한 사나이를 애인으로 삼기로 결심했다. 그의 이름은 지스카르도였다. 그의 단 한 가지 결점은 평민 출신이라는 점이었다.

지스몬다는 지스카르도가 자기의 관심에 반응을 보인다는 것을 알고 이 남자와 동굴에서 밀회하였다. 이 동굴은 문을 통하여 젊은 미망인의 침실로 이어져 있었다. 그녀는 곧 애인을 침실로 끌어들였고 이 곳에서 그들은 자주 서로를 즐겼다.

탕크레디는 이따금 딸의 침실을 방문하는 습관이 있었다. 어느 날 그가 딸의 방을 찾았을 때 마침 딸이 없었으므로 우연히 침실 커튼에 가리워진 장소에 앉았다. 이 곳은 잠시 후 침대로 들어온 딸과 애인에게 보이지 않았다.

탕크레디는 딸과 지스카르도에게 모습을 드러내지 않았으나 그날 밤 지스카르도 체포령을 내렸다. 평민 출신을 애인으로 삼은 걸 두고 탕크레디가 딸을 나무라자 딸은 오히려 그토록 용감한 사내를 비천한 상태로 내버려둔 것에 대해 아버지를 비난했다. 그녀는 오직 자신과 그 남자를 한칼에 죽여달라고만 빌었다.

탕크레디 공은 지스몬다가 말처럼 그렇게 단호하지는 않을 거라고 생각하였다. 그는 딸의 애인을 처형한 뒤 그 심장을 도려내서 황금 술잔에 담아 딸에게 보냈다. 지스몬다는 이 고귀한 선물에 대해 아버지에게 감사했다. 애인의 심장에 연달아 키스를 하고 난 그녀는 독약을 술잔에 타서 마셨다. 그리고 애인의 심장을 자신의 가슴에 꼭 안고 침대에 누웠다. 탕크레디의 가슴은 차가워진 딸의 시신을

보면서 뭉클해졌다. 그는 그녀의 마지막 요구를 존중하여 그녀와 지
스카르도를 합장하였다.

—『데카메론』4일 첫번째 이야기

오직 죽음만이 맺어줄 수 있었던 이 아름다운 사랑 이야기에 열
명의 남녀뿐 아니라 나도 가슴 뭉클한 감동을 받았다. 우리는 모두
중세 신분 사회의 가혹한 현실에 전율하는 한편, 지스몬다와 지스카
르도에 대한 인간적 동정심으로 말미암아 영혼이 맑아지는 고귀한
체험을 했다. 두 사람의 사랑이 보석처럼 빛나 보이는 것은 그 사랑
이 사람들의 가슴에 보편적인 인류애를 심어주었기 때문일 것이다.
별장의 남녀들은 모두 눈시울을 붉히며 슬퍼하고 있었지만 이 이야
기를 가슴에 간직함으로써 험한 세상에 가지고 갈 소중한 자산을 하
나씩 확보한 셈이다.

그러나 지스몬다의 최후가 워낙 모질게 사람들의 가슴을 후볐기
때문에 사람들은 다소의 위안이 필요했다. 그래서 이튿날이 되자 그
들은 흐뭇한 이야기들로 하루 종일 체온 조절을 했다.

페데리고 데글리 알베르기는 예절바르고 무술 솜씨 좋기로 피렌
체에서 유명했다. 그는 모나 지오바나를 사랑하게 되어 그녀를 즐겁
게 하려고 전 재산을 날렸지만, 그녀는 그에게 관심이 없었다. 마침
내 재산이 바닥 나서 그는 시골로 내려가 밭을 갈며 살게 되었다.
그 곳에서 그는 매를 날리는 재미로만 살았다. 이 매는 세상에서 가
장 훌륭한 매라고 여겨졌다.

모나의 남편은 죽으면서 막대한 재산과 어린 아들을 남겼다. 그
아들은 페데리고와 사귀게 되었고 매를 매우 좋아했다. 소년은 병에

걸리자 페데리고의 매를 자기가 갖게 되면 병이 나을 것 같다고 생각했다.

모나는 마지막 수단으로 자존심을 누르고 페데리고를 찾아갔다. 그녀는 페데리고와 함께 저녁 식사를 하겠다고 했으나, 너무나 가난한 나머지 사랑하는 여인에게 해줄 것이 없던 페데리고는 그토록 애지중지하던 매를 잡아서 구워 내놓았다.

식사를 마치자 모나는 페데리고의 구애에 모질게 굴었던 걸 사과하면서 아들이 페데리고의 매를 가지면 병이 나을 것 같다고 하더라는 말을 전했다. 페데리고는 울었다. 자신이 사모하는 모나가 딱 한 번 자신에게 부탁한 것을 들어줄 수 없었던 것이다. 그는 몇 번이나 가슴을 치며 한탄했다.

소년은 곧 죽고 말았고 그녀 혼자 남았다. 그녀의 형제들은 재혼을 권유했고 그녀는 마침내 동의했다. 그러나 그녀는 자기를 대접하기 위해 애완용 매를 죽인 마음씨 좋은 페데리고 아니면 누구와도 결혼할 수 없다고 했다. 그리하여 페데리고는 사랑과 큰 재산을 아울러 얻게 되었다.

—『데카메론』5일 아홉번째 이야기

*　　　　　*　　　　　*

페데리고의 지극한 사랑 이야기가 사람들의 마음을 부드럽게 어루만져주는 가운데 닷새째의 밤이 지났다. 다음 날 아침. 낭랑한 하녀 리치스카의 목소리가 모든 사람의 잠을 깨웠다. 그녀는 하인 틴다로와 심하게 말다툼을 하다가 사람들 앞으로 불려오더니 이렇게 종알거렸다.

"이 바보 같은 틴다로 좀 보세요. 세상 처녀들이 결혼 전에 그저 시간을 헛되이 보내는 줄 알고 있지 뭐예요? 저는 처녀로 시집 가는 아이들을 본 적이 없어요."

리치스카의 말은 별장 남녀들에게 일종의 신호탄이 되었다. 지스몬다의 비극적인 사랑이나 페데리고의 행복한 사랑 이야기는 어쩌면 기분 전환을 위한 청량제였는지도 모른다. 그들은 넷째 날 이전보다 한층 더 기운차게 피렌체의 현실 속으로 뛰어들었다. 표정들은 웃고 있었지만 그들의 말은 인간의 본능에 대한 교회의 억압과 위선을 비수처럼 파고들었다. 그리고 기지를 발휘하여 운명을 헤쳐 나가는 사람들을 찬양했다. 나는 그들이 피렌체로 돌아가기에 앞서 먼저 이야기로써 현실 적응 훈련을 하고 있다고 생각했다.

그런데 이야기는 갈수록 노골적인 간통 찬가가 되어갔다. 마치 피렌체의 성 풍속도라고 해도 좋을 지경이었다. 예수의 용서를 받은 간음한 여인이 다시 남자 사냥에라도 나선 듯했고, 아레스를 침대로 끌어들이던 아프로디테가 지상에 내려온 듯했다. 그들은 중세 천 년간의 금욕 생활에 단단히 화가 난 사람들처럼 성직자들을 이 에로스의 물결에 밀어넣었다. 그들의 이야기 속에서는 신부와 수녀가 몸을 섞고 수도자가 여염집 부녀자를 희롱했다.

머리가 어지러워진 나는 이 사람들이 도대체 간통에 대해 어떤 생각을 가지고 있는 건지 궁금해졌다. 만약 필로스트라토의 다음과 같은 이야기를 듣지 못했다면 나는 피렌체를 소돔과 고모라쯤으로 생각했을 것이고, 그들이 타락과 무질서라는 썩어빠진 무기로 교회의 엄숙주의와 맞서는 줄로 알았을 것이다.

오래 전, 프라토 거리에는 간통한 여자를 불에 태워 죽이는 법이 있었다. 이 곳에 살던 천하절색 필리파 부인은 목숨보다 사랑하는 애인 리차리노의 가슴에 안겨 있다가 남편 리날도에게 발각되고 말았다. 그녀는 재판에 회부되었고 도망치라는 주위의 권유에도 아랑곳하지 않고 법정에 출두했다.

재판을 맡은 시의 장관은 필리파를 보고, 그녀가 미인인데다 고상한 성격의 소유자이며 마음도 풍요로운 사람이라는 것을 알아차렸다. 동정심이 생긴 장관은 내심 그녀가 스스로에게 불리한 진술을 하지 말기를 바랐다. 그러나 그녀는 당당하게 사실을 밝히고 나서 이렇게 말했다.

"그것은 내가 리차리노를 진심으로 사랑했기 때문에 한 행동입니다. 그런데 법이란 것은 만인 앞에 평등해야 하는데도 불구하고 이 법은 그렇지 못합니다. 이 법이 만들어질 때 여자들은 아무도 동의하지 않았고 의견을 진술하지도 않았습니다. 따라서 이것은 악법입니다."

그녀의 말에 공감을 표시하는 사람들이 있자 그녀는 이렇게 덧붙였다.

"내 남편이 내 육체를 필요로 할 때 나는 그를 거부한 적이 없습니다. 남편이 내게서 필요한 쾌락을 얻었다면 나는 채워지지 않는 욕망을 어떻게 해야 할까요? 개한테나 던져줄까요? 차라리 나를 목숨보다 사랑해 주는 사람에게 바치는 게 낫지 않을까요?"

장관과 시민들은 그 이후로 법을 바꾸어 사랑 때문에 간음한 여자는 극형을 면제해 주기로 했다. 오직 돈 때문에 남편을 배신한 여자만이 화형을 당하게 되었다.

—『데카메론』 7일 일곱번째 이야기

간통도 사랑 때문이라면 무죄! 돈 때문이라면 유죄!

일괄하여 '간통 찬가'라고 불러도 좋을 법한 이야기들 속에도 이처럼 소박한 이론적 근거는 있었던 셈이다. 단테와 베아트리체가 나눈 정신적 관계에서뿐만 아니라 이 젊은 피렌체 시민들의 질펀한 육체적 관계에서도 '사랑은 모든 걸 이긴다'는 원칙이 관철된 셈이다. 그러나 앞으로 이들이 주도해 나갈 서구의 시민 사회에서 돈과 연루되지 않은 순수한 사랑을 얼마나 찾아볼 수 있을까?

마치 현실 세계로의 귀환이 가까워지는 데 따른 불안을 떨쳐버리기라도 하려는 듯 사람들은 점점 더 자극적인 이야기에 탐닉하여 9일째에는 그 꼭지점을 찍었다. 그리고 열번째 날 아침이 밝았다. '모든 사랑' 판필로가 이 날의 이야기를 주도하는 왕이었다. 이젠 모두가 한 번씩 돌아가며 왕위에 올라보았다. 누구도 드러내놓고 말하지는 않았지만 다시 현실의 피렌체로 돌아가야 할 시간이 다가온 것이다. 그들은 과연 돌아갈 준비가 되었을까?

그 동안 그들이 벌인 이야기 잔치 속에는 유치한 이야기, 외설적인 이야기, 의뭉스러운 농담이 가득했지만, 그런 이야기들 속에는 성직자들이 무기력해지고 도덕적인 설교가 씨도 먹히지 않는 냉혹한 삶의 현장이 드러나 있다. 살아남기 위해서는, 그리고 사랑하는 사람을 쟁취하기 위해서는 조조의 간계라도 필요한 그런 세상이다. 그러나 이것뿐이라면 어찌 이 세상을 살 만한 곳이라고 할꼬? 하느님과 저 세상을 향한 기도에만 매달리지 않고 인간들끼리 이 세상을 살아가려면 차가운 지성도 필요하지만, 그에 못지않게 애인의 심장을 안고 죽은 지스몬다의 사랑, 애지중지하던 매를 연인에게 구워 바친 페데리고의 사랑도 필요하다. 나아가 궁극적으로는 이런 따뜻한 사랑을 연인 사이에서만이 아니라 모든 사람과 함께 나누는 사회

돔 형의 성당을 중심으로
바라본 피렌체 시

를 만들어야 한다. 적어도 그런 사회에 대한 희망만은 있어야 진절
머리 나는 현실 속으로 뛰어들어 한바탕 살아볼 수 있지 않겠는가?
이 열번째 날은 바로 그러한 '모든 사랑'을 각자의 가슴 속에 가득
담아두기 위해 한마디씩 하는 날이었다. 생각해 보라. 다음 이야기
처럼 사람들이 종교와 인종, 국경을 넘어 관용과 감사의 정신을 발
휘하기만 한다면 사람들에게 이 세상말고 따로 무슨 신의 나라며 지
상낙원이 필요하겠는가?

프리드리히 1세 시절 모든 기독교 나라는 성지를 되찾기 위해 십자군으로 단결하였다. 기독교도들이 출정 채비를 하자 바빌론의 술탄 살라딘은 그들의 침략을 방어하는 법을 연구하기 위해 가장 뛰어난 두 명의 기사를 데리고 이탈리아와 프랑스를 여행했다. 이 때 세 사람은 상인으로 위장하였다.

이탈리아의 파비아라는 조그만 마을 외곽에서 그들은 토렐로 씨를 만났다. 토렐로는 자신의 시골 영지로 가던 길이었다. 살라딘이 그에게 파비아 시까지 가려면 얼마나 더 가야 하느냐고 물었다. 그러자 토렐로 씨는 파비아까지는 너무 멀어서 그 날 밤 안으로 갈 수 없다고 대답한 뒤 자기 하인들을 그들에게 딸려 보내 여인숙을 잡아 주겠다고 했다. 이 세 사람이 외지인임을 알아본 토렐로 씨는 하인들에게 몰래 분부하기를, 먼길로 돌아서 손님들을 자기 영지로 모셔가라고 했다. 그리고 자신은 곧바로 집으로 갔다. 살라딘 일행은 여인숙이 아닌 가정집으로 가 그 곳에서 자신들을 기다리고 있는 토렐로 씨를 보고 깜짝 놀랐으나 자기들을 환대하기 위해 그랬다는 것을 알고는 고마워하면서, 그 곳에서 하루를 묵기로 했다.

다음 날 토렐로 씨는 읍내에 있는 아내에게 전갈을 보내 잔치 준비를 하도록 했다. 토렐로 부부는 그 날 하루 종일 손님들에게 잔치를 베풀어 그들의 힘든 여정을 위로하였다. 그들이 떠나던 날 토렐로 부인은 남편이 입고 있는 것과 똑같은 멋진 옷을 그들에게 선물로 주었다.

토렐로 씨가 십자군 전쟁에 참전하여 이역만리로 떠나게 되자 그는 부인에게 말했다.

"만약 내게서 아무 소식도 없으면 그 때부터 1년만 더 기다리시오. 그 때 가서도 끝내 소식이 없으면 재혼하시오."

부인은 자신을 기억하라는 뜻에서 토렐로 씨의 손가락에 반지를 끼워주었다.

그 얼마 뒤, 아크라에 주둔하고 있는 십자군 진영에는 흑사병이 돌아 많은 장병이 죽었다. 살아남은 사람은 대부분 술탄의 포로가 되었다. 토렐로 씨는 알렉산드리아로 호송되어 술탄 살라딘의 매를 조련하는 일을 맡게 되었다. 회교도들은 그를 '살라딘의 기독교도'라고 불렀다. 살라딘과 토렐로 씨는 오랫동안 서로를 알아보지 못했다. 그러던 어느 날 살라딘이 토렐로 씨의 표정을 보고 먼저 알아차린 다음에 자신이 그 옛날 토렐로 씨에게 환대받았던 상인임을 밝혔다. 토렐로 씨는 자유의 몸이 되어 살라딘의 빈객으로 나날을 보냈다. 그는 아내에게 편지를 띄운 뒤 애태우며 답장을 기다렸다. 그러나 전령이 탄 배가 좌초하는 바람에 그의 편지는 아내에게 전달되지 못한 채 아내가 재혼할 시간이 다가왔다.

참다 못한 토렐로 씨가 살라딘에게 아내와의 약속을 말하자 이를 딱하게 여긴 살라딘은 토렐로 씨를 보석과 황금으로 가득 찬 침대에 뉘었다. 그러자 이 마법의 침대는 허공을 휙 날아 토렐로 씨의 숙부가 신부로 있는 교회에 내려앉았다. 토렐로 씨는 숙부와 함께 아내가 새 남편을 맞이하는 결혼식 피로연장으로 달려갔다. 토렐로 씨는 회교도식의 콧수염을 기르고 오리엔트 풍의 복장을 하고 있었기 때문에 처음에는 아무도 그를 알아보지 못했다. 그러나 아내가 준 반지를 간직하고 있었던 토렐로 씨는 어렵지 않게 아내를 되찾을 수 있었다. 그들의 재회는 일찍이 그들이 이방인에게 베푼 관용의 보답이었다.

—『데카메론』10일 아홉번째 이야기

 **역사적 배경에 관한 노트**

『데카메론』의 배경을 이루고 있는 흑사병은 역사적 사실이다. 흑사병의 습격을 당한 피렌체는 사회적·경제적 혼란에 빠졌다. 1378년에 일어난 '치옴피(양털 깎는 노동자)의 난'은 대시민을 중심으로 하는 도시 귀족에 반발하는 소작인의 항거였다. 『데카메론』에서 군데군데 엿보이는 노동 계급에 대한 멸시는 보카치오가 자신의 재정적 후원자였던 도시 귀족의 편이었음을 쉽게 짐작케 해준다.

사회가 혼란에 빠지고 분쟁이 격화하면서 공화정은 점점 설 자리를 잃어가고 1인 지배 체제인 참주정이나 전제 군주정이 그 자리를 비집고 들어섰다. 참주나 전제 군주는 도시에도 세력을 지니고 있던 지방 봉건 가문으로부터 나왔다. 이 가운데 대표적인 가문이 바로 르네상스의 산파역을 맡은 메디치 가문이었다. 이 가문 출신의 로렌초 데 메디치는 르네상스의 후원자였을 뿐만 아니라 그 자신이 르네상스적인 만능인이었다. 마키아벨리가 『군주론』에서 다루고 있는 군주의 모범은 바로 이 로렌초였다.

『군주론』이 주장하고 있는 것처럼 이탈리아 도시 국가들은 종교의 교리나 봉건 윤리에 얽매이지 않고 현실적인 권력과 재력을 냉혹하게 추구하였다. 그에 따라 중세 교회의 지배와 봉건 권력은 서서히 무너지기 시작했고 다음 시대에 본격적으로 전개될 민족 국가별 중앙 집권화가 진행되었다. 14세기에 단테, 보카치오, 페트라르카 등이 시(詩)로 싹을 틔우고 15, 16세기에는 레오나르도 다 빈치, 미켈란젤로, 라파엘로 등이 미술로 꽃을 피운 르네상스는 바로 이 같은 역사적 전환기의 산물이었다. 무너져가는 중세 기독교 문화의 대

안으로 그리스·로마 시대의 문화가 되살아났으며, 교회의 진리 독점에 대한 반발로 인간의 개성과 가능성이 재발견되었다. 『신곡』과 『데카메론』에서 보듯 르네상스 담당자들의 신앙심에는 흔들림이 없었지만 이탈리아 르네상스를 '이교적 르네상스', '헬레니즘의 부활' 등으로 부르는 것은 당시의 역사적 흐름을 살필 때 전혀 잘못된 평가가 아니다.

 ## 출전(出典)에 관한 노트

『데카메론』은 그리스 어로 '열 가지 이야기'라는 뜻이다. 열 명이 돌아가면서 열 가지씩의 이야기를 하므로 이야기의 수는 총 100개가 되어, 100곡으로 이루어진 『신곡』과 일치한다. 단테를 시성으로 존경하여 일생의 상당 부분을 단테 연구와 강의에 바친 보카치오(1313~1375)는 의식적으로 『신곡』의 구성을 따랐다고 한다. 그래서 『데카메론』을 『신곡』과 대비시켜 '인곡'이라고 부르는 평자들도 있다.

『데카메론』의 소재와 구성, 문체 등은 대부분 중세 수사학의 창고에서 뽑아낸 것이지만, 보카치오는 이러한 중세의 자산을 활용하여 중세 봉건적인 것을 비웃고 새로운 시대 정신을 표현하는 데 성공하였다. 단테의 『신곡』이 높은 이상을 가지고 중세 교회와 귀족 사회의 무능과 부패를 경고했다면, 『데카메론』은 현실에다 어떤 도덕적 당위를 들이대는 대신 있는 그대로의 현실을 냉정하게 관찰하여 비판, 풍자함으로써 근대 소설의 길을 열었다.

추기경과 돌아온 예수
도스토예프스키, 「대심문관」

이탈리아 사람들이 '친퀘첸토(500년대)'라 부른 16세기를 맞아 나는 다음과 같은 아인슈타인의 말을 되새기고 있었다.

"우리가 창조한 이 세계는 우리의 생각이 만들어낸 것이다. 우리가 생각을 바꾸지 않는 한 이 세계도 바뀌지 않을 것이다."

프랑스 인에게는 '르네상스(문예 부흥)'였고, 독일인에게는 '레포르마치온(종교 개혁)'이었던 16세기야말로 서구인이 생각을 바꿈으로써 세계를 바꾼 변화의 세기였다. 이 세기에 서구인의 사고 방식을 결정적으로 바꾸어놓은 변화는 무엇보다도 천지개벽과도 같은 우주관 뒤집기에서 비롯되었다. 이전에는 인간이 사는 지구를 중심으로 하늘이 돈다고 생각했다. 그런데 코페르니쿠스라는 천재 천문학자가 등장하여 지구가 돈다고 주장하면서 중세 천 년을 버텨온 고정 관념이 송두리째 흔들렸다. 격렬한 논쟁이 벌어지고 이 논쟁은 사생결단의 대결로까지 비화되었다.

다 알다시피 중세 교회는 지동설을 지지한 갈릴레이를 종교 재판에 회부했고, 갈릴레이는 결국 부당한 교권의 협박에 굴복했지만 돌

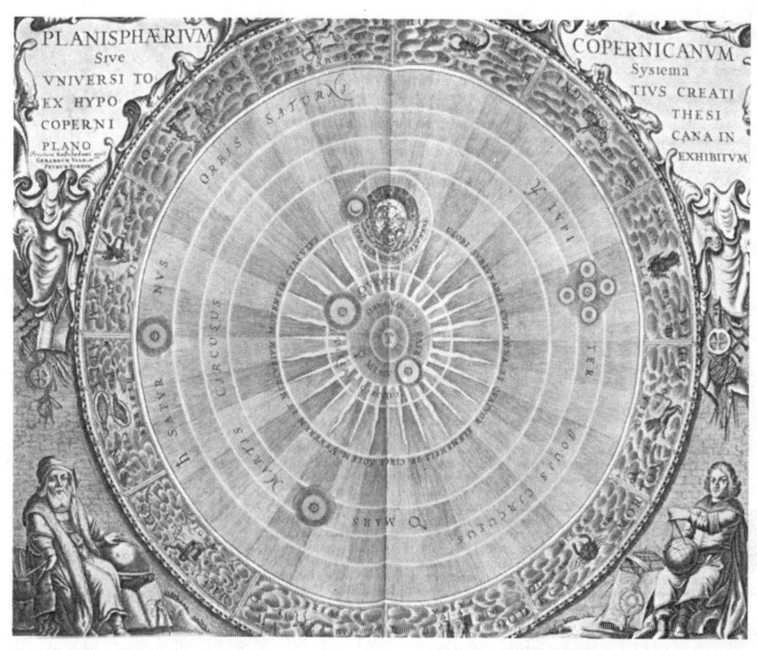

1708년에 나온 코페르니쿠스의 천문도.
중앙에 태양이 있고 그 주위를 지구와 그 밖의 행성들이 공전하고 있다.

아서면서 "그래도 지구는 돈다"고 중얼거렸다. 그런데 나는 이것을 도저히 이해할 수 없다. 가톨릭 성직자들은 오히려 쌍수를 들고 지동설을 환영했어야 했다. 인간이 사는 지구가 하느님의 영역인 천구를 뱅뱅 도는 미물에 불과하다는 이야기야말로 크나큰 하느님의 존재를 뒷받침해 주는 것 아닌가 말이다. 그런데 성직자들은 자신들이 그 때까지 부동의 진리로 착각하고 있던 천동설에 미친 듯이 집착했다. 그들은 외쳤다. 하느님의 창조물 가운데 가장 뛰어난 인간이 발딛고 사는 이 대지말고 그 무엇이 우주의 중심일 수 있겠느냐고. 이얼마나 가상한 인간 중심 사상의 발로인가? 도대체 누가 중세는 신

중심 사회였고 르네상스야말로 인간 중심 사회의 부활이라고 했는가? 생각해 보라! 지구를 한낱 떠돌이별로 격하시켜 인간의 존엄성을 훼손한 르네상스 과학자들이 더 인간적인가, 아니면 그들을 악마로 몰아 규탄한 종교 재판관들이 더 인간적인가?

내가 이런 생각을 하며 고개를 갸우뚱거리고 서 있는 곳은 스페인의 어느 마을이다. 스페인은 유럽의 다른 어느 곳보다 가톨릭의 위세가 컸고 이단자에 대한 탄압이 가혹했던 곳이다. 그런데 지금 이 마을에는 기이한 소문이 나돌고 있다. 예수가 돌아왔다는 것이다. 적잖이 구미가 당기는 소문이 아닐 수 없다. 예수가 재림하여 천 년간 이 세상을 다스린다는 천년왕국이 시작된 걸까? 유럽에서 모락모락 피어오르던 이교적 분위기에 대한 단죄가 바야흐로 스페인으로부터 시작될 것인가?

그러나 예수의 행적을 탐문하던 나는 까무러칠 만큼 놀라운 사태와 마주쳤다. 하느님의 종으로 수십 년 간 봉사해 온 추기경, 따라서 쌍수를 들고 예수의 출현을 환영해 마지않았을 추기경이 예수를 잡아넣었다는 것이다.

사태의 전말은 이렇다. 예수는 그 옛날 예루살렘에서의 모습 그대로 스페인의 거리를 휘젓고 다니며 기적을 일으키고 있었다. 그러자 갑자기 종교 재판의 대심문관이기도 한 추기경이 나타나 예수를 저주하며 그를 체포하라는 명령을 내렸다고 한다.

도대체 왜 그랬을까? 혹시라도 있을지 모를 이교도들의 테러 행위로부터 그를 보호하려고? 아니지, 그럴 목적이라면 왕궁이나 대성당에 편히 모셔야지 사람들 보는 앞에서 오랏줄로 꽁꽁 묶어 감옥에 처넣었을 리가 없지. 그렇다면 예수가 이 세상에 재림하는 것이 추기경에게 불리한 사정이라도 있단 말인가? 궁금증을 참을 수 없

스페인의 종교 재판 광경

어진 나는 감옥에 갇힌 예수를 찾아가기로 결심했다.

나는 간수에게 뇌물을 먹이고라도 예수가 갇힌 감옥으로 들어갈 생각이었다. 그러나 그럴 필요가 없었다. 웬일인지 감옥의 문이 열려 있는 것이 아닌가? 감시의 소홀을 틈타 어렵잖게 감방으로 숨어 들어간 나는 그만 그 자리에 얼어붙고 말았다. 감방의 자물쇠는 끌러져 있고 그 안에는 붉은 법복을 입은 추기경이 버티고 서서 예수를 노려보고 있었기 때문이다.

"우리를 방해하지 말고 여기를 떠나라."

추기경이 말했다.

“너는 인간에게 자유를 주겠다고 이 세상에 왔지만 인간은 발가벗은 채 세상으로 내던져지는 것 같은 그런 자유는 원하지 않아. 그들은 우리에게 복종하며 이 세상에서 잘살고 있어.”

추기경은 상기된 표정으로 열변을 토했고, 예수는 간음한 여인을 끌고 왔던 무리를 주눅 들게 하던 그 무거운 침묵을 견지했다. 숨을 고르던 추기경은 내 존재 따위는 알아차리지도 못한 채 결연한 표정으로 다시 입을 열었다.

“네가 광야를 철환할 때 악마와 만나 그의 제안을 거절한 것은 큰 잘못이었어. 악마는 네게 말했지, 돌을 빵으로 만들어보라고. 수많은 인류에게 빵은 자유보다 절실한 문제라는 걸 간과한 너는 어리석은 자존심만 내세웠어. 악마가 너를 높은 곳으로 데리고 가서 세상의 모든 나라와 그 화려한 모습을 보여주며 자기에게 절만 하면 그 모든 것을 네게 주겠다고 했지. 너는 앵무새처럼 성서 구절만 되뇌며 그 좋은 기회를 날려버렸어. 지금 우리 교회는 그 악마의 선물을 우리의 것으로 확실히 차지하고 있어. 우리가 하느님의 나라를 이 지상에 세우고 사람들은 우리에게 한없이 의지하고 있는 걸 보란 말야. 그러니 더 이상 우리의 역사(役事)를 그르치고 사람들을 혼란에 빠뜨리지 말고 떠나라!”

추기경이 문을 가리켰기 때문에 나는 그 자리에 납작 엎드렸다. 내 가슴이 쿵쾅거리는 것은 추기경에게 들킬까 두려워서이기도 했지만 그보다는 그의 말에 놀라서였다. 그러나 예수는 조금도 놀라거나 화난 표정이 아니었다. 그는 여전히 상대방을 압도하는 침묵을 유지하며 추기경에게 다가가 그의 뺨에 가만히 입을 맞추었다.

언제 그들이 밖으로 나올지 몰랐으므로 나는 감옥을 나섰다. 그리고 아직 어두운 스페인의 거리를 배회했다. 추기경의 말이 자꾸만

머릿속을 맴돌았다. '지금 우리 교회는 그 악마의 선물을 우리의 것
으로 확실히 차지하고 있어.'
  그 날 나는 일기장에다 이렇게 썼다.

  중세 후기의 가톨릭 교회는 인간 중심적일 수밖에 없었다. 임박
했다던 신의 나라가 지척거리며 오지 않자 신을 대리하여 인간
의 신앙을 관리해야 하는 교회는 위기를 맞았다. 사람들 사이에
신의 나라 대신 인간의 나라에 대한 관심이 늘어갔으므로, 이에
대처하려면 현실의 삶에 관심을 갖지 않을 수 없었다. 하느님만
알면 되지 인간의 학문이 무슨 소용이냐던 아우구스티누스의 태
도에서 벗어나 적극적으로 현실 세계를 탐구하는 학문을 수용했
다. 그러면서 이런 학문들을 이용하여 신의 존재를 추론하고는,
"그래도 신은 있다"고 외쳤다. 신의 나라의 도래는 지연되고 있
지만 교회는 신에 이르는 길을 알고 있노라고 호언도 했다.
사람들은 이제 성경 자체보다는 교회의 해석에 점점 더 의존하
게 되고 어떻게 해서라도 교회에서 발부하는 면죄부를 받아보려
고 발버둥쳤다. 사람들은 온다면서 오지 않는 신보다는 자신을
지옥으로도 천국으로도 보낼 수 있는 교회에 더 의지했고, 교회
도 언제 올지 모르는 신의 나라보다는 자기에게 기대는 인간의
나라에 더 애정을 쏟게 되었다. 예수의 재림을 거부하는 스페인
추기경의 태도는 그 극단적인 예일 뿐이다.

  만약 서구의 정신 세계를 지배하는 가톨릭의 현 주소가 이렇다면,
이제 서구가 취할 변화의 길은 두 가지를 생각할 수 있다. 하나는
교회가 장악했던 세상에 대한 권리를 신에게 돌려주고 원시 기독교

의 신앙 생활을 회복하는 것이다. 라틴 계가 주도하던 가톨릭에 대한 반발이었을까, 게르만의 순수한 혈통을 지니고 있던 사람들이 주로 이 방법을 택했다. 다른 한 가지는 교회의 턱 밑까지 차 올라온 인간 중심 사상을 전면적으로 개화시켜 아예 신학의 굴레로부터 끄집어내는 것이다. 이것은 교황청 주변에 포진하고 있던 라틴 계 사람들의 길이었으며 이미 피렌체 사람들이 앞장 서서 이 길을 가고 있었다.

그렇다면, 생각해 보라. 스페인의 감옥을 뚜벅뚜벅 걸어나온 예수가 이제 갈 곳이 과연 어디겠는지를.

 ## 출전(出典)에 관한 노트

스페인의 추기경과 재림한 예수 사이의 인상적인 옥중 밀담은 러시아 문호 도스토예프스키(1879~1880)의 대작 『카라마조프 가의 형제들』 속에 나온다. 카라마조프 형제들 중 서구적 지성을 대표하는 이반이 순백의 러시아 정신을 상징하는 동생 알료샤에게 들려주는 자작 극시 「대심문관」이 그것이다. 여기서 '대심문관'이란 종교 재판의 책임자를 가리키는 것으로, 붉은 법복을 입은 노추기경이 바로 그 사람이다.

『카라마조프 가의 형제들』은 평생토록 작가를 괴롭혀온 사상적·종교적 문제에 관한 사색을 집대성한 걸작이지만, 이 소설의 아주 작은 일부에 불과한 「대심문관」을 따로 떼어내 이를 도스토예프스키 문학의 정수라고 극찬하는 평론가들이 많다. 이 극시를 지은 이반은 카라마조프 형제들 가운데 가장 박진감 넘치는 사상의 소유자

로 설정되어 있다. 비록 소설 속에서는 이 극시를 이반이 대학 시절
에 습작한 것으로 소개하고 있지만, 그 내용은 종교 개혁의 시대만
이 아니라 현대에까지 권력과 자유의 문제에 묵직한 시사를 던지는
걸작이다.

인간은 불가능이다
루터, 『그리스도 인의 자유』

그리스도 인은 만물 위의 자유로운 군주로서 아무에게도 종속되
지 않는다.
그리스도 인은 만물을 섬기는 종으로서 아무에게나 종속된다.
— 마르틴 루터

다시 스페인의 감옥을 찾았을 때 예수는 그 곳을 떠나고 없었다.
옥리의 말에 따르면 떠나는 예수나 보내는 추기경이나 몹시 결연한
표정이었다고 한다. 일전을 불사하겠다는 의지가 두 사람의 얼굴에
넘쳐 흘렀다는 것이다.
내가 급히 예수가 간 길을 더듬어 간 끝에 이른 곳은 독일의 비텐
베르크였다. 때는 1520년. 아닌게아니라 독일 전역에 전운이 감돌
고 있었으며 그 발원지는 바로 이 곳 비텐베르크에 세워진 신학 대
학이었다. 이 대학은 16세기 들어서자마자 설립되어 수많은 목회자
를 길러내고 있었다. 예수는 마침 이 대학의 학생들과 함께 비텐베
르크의 거리를 거닐고 있는 중이었다.

내가 예수에게 다가가 알은체하려고 학생들 사이에 끼여드는 순간, 초롱초롱한 눈망울을 지닌 한 학생이 몹시 흥분한 표정으로 예수에게 질문을 던졌다.

"그렇다면 성경에는 왜 그토록 많은 율법과 계명이 있어 우리에게 이런 행위를 해라, 저런 행위를 해라 하고 가르칩니까?"

예수는 잠시 생각을 더듬다가 걸음을 멈추고 입을 열었다.

"성경에 있는 말씀은 두 가지로 나눌 수가 있네. 한 가지는 자네가 말했듯이 율법과 계명처럼 우리의 행위를 규제하는 것이고, 또 한 가지는 하나님께서 우리에게 주신 약속일세."

나는 일행의 맨 뒤에서 종종걸음으로 따라가던 학생의 소매를 잡아끌었다. 그리고 신입생처럼 보이는 그에게 귀엣말로 방금 저 학생이 무엇 때문에 흥분했느냐고 물어보았다.

"선생님께서 우리들에게 말씀하시기를 우리가 아무리 선행을 많이 해도 자유롭고 의롭게 되지 못할 기라고 하셨습니다. 저도 그게 무슨 말씀인지 잘 모르겠습니다."

나 역시도 그게 무슨 말인지 몰랐으므로 그 신입생처럼 진지하고 호기심 어린 눈으로 예수의 입을 지켜보았다. 문득 나 자신의 대학 신입생 시절이 떠올라 상쾌한 기분마저 들었다.

"구약에 나오는 '나쁜 욕심을 품지 말라'는 계명을 예로 들어보세. 제군은 이 계명을 지킬 수 있다고 생각하는가? 그럴 수 없을 것이네. 인간인 이상 아무도 나쁜 욕심을 품지 않을 수 없으니까. 바로 그래서 이런 계명이 생긴 걸세. 양심을 속이지 않는 자라면 누구라도 이 계명 앞에서 절망하며 이렇게 부르짖지 않을 수 없을 걸세. 아아, 나는 이 계명을 지킬 수 없어! 이 계명은 내게 불가능해!"

예수의 이 말을 들은 학생들은 모두 송곳에 가슴이라도 찔린 것처럼 몸을 움찔했다. 특히 내 옆에 선 신입생은 몸을 부르르 떨기까지 했다. 마치 내가 대학에 들어가서 그 때까지 알고 있던 이 사회에 대한 생각을 송두리째 뒤집는 소위 금서를 처음 읽었을 때처럼.

나는 갈릴리의 성전 앞에서 보았던 예수를 떠올렸다. 이리떼처럼 눈알을 굴리며 간음한 여인을 끌고 오던 사람들. 묵묵히 땅바닥에 무어라고 글씨만 쓰던 예수. 그리고 율법학자들마저 움찔하게 만든 송곳 같은 그 한 마디.

"너희 중에 죄 없는 자가 먼저 돌로 쳐라."

그 때 예수는 바로 지금 그가 학생들에게 밝힌 생각을 비수처럼 품고 율법학자들에게 그 말을 던졌을 것이다. 비텐베르크의 예수는 잠시 쉬었다가 학생들을 한 바퀴 둘러본 뒤 말을 이었다.

"그러한 '절망하기'야말로 구약의 계명들이 주는 핵심 교훈일세. 그걸 깨달아야만 비로소 제군은 겸손하게 인간의 한계를 깨닫고 무언가 다른 것의 도움을 받기를 갈구하게 되네. 바로 그런 제군을 위해 다른 말씀, 곧 하나님의 약속과 일러줌이 이 세상에 내린 것일세. 그대가 진정 모든 계명을 지켜 모든 나쁜 욕심과 죄를 벗기를 원한다면 와서 내가 보낸 자를 믿으라, 내가 그의 안에서 모든 은총, 의로움, 평화, 자유를 약속하리라. 이것이 바로 하나님의 새로운 말씀, 곧 신약일세."

그러자 학생들은 약속이나 한 듯이 그 자리에 꿇어앉아 기도를 올렸다. 오직 한 사람, 어쩔 줄 몰라하며 서 있는 홍안의 신입생만 빼놓고. 예수는 열변을 계속했다.

"믿음이란 신부와 신랑이 하나가 되는 것같이 영혼이 그리스도와 하나가 되는 것이네. 그리하여 영혼이 가진 모든 불행과 죄가 그리스도의 것이 된다네. 그리스도 인의 자유는 바로 이러한 믿음으로 완수되는 것이지 알량한 선행 따위로 이루어지는 게 아닐세. 이제 그리스도의 영광과 품위는 신앙으로 그분과 하나 된 모든 그리스도 인의 것이고, 그들은 모두가 그리스도와 함께 왕이며 제사장이 되어야 하네. 하나님은 그들이 기도하는 모든 것을 행하실 것이네.”

학생들은 모두 손을 모아 로마 서에 나오는 바울로의 기도를 합창했다.

“그리스도 예수 안에서 죽음과 죄가 삼켜지는 이와 같은 이김을 주시는 하나님께 찬양과 감사를 바칩니다.”

무릎 꿇은 학생들이 바울로의 기도를 복창했다. 그런데 뭔가 이상하지 않은가? 저 예수는 어찌하여 ‘예수 그리스도’란 이름을 남의 이름인 것처럼 말하는가? 자기 이름의 신비로움을 돋보이게 하려는 뜻인가, 아니면 그가 예수의 얼굴을 한 다른 사람인가? 이상한 사실은 그의 주위에서 기도를 올리는 학생들의 얼굴이 점점 예수를 닮아 갔다는 것이다. 오직 한 사람, 의혹을 가득 품고 서 있는 신입생만 빼놓고.

신입생이 눈을 부릅떴다. 그는 신부가 되려고 이 대학에 들어왔다. 하나님의 사제가 되어 사람들을 착하고 바르게 살도록 이끌려는 고귀한 뜻뿐만 아니라 법복을 입고 만인의 우러름을 받아보려는 세속적인 바람도 함께 가지고 있었다. 그러나 지금 예수는 무어라고 하는가? 참된 그리스도 인이 되려면 선행 아닌 신앙으로 충분하다, 그리고 모든 사람이 신앙을 통해 그리스도처럼 왕이요 제사장이 된다…….

“그렇다면 우리는 뭡니까? 모든 사람이 다 왕이요 제사장이 될 수 있다면 우리가 되고자 하는 사제와 평신도의 구분도 필요 없지 않습니까?”

　예수는 질문한 자를 노려보다가 그가 신입생임을 알아차리고 자애로운 표정으로 돌아갔다. 그는 어쩌면 스페인에서 만났던 대심문관을 떠올렸을지도 모른다.

　"그건 이렇게 생각하게. 참으로 그리스도를 섬기는 사람들은 모두가 사제일세. 그러나 항상 하나님의 일을 맡아서 관리할 사람은 필요한 것 아닌가? 사도 바울로도 '사람들이 우리를 그리스도의 일꾼이요 하나님의 비밀(복음)을 맡은 관리인으로 보아주기 바란다'고 하지 않았나? 그런데 무엇이 잘못되었는지 관리를 맡은 자들은 점점 평신도의 머리 위에 올라앉아 세속적이고 외적이고 호사스럽고 두려움을 자아내는 권력을 누리게 되었네. 보게, 저 교황청과 교회의 권력이 오히려 정당한 세상 권력을 압도하고 있는 모습을."

　예수가 '정당한 세상 권력'이란 말을 강조했는지 내 귀에 그 말이 강조되어 들렸는지는 잘 모르겠다. 분명한 것은, 필요하다면 세속의 권력, 즉 영주들과 힘을 합쳐서라도 하나님의 말씀을 관리하는 본분을 떠나 세속적인 권력을 누리는 교회와 싸우겠다는 의지를 똑똑히 읽을 수 있었다는 점이다. 그는 비장한 표정으로 신입생을 똑바로 쳐다보며 말했다.

　"지금 우리는 너무나 많은 인간적 법과 인간의 행위 때문에 땅 위에서 가장 쓸데없는 사람들의 종이 되었네."

　예수와 학생들은 교문을 지나 한 강의실로 들어가려 했다. 그런데 이 신입생 친구에게는 생각보다 당돌하고 질긴 면이 있었다. "잠깐만요" 하고 예수와 선배들을 불러 세운 그는 선배들을 헤치고 예수 앞으로 나아가 또다른 질문을 던졌다.

　"선생님은 그리스도 인이 되려면 신앙으로 충분하다고 말씀하셨습니다. 그렇다면 저는 이제 선행을 원하지도 말고 행하지도 말아야

세속에 물들고 부패한 교황을 돌로 내리치는 네 명의 개혁 신노들. 시보탈보 다 트레비소 그림

합니까?"

예수는 껄껄껄 웃다가 신입생에게 다가가서 어깨에 팔을 두르고 대답했다.

"사랑하는 친구여, 그렇지 않네. 자네의 영혼이 땅 위에 머물러 있는 한 자네의 육체를 지배해야 하고 사람들과 사귀어야 하네. 욕망과 반항 의지로 가득한 자네의 육신을 보게. 이 육신을 억제하려면 어찌 행위가 필요치 않겠나? 바울로도 말했네. 그리스도에 속한 사람들은 정욕, 욕망과 함께 자기 육신을 십자가에 못 박는 사람들이라고."

"그렇다면 어째서 행위는 필요 없다고 말씀하셨습니까?"

"그건 이렇게 생각하게. 하나님께선 당신이 창조하신 인간 아담을 낙원에 두고 그에게 낙원을 다스리고 지키라고 하시지 않았나? 이 때 아담이 다스리고 지키는 행위를 잘한다고 해서 더 의롭고 자유롭게 되었겠는가?"

신입생은 잠시 생각하다가 머뭇머뭇 대답했다.

"그는 아무 죄 없이 창조되었으므로 이미 완벽하게 의롭고 자유로운 사람이었습니다. 하나님이 분부하신 일을 잘한다고 특별히 더 자유롭게 되지는 않았을 겁니다."

예수는 그의 어깨를 툭툭 두드려주었고 다른 학생들도 고개를 끄덕였다.

"바로 그걸세. 우리는 신앙으로써 그리스도 인이 되는 것이지, 그 다음에 무슨 선행을 한다고 해서 더 나은 그리스도 인이 되는 건 아니네. 그리스도 인이라면 선행은 자연히 우러나오는 것일 뿐, 좋은 일 좀 했다고 해서 '이것 보세요, 저는 이로써 전보다 더 나은 사람이 되었답니다' 하고 생색을 내는 건 바보짓일세."

예수는 교정에 심어놓은 감나무에 손을 뻗어 탐스럽게 익은 감을 땄다.

"이 감을 보게. 이 나무가 말라비틀어지고 다 죽어가는 나무였다면 이렇게 탐스런 열매를 맺었겠는가? 이렇듯 악한 나무는 선한 열매를 맺을 수 없고 선한 나무는 악한 열매를 맺지 않는 법이네. 내가 자네들에게 말한 것은 선행이라는 열매를 맺지 말라는 게 아니고 먼저 신앙으로 그리스도 인이라는 나무가 되라는 것이네. 돌아보게. 영혼은 썩어빠졌으면서 육신에는 법복을 걸치고 교회에 자리잡고 앉아 빛 좋은 개살구 같은 위선을 떨면서 선행을 합네 떠벌리는 자들이 얼마나 많은가를."

신입생은 처음으로 똑바로 떴던 눈을 내리깔았다. 그는 천천히 성호를 긋고는 나직이 말했다.

"이제야 선생님 말씀의 뜻을 알겠습니다. 그러면 제가 신앙으로 그리스도를 받드는 사람이 되어 아직 그렇지 못한 뭇 사람 속으로 나아갈 때 어떻게 처신해야겠습니까?"

예수는 강의실로 들어가는 현관까지 묵묵히 학생들을 이끌고 가서 그 곳에 놓인 성모 마리아 상 앞에 무릎을 꿇고 앉았다. 모든 학생이 그를 따랐다. 이제는 얼굴에 평화가 깃든 신입생도 그렇게 했다.

"성모 마리아께서는 교회로 가서 다른 여인들과 똑같이 법에 의하여 정결 의식을 받으셨네. 그녀는 처녀였으므로 그럴 필요가 없었는데도 이웃과 함께 하겠다는 자유로운 사랑으로 그것을 행하셨지. 사도 바울로는 믿음이 약한 유태인에게 나쁜 생각을 일으키게 될까 봐 그들의 관례를 존중하여 할례를 행했네."

예수는 기도를 마치고 일어났다. 아까도 느낀 것이지만 그뿐만 아니라 학생들까지도 모두 예수의 얼굴을 하고 있었다. 마지막 한 사람이었던 신입생도 점점 그들을 닮아갔다. 예수가 말했다.

"그리스도가 우리에게 바로 그렇게 하셨네. 우리 모두 한 사람의 그리스도(ein Christ, 또는 ein Christus)가 되어 우리의 이웃에게 그분의 사랑을 베풀도록 하세."

우리 모두 한 사람의 그리스도가 되자!

나처럼 몸소 16세기의 독일 땅에 서보지 않고는 이 말에 담긴 혁명적인 의지를 읽기가 쉽지 않을 것이다. 14세기 이탈리아 도시 공화국의 시민들로부터 이 시대의 종교 개혁가, 인문주의자에 이르기까지 중세 신분 질서에 반대한 사람들은 모두가 표현은 달라도 이와 똑같은 정신이 담긴 구호를 외쳤다. 인간은 누구나 한 사람의 그리

마르틴 루터.
루카스 크리나흐 그림

스도가 될 자격이 있다. 교황만이, 추기경들만이, 황제만이, 귀족들만이 그런 것이 아니라 모든 인간이 신과 대면할 수 있다. 즉 모든 인간이 신 앞에 평등하다!

그러면 도대체 이 사나이는 누구인가? 예수의 얼굴을 하고 나타나 자기를 따르는 모든 사람들을 예수의 얼굴로 바꾸어놓는 사나이. 나는 학생들이 모두 강의실로 들어가 착석한 뒤에 그 안으로 들어가려는 이 사나이를 불러 세웠다. 그런데 학생들에게 강의를 시작하려다 돌아보는 그 사람의 얼굴은 예수가 아니었다. 아, 하고 나는 짧게 비명을 질렀다. 어디선가 많이 본 얼굴이었기 때문이다. 이름을 묻는 내게 그는 공손히 대답했다.

"저는 마르틴 루터라고 합니다."

 ## 역사적 배경에 관한 노트

독일인을 가리키는 '도이치(Deutsch)'는 본래 '라틴적이지 않은 사람들'을 뜻하는 말이었다. 중세 유럽에서 라틴 계가 아니거나 라틴 어를 쓰지 않는 사람들은 대개 하층 신분의 게르만 인이었다. 따라서 15세기 이후에 독일 사람들이 이 말을 자기네 집단을 가리키는 이름으로 쓰기 시작했다는 것은 그들의 역사 의식을 명징하게 드러내준다. 자신들은 라틴 문화에 흡수되지 않은 순수 게르만 민중이라는 것이다. 10세기 이래 로마에서 황제 대관을 받으며 로마 제국의 후예를 자처하던 독일 왕가도 이 때부터 '독일인의 신성 로마 제국(Das Heilige Rmische Reich Deutscher Nation)'이라는 이름을 사용하였다. 라틴 인의 옛 로마 제국과 대비하여 자기네 게르만 인이 세운 로마 제국이라는 이야기이다.

그런데 16세기에 들어서자 종교마저도 로마 교회를 벗어나려는 움직임이 이 곳 독일에서 가장 강력하게 일어났다. 이 새로운 종교 운동의 핵심 원칙은 개인이 신과 직접 대면할 수 있는 권리이다. 그들은 외쳤다. 왜 우리가 꼭 교회를 통해야만 신과 만날 수 있단 말인가? 신은 어디서도 만날 수 있으며 누구라도 자기 자신의 사제가 될 수 있다!

이러한 종교 개혁의 중심에 선 인물이 마르틴 루터(1483~1546)이다. 동시대의 르네상스 휴머니스트들이 주로 지식인 취향의 학문과 문예에 관심을 기울였다면 루터는 직접 민중 속으로 파고들어 서유럽의 정치 기상에 천둥과 번개를 동반한 폭풍우를 일으켰다. 로마 교회로부터 독립하려는 그의 종교적 지향은 신성 로마 황제의 지배에서 벗어나려는 봉건 영주들, 상행위의 자유를 획득하려는 신흥 부르주아지, 나아가 봉건 예속을 탈피하려는 농민들의 이해 관계와 광범위한 연대를 이루어냈다.

그러나 앞에서 밝힌 것처럼 루터는 종교 전쟁중에 터져 나온 농민들의 근본적인 개혁 요구를 묵살하고 시종일관 영주들의 이해 관계에 안주하는 태도를 보였다. 그의 사후인 1555년에 아우크스부르크의 제국 의회에서 합의된 구교와 신교의 타협안은 영주들의 신앙의 자유만을 인정하여 또다른 종교 전쟁의 불씨를 남겨두고 있었다.

 ## 출전(出典)에 관한 노트

마르틴 루터에게 종교 개혁의 영감을 던져준 구세주는 사도 바울로였다. 그는 1507년 사제가 되어 오랫동안 고행했으나 구원에 합당한 선행을 하지 못해 고민에 빠졌다. 이 때 그를 구출해 준 것이 에르푸르트 대학 도서관에서 잠자고 있던 라틴 어 성서였다. 그는 이 책에서 바울로의 서신들을 읽고, 후에 『그리스도 인의 자유』에서 설파하게 될 여러 가지 신앙 원칙의 원소들을 생성해 내기 시작했다. 그는 비텐베르크에서 강의하는 동안 성서 및 아우구스티누스의 가르침과 중세 스콜라 철학 사이의 차이점을 깊이 인식하고, 아리스토텔레스의 철학에 의존한 스콜라 철학과 결별, 성서로 돌아갈 것을 호소하였다. 그가 내세운 차이점의 핵심은 자유 의지에 관한 것이었

다. 인간의 이성과 노력에 의해 신의에 접근할 것을 역설했던 스콜라 철학과는 달리 루터는 오직 신에 귀의하여 모든 것을 맡겨야 한다고 주장했다.

또다른 종교 개혁의 거물 칼뱅은 이러한 루터의 입장을 과격하게 밀어붙여 소위 예정설을 주창하였다. 어떤 사람이 구원될 것인가 아닌가 하는 것은 그의 노력이나 의지와는 상관 없이 신에 의해 이미 예정되어 있다는 설이다.

어떻게 보면 운명론처럼 들리는 이런 개신교가 인류 역사상 가장 정력적으로 인간의 운명을 개척해 간 서구 근대인의 정신 세계를 지배한 사실은 역설적으로 들린다. 이에 대해서는『프로테스탄티즘의 윤리와 자본주의의 정신』을 쓴 독일 사회학자 베버의 설명에 제시되어 있다. 사람들은 자신이 신에 의해 선택된 사람임을 믿기 위하여 소명 의식을 가지고 각자의 일을 천직이라 생각하며 부지런히 일했다는 것이다.

한편 그 자신은 높이 평가하지 않을지도 모르지만 인간적 재능 면에서도 뛰어났던 루터는 그 때까지 여러 가지 방언으로 나뉘어 지리멸렬했던 독일어를 정비하여 신약성서를 번역함으로써 근대 독일어의 초석을 놓은 사람으로도 유명하다. 나아가 오늘날 프랑스 국가가 된 '라 마르세예즈'의 가사도 원작자는 마르틴 루터이다.

이 글에서 루터를 예수의 모습으로 등장시킨 것은 그의 '한 그리스도'론을 선명하게 드러내기 위한 가상일 뿐 루터가 실제로 '돌아온 예수'를 자처한 일은 없다. 그리고 기독교의 유일신을 가톨릭에서는 '하느님'이라고 부르는 반면 개신교에서는 '하나님'이라고 부르므로, 다루는 고전이 어느 쪽에 속하는가에 따라 표기를 다르게 했음을 밝혀둔다.

인간은 가능성이다
라블레, 『가르강튀아』

독일에서 마차를 얻어 타고 프랑스로 달리는 동안 내내 웅웅거리며 나의 귀를 괴롭히는 목소리가 있었다.

"그리스도에 속한 사람들은 정욕, 욕망과 함께 자기 육신을 십자가에 못 박는 사람들입니다."

이 소리야말로 그 어떤 아름다운 음악보다 훨씬 더 마음 속을 깨끗하게 해준다고 생각할 신자 여러분께는 죄스럽지만, 정말이지 나는 괴로웠다. 단테와 함께 연옥산을 오르고 난 뒤에, 그리고 열 명의 부드러운 남녀와 더불어 아름다운 별장 생활을 하고 난 뒤에 내가 유럽에서 들이마셨던 것은 해방감이었다. 나는 유럽의 산천이 입을 모아 외치는 것을 들었다.

"인간이여, 너는 가능성이다!"

인간은 인간끼리 동지애를 가지고 행복한 사회를 꾸릴 수도 있으며, 얼마든지 자기 노력에 의해 신에게 가까이 갈 수 있다는 뜻이 그 외침에는 함축되어 있다. 그러나 내 귀를 괴롭히는 저 목소리, 마르틴 루터가 되살려 낸 바울로의 경건한 기도는 그 반대편에서 울

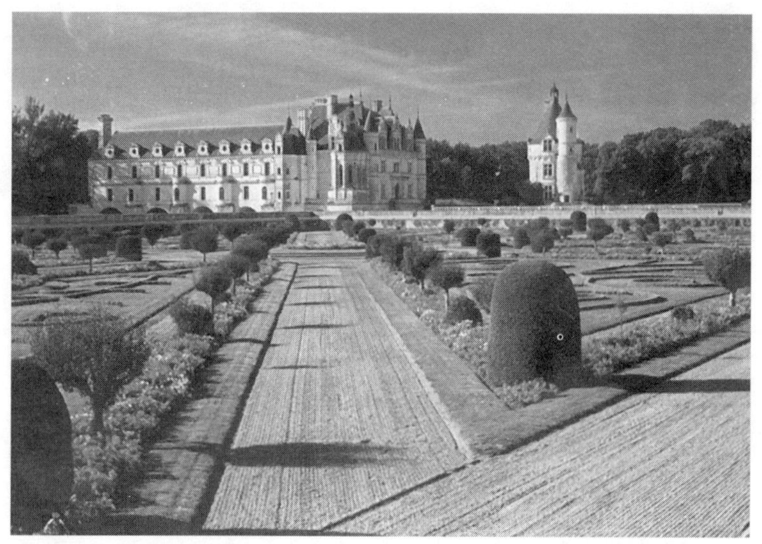

루아르 강변의 슈농소 성

려오고 있었다. 인간이여, 너는 불가능하다! 절망하라, 그리고 너의 육신을 십자가에 못 박고 신에게 네 영혼을 맡겨라……. 이 엄숙한 목소리는 오만하게 신을 대리한다고 설쳐대던 인간들로부터 각 개인을 해방시켜 주기는 했으나, 그 옛날 예수가 그랬던 것처럼 인간을 자기 자신의 힘으로는 아무것도 할 수 없는 가련한 존재로 돌려 놓았다. 그러니 토스카나 별장의 자유분방한 남녀들이 조성했던 해방감에 젖어 있던 나로서는 사실 좀 괴로움을 느꼈던 것도 당연하지 않겠는가?

어쨌든 좀 불쾌했던 분이 계시다면 이제부터 저 유명한 프랑스의 텔렘 수도원으로 안내할 테니 좋은 구경하시고 부디 너그러운 용서 있기를…….

프랑스 시골 마을의 영웅 가르강튀아가 세운 텔렘 수도원은 강변에 자리잡은 그 입구부터 별난 데가 있다. 그 입구의 대문에는 이 수도원에 들어올 수 있는 사람들의 자격이 커다랗게 고대 문자로 적혀 있었다. 요약해 보자면 우선 이런 사람들을 들어오지 말라고 한다.

사기꾼 : 너희들의 속임수를 사줄 곳은 여기 아닌 다른 어딘가에 있을 것이다.

검사, 변호사, 율법학자, 판사 등 : 불공정한 언설로 사람을 개처럼 죽음에 빠뜨리는 파괴자들. 너희들의 봉급은 단두대에서 나오니, 가서 피를 빨아 마셔라.

고리 대금업자 : 만족할 줄 모르는 마귀, 플루토의 사생아들. 지옥의 번견이 너희들의 뼈를 갉아먹으리라.

그 밖에 불량배, 망령이 난 자, 술주정뱅이, 거짓말쟁이, 도둑, 식인종 등등…….

그러면 어떤 사람을 들어오라고 하는가?

멋진 신체를 지니신 고결한 멋쟁이 신사분 : 당신들이 천 명이 오신다 해도 이 곳에선 무엇이든 누릴 수 있답니다.

순수하고, 정직하고, 충직하고, 진실된 구약과 신약의 해설자 여러분.

향긋하고, 단정하고, 매력적이고, 재기발랄하고, 사랑스럽고…… 상냥한 여염집 규수들도 오세요.

지금 눈을 크게 뜬 분이 계시겠지만 바로 내가 그랬다. 아니, 수도원이면 수도원이고 수녀원이면 수녀원이지 남녀가 한데 모여 수도

하는 곳도 다 있었나? 더구나 여성적인 매력이란 매력은 모조리 갖춘 여염집 규수들만 수녀로 들어와 있다니, 이런 걸 두고 임도 보고 뽕도 딴다고 했던가?

"어떻게 오셨습니까?"

남자의 목소리도 여자의 목소리도 아닌 소름 돋는 목소리로 이렇게 물어오는 사람이 있었다. 시선을 돌려보니 차림새도 여자인지 남자인지 도무지 알 수 없었다. 오늘날에는 웬만한 미장원에서도 이런 게이 풍의 사내를 흔히 볼 수 있지만 16세기 프랑스에서까지 이런 친구를 볼 수 있으리라고는 미처 생각하지 못했다.

"따라오세요."

내가 텔렘 수도원의 내력과 수도 방식을 견학하러 왔다고 밝히자 그는 이렇게 톡 쏘듯이 말하고 앞장 서서 걸었다. 나는 그 목소리에 한 번 몸서리를 치고 따라 나섰지만, 어디선가 말할 수 없이 향긋한 기운이 내 온몸을 감쌌기 때문에 금방 신경이 누그러졌다. 오른쪽으로는 대리석으로 만든 기둥들이 훌륭한 고대 양식을 본뜬 아치 모양으로 커다란 건물을 떠받치고 있었고, 왼쪽으로는 너른 잔디밭에 아름다운 샘이 보였다. 이 샘의 한가운데는 세 여신의 나신상이 풍요를 상징하는 뿔을 들고 서 있었다. 그들은 그리스 신화에서 신들의 여왕인 헤라 여신을 섬기는 카리테스, 즉 우아의 여신들이 틀림없었다. 이 아름다운 여신들은 귀와 눈, 입, 젖꼭지, 그리고 신체의 다른 또 하나의 배출구로 쉴새없이 물을 내뿜고 있었다.

조금 더 걷다 보니 마상 경기를 위한 운동장도 보이고, 경마장, 극장, 테니스장, 야외 목욕탕이 딸린 수영장까지 보였다. 휴식을 위한 각종 편의 시설과 운동 용품이나 음식을 파는 가게도 완벽하게 갖추어져 있었다.

"이게 관광 위락 단지지 무슨 수도원이야?"

내가 기가 막혀서 혼자 이렇게 내뱉자 안내하던 사내는 입을 삐쭉 내밀고 곁눈질로 노려보면서 핀잔을 주었다.

"아유, 촌스럽기는! 거기다가 몰골이 그게 뭐예요? 이런 양반을 안으로 들여놨다가는 내가 쫓겨나겠네. 이리 와요!"

나는 어안이 벙벙한 채로 그의 손에 이끌려 건물이 양쪽으로 나누어지는 중간 지대의 어느 방으로 들어갔다. 그 곳에는 방송국의 분장실처럼 온갖 화장 도구가 다 갖추어져 있었다. 사내는 영화「가위손」의 주인공처럼 현란한 손놀림으로 내 머리와 얼굴을 훑고 나서는 마무리로 머리와 얼굴 곳곳에다 향수를 찍찍 뿜어댔다. 그러고는 커다란 전신 거울이 있는 옆방으로 끌고 들어갔다.

"여기서 아무거나 마음에 드는 옷을 골라 입고 기다려요. 이 곳 생활에 대해 설명해 주실 분을 모셔올 테니까."

둘레를 순금으로 두르고 진주로 장식한 수정 거울이 내 앞에 떡 버티고 있었다. 그 거울에 비친 사내의 얼굴을 보고 처음에는 그것이 나 아닌 다른 사람의 얼굴인 줄 알았다. 어느 그림에서 본 로코코 시대의 귀공자 얼굴이었기 때문이다. 방 한켠에 옷장이 놓여 있었지만 나는 어지러운 생각을 정리하느라 그 안은 들여다보지도 않았다.

"이거 정말 수도원 맞아?"

이렇게 투덜거릴 때 방문 두드리는 소리가 났다. 잠시 후 열린 문 앞에 나타난 사람은 ……. 오 맙소사, 세상에 이렇게 아름다운 여인이 또 있을까? 그녀의 온몸에서 발산되어 내 정신을 아뜩하게 하던 향기는 나중에 알아본 바로는 안젤리카 향이라고 했다. 그녀가 몸에 걸친 보라색 망토는 분명 금을 입혀 보풀을 일으킨 무어 계통의 융

단이었다. 망토 전체가 인도 산 진주로 장식되어 은은한 빛을 발하고 있었다. 그녀가 방 안으로 들어와 망토를 벗자 드러난 재킷은 벨벳을 재단한 것이었고, 비단 치마에 자주색 물을 들인 스타킹, 그리고 이 스타킹과 색을 맞춘 고급 슬리퍼를 착용하고 있었다. 머리는 그 옛날 토스카나 별장에서 보았던 부인들의 가볍고 귀여운 모양 그대로였다.

"누…… 구신가요?"

어눌한 내 질문에 그녀는 희고 가지런한 이를 드러내며 환하게 웃었다.

"저는 이 곳의 수녀랍니다. 꽤 고참에 속하는 편이죠. 손님께서 저희 수도원에 관심이 많으시다기에 제가 직접 안내를 해드리려고 이렇게 왔답니다."

독자 여러분은 지금 내가 농담하고 있다고 생각할 것이다. 아니면 프랑스 어느 지방 영주의 궁전으로 잘못 들어갔다 와시는 델렘 수도원을 다녀온 것처럼 꾸며댄다고 생각할 것이다. 그러나 이것은 엄연한 현실이다. 텔렘 수도원에 있는 수녀들은 새카만 수녀복을 입고 얼굴에는 베일을 뒤집어쓰는 것이 아니라 이처럼 멋지고 화사한 의상을 자신들의 자유 의사로 선택한다. 남녀가 한 곳에 모여 수도한다고 할 때부터 알아본 것이지만 이 곳은 그야말로 수도원의 형식 파괴, 규율 파괴, 관습 파괴의 현장이라고 하지 않을 수 없다.

"저는 우선 식사부터 하고 싶은데, 손님께서는 어떠신지요?"

수녀가 그렇게 물어오길래 나는 배가 고픈 것도 같아서 고개를 끄덕이며 대꾸했다. "식사 시간이라면 그렇게 하죠, 뭐. 지금 몇 시나 됐습니까?"

수녀는 입가에 엷은 미소를 떠올리며 대답했다.

"이 곳에는 시계가 없어요. 누구나 자신이 적당하다고 생각할 때 자고 먹고 공부하고 운동하죠. 땡 하는 시계의 자명종 소리에 맞추어 살아가는 것처럼 망령 든 짓은 없다고 가르강튀아 님께서 말씀하셨답니다."

나는 고개를 설레설레 흔들며 수녀 뒤를 따랐다. 물론 이것은 아직 시작일 뿐이다. 이 곳 텔렘 수도원에는 아직도 내가 혀를 내둘러야 할 일들이 많이 기다리고 있었다.

점심인데도 수녀는 전채(前菜) — 서양 요리에서 식전에 먹는 가벼운 요리로서 오르되브르라고도 한다 — 로 버섯 요리와 이탈리아식 만두를 샐러드와 함께 먹은 뒤 바닷가재 두 마리와 적도미 구이를 게눈 감추듯 해치웠다. 후식으로는 다이어트 같은 건 신경도 쓰지 않는 듯 밀전병에 아이스크림을 잔뜩 싼 크레프를 몇 개씩이나 집어삼키고 바닷가재 요리와 잘 어울린다는 백포도주는 1리터들이 한 병을 말끔히 비웠다. 벌어진 입을 다물지 못하고 있는 나를 재미있어하며 수녀는 놀리는 투로 말했다.

"우리 수도원의 설립자인 가르강튀아 님이 이 세상에 태어날 때 뭐라고 하면서 울었는지 아세요?"

나는 그녀가 웃을 때 초승달 모양이 되는 두 눈에 매료되어 그냥 바라보기만 했다. 그러자 그녀는 생각만 해도 우스운지 고개를 젖히고 입을 가리면서 홍소를 터뜨렸다. 가볍게 떨리는 목젖이 앙증맞아 보였다.

"글쎄요, 하하하…… 초원의 목장에서 어머니 귀를 통해 세상에 나왔는데…… 하하하…… '술 좀 줘, 술 좀!' 하더래요, 글쎄."

나는 이 말에 웃어야 할지 상을 찡그려야 할지 판단이 서지 않았으나, 그녀가 하도 즐겁게 웃는 바람에 적당히 따라 웃었다. 단테를 따라 지옥에 들어갔을 때를 생각해 보라. 게걸스럽게 먹기 좋아하던 자들이 지옥의 개 케르베로스에게 어떻게 당하고 있었던가를. 바로 그런 형벌을 받기 딱 좋은 자가 수도원의 설립자이고, 저 먹보 아가씨가 그 수도원의 수녀라니…….

"인간이 할 수 있는 것들을 다 해보면서 살려면 잘 먹어야 되는 것 아녜요?"

그녀는 마치 내 생각을 읽기라도 한 듯 이렇게 묻더니 타고난 대식가 가르강튀아의 이야기를 들려주었다. 그는 엄청난 식성에 걸맞는 엄청난 거구를 지녔다고 한다. 처음부터 절제나 금욕 따위와는 맞지 않는 사람이었던 셈이다. 글쎄, 아기 가르강튀아에게 우유를 먹이려고 1만 7,913마리의 소가 동원됐다는 거다. 또 이 아이의 셔츠 감으로 1km의 아마포가 들었고, 반바지에 1.2km의 흰 포플린이 들었다고 한다. 구두창을 대려고 1,100장의 소가죽이 들고…….

"가르강튀아 님은 자기 고향에서 받은 구식 교육에는 별 흥미를 느끼지 못했어요. 그래서 파리로 나가서 신학문을 접했는데 마치 고기가 물을 만난 듯 뻬어난 학업 성취도를 보였대요. 고향에서 전쟁만 일어나지 않았어도 대학자가 되었을 거예요."

우리는 식당을 나와서 풀밭을 거닐기 시작했다. 멀리 마상 경기장에서 말을 타고 달리며 창으로 허수아비를 찔러대는 수도사들과 수녀들이 보였다.

"가르강튀아 님의 고향 그랑고주는 목축을 주업으로 하는 초원 지대였어요. 그런데 어느 날 레르네라는 곳의 제과공들이 그랑고주의 목동들에게 더 이상 빵을 주지 않겠다고 선언했대요. 그래서 제과공들과 목동들이 말다툼을 벌이다가 그만 목동 한 명이 제과공 한 명을 쓰러뜨렸죠. 화가 난 레르네 사람들이 쳐들어왔는데 중과부적이

노트르담 사원. 파리로 유학한 거인 가르강튀아는
노트르담 사원의 종을 떼어내 자신이 타고 다니는 말의 목에다 거는 대담한 짓을 저지른다.

었어요. 가르강튀아 님의 아버지는 레르네의 왕의 분노를 가라앉히
려고 애를 썼지만 싸우지 않을 수 없게 되자, 하는 수 없이 파리에
서 유학 중이던 아들을 불러들였죠."

가르강튀아는 용맹무쌍하게 싸웠다. 대포알도 그에게는 포도씨
같아서 그가 머리를 빗으면 대포알들이 우수수 떨어져 내렸다. 그는
레르네 군을 정복한 다음에는 너그럽게도 포로들을 모두 풀어주었
다. 그리고 그를 도운 사람들에게 푸짐한 상을 주었다. 가장 공로가
컸던 수사(修士) 장에게는 수도원장 자리를 제안했다. 그러나 장은
이를 거절했다.

"저는 수도자들을 다스릴 자격이 없습니다. 제 자신도 완전히 다
스리지 못하는 소인이 어찌 남을 다스리겠습니까?"

그래서 가르강튀아는 수사 장의 희망에 따라 기존의 수도원과는

달리 규율과 통제로부터 벗어난 수도원을 루아르 강변의 아름다운 숲 속에 짓기로 했다. 이 곳은 세상과 격리된 담장 안의 수도원이 아니라 열린 수도원이었고, 금남의 집이나 금녀의 집이 아니라 남녀가 공존하는 수도원이었으며, 엄격한 시간 생활을 하는 수도원이 아니라 모든 것을 흘러가는 대로 맡겨두는 수도원이었다. 바로 그 새로운 수도원의 이름이 텔렘이었다.

*   *   *

우리는 건물 안으로 들어갔다. 그리스 어, 라틴 어, 히브리 어, 프랑스 어, 이탈리아 어, 스페인 어로 된 책들이 빽빽이 꽂혀 있는 서가들을 지났다. 그 때 마침 그 곳에서 책을 고르고 있던 청년을 보자 수녀는 걸음을 멈추었다. 그리고 내게 소리내지 말라는 신호를 보내더니 청년의 등 뒤로 슬며시 다가가 두 손으로 그의 눈을 가렸다. 그 모습을 본 나는 눈을 감아버렸다. 저게 무슨 망측한 짓이람. 수녀가 남자와 살을 맞대고 저런 장난을 하다니, 파격도 저 정도 되면 너무 심한 것 아닌가?

그러나 그 정도는 그야말로 장난에 불과했다. 청년은 수녀의 손을 떼어내고 뒤돌아보더니 반갑게 웃으며 포옹을 하는 게 아닌가? 그뿐 아니다. 두 남녀는 무어라고 알아들을 수 없는 외국어를 주고받더니 서로 볼을 맞대고 비벼대기까지 했다. 도대체 이건 뭐야? 저 두 사람이 서로 사랑하는 사이라도 된단 말인가? 수녀와 사랑을?

수녀가 청년에게 나를 가리키며 무어라고 말을 하자 두 사람은 손을 맞잡고 내게로 다가왔다. 나는 무언가 못 볼 걸 훔쳐본 듯한 어색함에다 묘한 질투심이 뒤엉킨 감정으로 청년을 맞았다. '이 녀석,

감히 수녀님을 넘봐?' 하고 한 방 갈겨야 할지, 아무것도 모르는 척하고 있어야 할지 난감했다.

"인사하세요. 이분도 저처럼 이 곳에서 수도하는 수도사랍니다."

수녀의 소개에 나는 뒤통수라도 한 대 얻어맞은 기분이었다. 남녀가 유별하지 않다더니 수녀와 수도사가 닦으라는 도는 닦지 않고 이런 곳에서 버젓이 연애질이나 하고 있으니, 수도원 참 잘 돌아간다!

"안녕하십니까? 텔렘에 오신 걸 환영합니다. 제 약혼녀가 안내를 잘 해드렸는지 모르겠군요."

젊은 수도사의 이 말에 나는 그만 까무러칠 뻔했다.

"약혼녀라고요? 두 분께서 결혼할 거란 말씀입니까? 수도사와 수녀가 결혼을 한단 말입니까?"

"그럼요!"

두 남녀는 약속이나 한 듯이 입을 맞추어 말했다.

"기존의 수도원이나 수녀원에서는 수사들과 수녀들이 세 가지 서약을 했죠. 정절, 청빈, 복종. 하지만 여기서는 달라요. 우리는 결혼도 할 수 있고, 부를 추구할 수도 있으며, 그 누구의 지시도 받지 않고 마음대로 살 수 있답니다. 존경하는 장 수사님께서 내리신 경탄할 만한 지침이죠."

나는 놀란 가슴을 추스리고 침을 한 번 꿀꺽 넘긴 뒤 다짐하듯 물어보았다.

"두 분이 결혼한다는 게 이 곳에서는 전혀 법도에 어긋나지 않는다, 이런 말씀이죠? 설마 금지된 장난을 벌이면서 내게 거짓말을 하는 건 아니겠죠?"

"무엇 때문에 그러겠어요?"

젊은 수도사가 반문했다.

"이 곳에서 수도하는 젊은이들은 모두 귀한 집 자제분들이랍니다. 좋은 교육을 받고 자유롭게 자신의 행동을 선택할 줄 아는 사람들이죠. 우리 같은 사람들은 천부적으로 덕을 행하고 악을 멀리하는 본능을 지니고 있습니다. 그런 사람들에게 복종을 강요하고 온갖 제약을 가하면 오히려 우리들의 고귀한 천품을 잃어버리게 됩니다. 사람은 금지된 것을 갈구하고 거부되는 것을 바라는 본성을 지녔으니까요."

여기서 비텐베르크 대학의 루터 교수가 떠오른 것은 당연한 일이다. 루터도 인간은 금지된 것을 갈구하는 본성을 지녔다고 했다. 바로 그것이 인간의 한계이기 때문에 인간은 신의 의지에 기대어야만 참된 삶을 살 수 있다고 열변하던 루터, 아니 돌아온 예수의 말이 귀에 쟁쟁하다. 그런데 지금 이 청춘 남녀는 루터와 똑같은 이유를 대면서 정반대의 주장을 한다. 인간은 금지하면 더 하고 싶어하니 인간의 자유 의지대로 하게 내버러두어라…….

"당신들이 여기서 연애도 하고 결혼도 하는 건 다 좋습니다. 제가 독일에서 만나고 온 한 비범한 수도사님도 말씀하시기를 육체가 무슨 일을 하건 영혼에는 아무런 이해득실이 없다고 했으니까요. 쓸데없이 독신을 고집하며 육체를 고문하는 행위가 오히려 무모한 짓일 수도 있겠죠. 하지만 이 곳이 '수도원'인 한 무언가 성경 말씀에 따라 갈고 닦는 게 있어야 할 것 아닙니까? 먹고 마시고 노닥거리고 사냥이나 다니는 건 다른 곳에서도 얼마든지 할 수 있는 일인데……."

그 때 한 무리의 쾌활한 남녀가 사냥복을 입고 손에 송골매를 든 모습으로 몰려들어왔다. 그들은 한껏 들떠서 말달리던 이야기, 사냥개를 다루던 이야기, 매를 쫓던 이야기를 신나게 주고받으며 우리에게 다가왔다. 나를 안내하던 수녀가 그들에게 나를 소개해 주었다.
그들은 방금 내가 던진 질문에 대해 자기들끼리 이러쿵저러쿵 토론
을 하는가 싶더니 그 중 한 명이 이렇게 말했다.

"선생님은 독일에서 루터 신부를 만나고 오셨군요. 우리도 많은
점에서 그분에게 동감입니다만, 인간의 자유 의지를 부정하는 것만
은 참을 수 없습니다. 우리는 이 곳 텔렘 수도원에서 인간이 자기
마음대로 하고 싶은 걸 다 하는 가운데 신에게 다가갈 수 있다는 걸
보여주고 있습니다. 우리는 읽고, 쓰고, 노래할 줄 알며 모두가 몇
가지의 악기를 다룰 줄 압니다. 또한 대여섯 개의 언어를 말하고,
시와 산문에 능통합니다. 남자들은 중세의 어떤 기사보다도 말과 무
기를 잘 다루고, 여자들은 그 누구보다도 멋지고 우아하며 바느질을
비롯하여 여자가 하는 모든 일을 최고로 해냅니다. 우리는 이렇게
인간이 가진 가능성을 최대로 발휘하여 이 곳을 지상낙원으로 만들
고자 모인 사람들입니다."

남녀들은 입을 모아 아름다운 화음을 만들며 텔렘 수도원의 유일
한 규칙이라는 문구를 노래했다.

"각자 하고 싶은 대로 하라!"

*　　　　　*　　　　　*

텔렘 수도원의 문을 나설 즈음에는 독일에서 가지고 왔던 무거운
마음을 씻어버릴 수 있었다. 완전한 해방의 분위기 속에서 자유롭게
살아가는 인간들의 모습에 기분이 상쾌했다. 마치 사슬에서 풀려난
프로메테우스를 만난 듯했다.

그러나 역시 독일은 나를 가만히 놓아두지 않았다. 홀가분하게 16

세기를 떠나고 싶었던 내 귀에 독일의 종교 전쟁 소식이 날아든 것이다. 우리 모두 한 그리스도가 되자는 루터의 호소는 지방의 군소 영주들뿐만 아니라 농민들에게까지 깊이 파고들었다. 그들은 교황과 황제의 연합 권력에 대항해 타도의 기치를 높이 들었다.

텔렘 수도원에서 성장하는 팔방미인의 문화인은 농민을 필두로 한 16세기 유럽의 대다수 사람들에게 그림의 떡이었다. 교회와 권력의 가렴주구에 허덕이는 사람들이 언제 5개 국어를 말하고 시문을 희롱하겠는가? 반면 루터의 간단명료한 호소는 아주 쉽게 만인의 심금을 울렸다.

루터는 텔렘 수도원의 남녀들에게 말할 것이다. 당신들이 말하는 인간적 능력의 대부분을 갖지 못한 이 사람들도 기꺼이 신의 부름에 응하여 그리스도 인의 자유를 얻었노라고. 그러면 텔렘 수도원의 남녀들은 대꾸할 것이다. 그들이 억압의 굴레를 벗어 던지는 건 시작일 뿐이고 우리가 삿순 보는 능력을 습득하지 않으면 결코 완전한 인간이 될 수 없노라고.

나는 텔렘 수도원 사람들에게 말한다. 결국 당신들은 엘리트만이 누릴 수 있는 자유를 당신들만의 작은 공간에서 농단하고 있는 셈이다. 당신들이 경멸해 마지않는 무지하고 비천한 사람들도 어느 한 순간에 자신의 의지를 신의 의지와 일치시킬 수 있다는 걸 루터가 잘 보여주지 않았는가? 나가라, 수도원에 안주하지 말고 밖으로 뛰쳐나가 어떤 면에서는 당신들보다 뛰어난 그 사람들과 함께 당신들이 발견한 인간의 가능성을 실험하라.

얼마 후에 우울한 소식이 들려왔다. 종교 전쟁은 영주들의 이해관계를 관철하는 방향으로 전개되었다. 자유를 요구하는 농민들의 근본적인 요구는 억압당했다. 루터 자신도 기본 입장을 철회하고 농

민에 대한 탄압을 지지했다. 농민들이 과격하게 굴면 그나마 얻을
수 있는 것마저 잃어버릴지도 모른다고 생각한 것이다.

　루터는 돌아온 예수의 가면을 벗어버리고 그리스도 인의 자유를
탄압했다. 그리고 텔렘 수도원은 여전히 특권층만의 자유 공간으로
남게 되었다. 프로메테우스는 아직 묶여 있었다.

 ## 역사적 배경에 관한 노트

　루터의 영도로 종교 개혁에 앞장 선 독일인들과 달리 고대의 문예
를 부흥시키고 인문 정신을 꽃피운 라틴 인들을 우리는 흔히 르네상
스 휴머니스트라고 말한다. 그러나 정작 16세기의 서구 사회를 들여
다보면 이러한 휴머니스트들이 처한 입장은 미묘하고 협소했다. 그
들은 우선 로마 교회와 개신교 사이에 꼭 끼여 양쪽 모두로부터 이
단으로 몰릴 각오를 해야만 했다.

　그러한 대표적인 휴머니스트로 우리는 네덜란드의 철학자 에라스
무스, 영국의 문필가 토머스 모어 경 등을 꼽을 수 있다. 프랑스의
의사이자 작가였던 라블레는 이러한 휴머니스트들의 제자였다. 에
라스무스는 교황청의 지시에 따라 루터와 자유 의지를 놓고 격렬한
논쟁을 벌이기도 했다. 그가 보기에 인간의 의지를 완전히 신에 종
속시키는 루터의 이론은 인간의 가능성을 계발하는 데 해로운 것이
었다. 이러한 정신은 그의 제자 라블레의 『가르강튀아』에 잘 나타나
있다. 그러나 중세 교회의 교리 역시 휴머니스트들의 자유 정신과는
맞지 않아 이들은 가톨릭으로부터도 배척당했다.

　따라서 16세기의 정치 현실에서 중세 민중들을 움직여 실질적으

로 중세 가톨릭의 독재를 타도한 세력은 르네상스 지식인들이 아니라 루터의 개신교였다. 신의 이름을 빌린 인간 억압은 우선 신의 이름을 빌린 인간 해방으로 맞받아쳐야 했다.

 ## 출전(出典)에 관한 노트

라블레(Rablais)는 승려이자 약학 박사, 작가로서 교황의 명시적인 허락을 받아 베네딕트 파에서 프란체스코 파로 이적했다. 프란체스코 회가 더 관용적이고 학문적이었기 때문이다. 풍자 작가이자 인문주의자인 라블레는 로마 가톨릭과 제네바 프로테스탄트 사이에서 고투했다.

라블레에게서 희극의 정신은 서사시의 정신과 혼합되어 유례 없이 고결한 작품을 만들어낸다. 그의 이야기들은 매우 포괄적이어서 모든 인간의 경험과 사상의 영역을 탐험하고 그려내려는 르네상스의 야망을 표현하고 있다.

여기 소개된 가르강튀아의 이야기는 『가르강튀아와 팡타그뤼엘 이야기』라는 제목의 시리즈 중 제1권이다. 이 작품은 작자 미상의 『가르강튀아 대연대기』를 환골탈태하여 라블레 자신의 사상을 담은 것이다. 에라스무스의 복음주의를 물려받은 저자는 이 책에서 스콜라 철학, 소르본 대학 신학부, 수도원 제도 등에 통렬한 풍자와 비판을 가하고 있다. 특히 권말의 텔렘 수도원(Abbaye de Thélème) 부분은 일종의 유토피아 문학으로서 이상주의적 성선설에 입각한 인간관을 표현하고 있다.

한편, 필자의 머리를 다듬어주는 사람이나 필자를 안내하는 먹보 수녀 등은 원전에 묘사된 수도원 식구들의 성격을 미루어 필자가 상상으로 그린 인물들이다.

신세계로 뛰어든 구인류

세르반테스, 『돈 키호테』

돈 키호테가 '하얀 달 기사'와의 결투에서 패한 뒤 편력을 중단하고 고향으로 돌아갔다는 소문은 물론 사실이다. 그러나 '하얀 달 기사'가 실제로는 돈 키호테의 고향 사람인 학사 삼손 카를라스코라는 소문은 사실이 아니다. 물론 학사 삼손이 돈 키호테를 제정신으로 돌려놓기 위해 그와 결투를 벌이려는 계획을 세우기는 했다. 그러나 실제로 돈 키호테와 대결을 벌여 그의 기를 꺾어놓은 주인공은 삼손이 아니라 바로 나, 20세기의 풍부한 영양을 섭취하여 17세기의 웬만한 장사보다도 건강한 신체를 지니고 있는 나였다.

아, 내가 속도 위반을 했구나! 나는 독자 여러분이 돈 키호테에 대해 기본적인 사실은 다 알고 있다는 전제 아래 이야기를 시작했다. 즉 돈 키호테는 스페인의 라 만차라는 지방에 살던 시골 신사였고, 기사도 이야기를 너무 많이 읽은 끝에 정신이 돌았으며, 그래서 스스로 용맹한 기사가 된 줄 알고 늙은 말에 올라 스페인 전역을 좌충우돌하고 다녔다는 사실 말이다. 이런 사실을 모르고 있던 분들이 있었다면 나는 명백한 속도 위반자이니 널리 양해 있기를 바란다.

물론 정말 그런 사람이 있었다면 그가 삼척동자가 아닌 한 스스로에게 부끄러워해야 할 일이겠지만.

아무튼 그런 돈 키호테를 만나려고 내가 라 만차 지방에 이르렀을 때, 마침 그는 그 곳에 있었다. 쉰을 넘긴 노구를 이끌고 광기의 편력을 계속하던 그를 고향 사람들이 강제로 붙잡아 귀향시켰다고 한다. 그러나 무엇보다도 편력 생활에 대한 돈 키호테의 꺾이지 않는 열망 때문에, 그리고 부차적으로는 돈 키호테로부터 영주 자리를 약속받고 그의 시종 노릇을 했던 농사꾼 산초 판사의 꼬드김 때문에 이 영감은 다시 모험길에 오를 채비를 했다. 그러자 마침 살라망카에서 학업을 마치고 고향으로 돌아와 있던 스물넷의 청년 삼손이 돈 키호테의 절친한 친구 둘과 대책 회의를 가졌다.

"나와 이 친구 둘이서 그 친구의 서재에 있던 기사도 서적들을 일일이 검열하여 불태워버리는 데 얼마나 많은 공과 시간을 들였는지 아나? 가울라의 아마디스를 원조로 하는 기사 로망치고 그의 서재에 없는 책이 있으면 내 손에 장을 지지게. 정말이지 키하노(돈 키호테의 본명)가 그 책들을 읽을 시간과 정력을 좀더 유익한 책들에 투자했다면 스페인이 오늘날 이 모양 이 꼴이 되진 않았을 거야."

내가 그들 곁으로 다가갔을 때 돈 키호테의 친구 중 한 명인 페레스 신부가 이런 말을 하고 있었다. 옆에서 고개를 끄덕이고 있는 또 한 명의 친구는 이발사 니콜라스였다. 돈 키호테의 광기가 얼마나 뿌리 깊은 것인지를 쉽게 짐작할 수 있게 해주는 말이다. 유럽 대륙을 이슬람 교도들의 위협으로부터 막아내는 최전선에서 빛나는 해양 대국으로 우뚝 섰던 스페인. 16세기 후반부터 이 나라에는 낙조(落照)가 드리우기 시작했다. 영국이 스페인의 무적함대를 격침시키고 유럽의 새로운 태양으로 떠오르고 있었다. 풀죽은 스페인 사람들은 곳곳에서 찬란했던 옛날의 영광을 곱씹으며 그 영광의 시대를 수놓았던 기사들의 무용담으로 허탈한 마음을 달래고 있었다. 돈 키호테는 그런 사람들 가운데서도 가장 열렬한 기사 로망 광이었다.

"기사도 이야기를 현실로 받아들이는 사람한테 정상적인 방법을 써서는 제정신으로 돌아오게 할 수 없습니다" 하고 내가 끼여들었다.

"그의 광기를 잠재울 방법은 그가 믿어 마지않는 기사도 이야기 속에서 찾을 수밖에 없습니다."

그러자 삼손 카를라스코가 엄지와 중지를 딱 소리나게 부딪치면서 외쳤다.

"바로 그겁니다. 기사도 정신을 이용합시다. 제가 또다른 편력 기사로 변장해서 키하노 아저씨한테 결투를 신청하는 겁니다. 나에게 지면 무엇이든 내 요구 한 가지를 들어준다는 조건을 걸고요. 아저씨는 승자에게 깨끗이 승복한다는 기사도 정신에 충실할 겁니다."

자, 그렇다면 기사도 정신에 충실한 우리의 낙향 신사 알론조 키하노는 강제 귀향을 당할 때까지 어떤 모험을 겪었던가?

어느 날 자기가 읽은 책의 영웅을 모방해서 옛날의 화려한 기사 수련을 재현하기로 결심한 그는 이름을 라 만차의 돈 키호테로 바꾸고 어느 작은 여관의 주인에게 기사 작위를 수여받았다. 돈 키호테의 눈에 이 여관은 여관이 아니라 높은 탑(여관의 굴뚝!)이 솟은 성이었고, 여관 주인은 그 성의 고귀한 성주였던 것이다.

낡은 쇠비늘 갑옷을 걸친 돈 키호테는 마을에서 멀리 떨어지지 않은 곳에서 대상(隊商) 일행과 만나 시비를 걸다가 심하게 얻어맞았다. 페레스 신부와 이발사 니콜라스가 그의 장서를 불태워버린 것은 이 때의 일이었다. 두 사람은 책을 없애 돈 키호테의 원망을 듣게 되더라도 그의 정신이 돌아온다면 성공이라고 생각했다. 그러나 그 기대는 좋은 쪽으로나 나쁜 쪽으로나 어긋나버렸다. 돈 키호테는 두 친구에 대한 원망은 꿈에도 품지 않았다. 그리고 그는 불이 나서 책이 없어진 것이 아니라 마법사가 가져갔다고 단정해 버렸다. 책의 소실이 그의 정신을 돌려놓는 데 기여하기는커녕 그의 돌아버린 정신을 다시 행동으로 옮기는 촉진제 역할만 한 셈이다. 그는 재기를 모색하며 무지한 시골뜨기 산초 판사에게 어느 섬의 영주 자리를 약속하고 시종으로 삼았다. 자신이 얻게 될 영광을 바칠 여인으로는 그가 사모하던 이웃 마을 아가씨를 선택했다. 돼지고기 절이는 솜씨가 뛰어나기로 소문난 이 토실토실한 처녀를 돈 키호테는 둘시네아 델 토보소라고 불렀다.

기사와 시종은 스스로 생각하건대 위용에 찬 출정길에 올랐다. 그러나 실제로는 어떠했던가? 야윈 노인은 뼈만 남은 말 로시난테를, 그의 땅딸막하고 짙은 눈썹의 하인은 조그만 노새를 타고 야음을 틈타 마을을 빠져 나갔다. 이들이 벌인 모험의 역정은 다음과 같다.

돈 키호테는 가장 먼저 몬티엘 평야에 우뚝 버티고 선 수십 명의 거인들과 마주쳤다. 돈 키호테는 창을 아래로 꼬느고 로시난테의 옆구리에 박차를 가해 거인들을 향해 전속력으로 돌진했다. 그러나 한 거인이 머리 위에 들고 빙빙 돌리던 손으로 그를 안장에서 들어올려 허공으로 내동댕이치자 승부는 끝났다. 산초는 처음부터 알고 있었지만 돈 키호테는 땅에 넘어져서야 그 거인들이 풍차들이었음을 알아보았다. 그러자 돈 키호테는 마법사가 거인들을 풍차로 바꾸어버렸다고 투덜거리며 옷의 먼지를 털었다.

다음으로는 어떤 공주를 잡아가는 수도사 일행과 마주쳤다. 돈 키호테는 공주의 석방을 요구했으나 거절당하자 공주의 호송병들에게 싸움을 걸었다. 공주는 사실 여염집 부인일 뿐이었고 돈 키호테 일

스페인 마드리드의 에스파냐 광장에 있는 돈 키호테와 산초 판사의 상. 세르반테스가 뒤에서 두 사람을 바라보고 있다.

행과 싸움을 벌인 호송병들은 그녀의 시종들이었다.

그 다음, 한 여인숙에 든 돈 키호테는 집배원과 하녀가 밀회하는 장면에 끼여들어 도덕적 설교를 늘어놓으려다가 집배원에게 호되게 두들겨 맞았다. 게다가 여인숙 주인이 숙박비를 요구하자 돈 키호테는 말할 수 없는 모욕을 느꼈다. 고귀한 편력 기사를 성대히 대접하지는 못할망정 감히 숙박비 따위를 요구하다니. 돈 키호테는 돈을 내지 않고 줄행랑침으로써 이 모욕을 앙갚음했다. 화가 난 여인숙 주인은 겁에 질린 산초를 주인의 빚 대신으로 담요에 둘둘 말아서 내던져 버렸다.

돈 키호테가 다음으로 맞닥뜨린 것은 먼지 구름을 일으키는 두 무리의 양떼들이었다. 돈 키호테는 양떼들을 전투 중인 군대로 확신하고, 한가운데로 뛰어들어 양떼를 흩어놓았다. 그러나 그의 용맹에 대한 보상은 화난 목동들의 돌팔매질뿐이었다.

밤이 되자 돈 키호테의 광증은 극에 달했다. 그는 장례 행렬을 보고 마귀들의 행렬이라며 달려들어 마구 칼을 휘둘렀다. 그런가 하면 한밤중에 들려오는 방아 찧는 소리를 거인들의 소란으로 듣고 5분 대기조처럼 출동하기도 했다.

정의감이 강한 돈 키호테는 채찍을 맞으며 노를 젓는 노예들을 해방하기도 했다. 죄수들을 풀어주었으니 무슨 일이 생길지 모른다고 생각하여 겁먹은 산초는 주인을 이끌고 산 속으로 피신하였다. 그곳에서 만난 은둔자는 두 사람에게 긴 짝사랑 이야기를 들려주었다. 그를 보고 둘시네아에 대한 사랑을 위해 속죄할 마음이 생긴 돈 키호테는 단식을 결심하고 산초를 시켜 그녀에게 편지를 전하도록 했다. 돈 키호테의 친구들이 그의 소재를 알게 된 것은 바로 이 편지를 들고 마을로 돌아온 산초로부터였다.

친구들은 돈 키호테를 속여 집으로 데리고 갔다. 그러나 돈 키호테는 죄수를 제멋대로 풀어준 범법자였으므로 친구들은 그를 체포하러 온 관리와 맞부딪쳤다. 다행히 관리는 돈 키호테의 정신 상태를 들어 선처를 바라는 페레스 신부의 호소를 받아들였으므로, 친구들은 돈 키호테를 감옥 대신 고향으로 압송할 수 있었다.

간단히 살펴본 돈 키호테의 역정(歷程)이지만, 이것만으로도 우리는 그가 그대로 고향에 주저앉을 사람이 아니라는 것을 짐작할 수 있다. 그는 속아서 귀향했을 뿐이며 편력은 미완성이었다. 더구나 자신의 공적을 모두 헌정할 미인은 아직 만나보지도 못했다. 그리하여 이제 우리의 영웅이 새로운 모험길에 나서려고 한다. 아라곤 왕국의 사라고사에서 열린다는 무술 대회의 우승을 겨냥하면서. 이 대장정의 첫 행선지는 엘 토보소. 비할 데 없는 최고의 미인 둘시네아가 있는 꿈의 도시였다.

　그리고 약간의 시차를 두고 삼손 카를라스코도 기사 무장을 하고
그 뒤를 따랐다. 그의 이름은 구약성서의 무시무시한 천하장사와 똑
같았지만, 그의 체격은 그다지 크지 않았고 공부만 하느라 안색도
좋지 못했다. 둥근 얼굴에 납작한 코, 큰 입 등이 싸움보다는 장난
을 좋아하는 위인임을 말해 주고 있었다. 그래도 우리는 그가 힘없
고 바싹 마른 노인 돈 키호테를 쉽게 제압하리라 믿고 그의 성공적
인 귀환을 기다리기로 했다.

*　　　　　*　　　　　*

　터덜터덜 마을로 돌아온 삼손을 보고 우리는 아연실색했다.
　"숲 속에서 날이 저물 때 키하노 영감과 산초에게 접근했죠. 제가
'거울의 기사'라고 말하자 그런 줄만 알고 저인지는 몰라보더군요.
저는 영감을 살살 약올렸습니다. 제가 스페인의 모든 기사들을 이겼
노라고 말이죠. 과대망상증에 빠진 노인답게 내 말이 틀렸다고 대들
며 칼을 뽑더군요. 우리는 아침이 밝을 때까지 싸웠어요. 아니, 그
런데 도대체 이게 어떻게 된 일입니까? 그렇게 많은 기사도 책을 읽
더니 대꼬챙이 같은 영감이 도가 통한 모양입니다. 제 공격을 잘도
피해 다니더니 그만 저를 말에서 떨어뜨리지 뭡니까?"
　뭔가에 홀린 듯한 표정의 카를라스코는 두 번 실수는 없다면서 돈
키호테에 대한 복수를 맹세했다. 신부와 이발사도 그의 어깨를 두드
리며 위로했다. 그러나 서당개 3년에 관한 속담을 알고 있는 이 몸
은 생각을 달리했다. 기사 로망은 우리 나라로 치면 무협 소설인데
그 속에는 무궁무진한 병법과 대련술이 들어 있을 것이다. 이 노인
은 그러한 종류의 대중 무술 교본들을 섭렵한데다 한 차례의 격렬한

편력 경험도 있다. 갓 학업을 마친 애송이가 쉽게 넘볼 상대는 아니다. 나는 세 사람에게 제안했다.

"제가 시대를 잘 만난 탓으로 선생들보다는 영양 상태도 좋고 돈 키호테가 모르는 동양 무술에 관해 얻어들은 것도 있으니 한번 나서 보겠습니다."

그리하여 나는 팔자에도 없는 마상 검법이며 마상 창술 같은 고난도의 무술을 익히게 되었다. 말이라고는 어려서 회전 목마를 타본 경험밖에 없는 터이니 승마부터 배워야 했다. 굴러 떨어지고 걷어차이고 질질 끌려다니기를 수십 번, 텔렘 수도원에 갔을 때 그 활달한 수녀에게 말 타는 법이나 배워둘 걸 하고 얼마나 후회했는지 모른다. 그럭저럭 말 위에서 한 손으로 칼이나 휘두를 줄 알게 됐을 때는 이미 석 달이란 세월이 흘러가고 말았다.

그 동안 어느 공작 부인이 인편으로 보낸 산초의 편지가 그의 부인에게 전달되기도 했고, 돈 키호테를 보았다는 사람들이 퍼뜨리고 다니는 소문도 있어서 그의 2차 편력이 어떻게 전개되고 있는지는 대충 짐작할 수 있었다.

돈 키호테의 첫번째 목적지는 인근 엘 토보소에 있는 둘시네아의 집이었다. 그는 산초에게 둘시네아를 데려오라고 이르고 자신은 숲에서 기다렸다. 산초는 이 때만큼 돈 키호테를 따라 나선 것을 후회해 본 적이 없다고 한다. 아름다운 공주 둘시네아는 엘 토보소에도 없고 이 세상 어디에도 없다. 그러나 그녀가 없더라는 자신의 말을 주인이 믿어줄 리가 없다.

궁지에 몰린 산초는 전에 없던 기지를 발휘했다. 풍차를 보고 거인이라고 생각하는 돈 키호테다. 그렇다면 엘 토보소에 사는 아무 여자나 보고 공주 둘시네아라고 우겨대도 속아넘어가지 않을까? 이렇게 생각한 산초는 세 명의 시골 처녀가 마을 바깥으로 말을 타고 나오는 걸 보았다. 그는 즉시 주인에게 말을 달려가서 둘시네아가 하녀 둘과 함께 다가온다고 보고했다.

돈 키호테는 천박한 처녀를 두고 둘시네아라고 하는 산초 앞에서 자기 눈을 의심했다. 그러나 산초는 필사적으로 그녀가 둘시네아임을 강변했다. 이 얼마나 기막힌 역할 이동인가? 풍차를 만났을 때 산초는 풍차를 풍차로 보았고 돈 키호테는 거인으로 보았다. 그러나 지금 돈 키호테는 시골 처녀를 시골 처녀로 보는데 산초는 그녀가 둘시네아 공주라고 우긴다.

산초가 처녀 앞에서 무릎을 꿇고 공주 받들 듯하는 걸 한참 보고서야 돈 키호테는 그녀를 공주로 보기 시작했다. 돈 키호테의 미친 듯한 찬사를 들은 처녀는 욕설을 퍼부으며 거칠게 말을 타고 달아난다. 돈 키호테는 그녀의 뒷모습을 바라보며 이렇게 말한다.

"산초, 자네도 보았겠지만 마법사 놈들은 둘시네아의 모습을 바꾸어버리는 것으로 만족하지 않고 시골 계집애처럼 천하고 흉한 꼴로 만들어버렸어."

산초가 속으로 얼마나 기뻐 날뛰었을지는 눈에 선하다. 이것만 보아도 우리는 돈 키호테가 결코 신경정신과적인 의미에서 미친 사람은 아니라는 걸 똑똑히 알 수 있다. 그는 세상을 눈에 보이는 그대로 볼 줄 아는 사람이다. 그런데 눈에 보이는 그 세상이 자신의 마음 속에 있는 '있어야 할 세상'과 충돌할 때 돈 키호테 특유의 황당한 해석(마법에 걸린 둘시네아!)이 나온다. 문제는 그 '있어야 할 세상'이 원래부터 없는 세상이거나 이제는 사라져버린 세상이라는 점이다.

이제 돈 키호테의 '있어야 할 세상'은 마법에서 풀려난 둘시네아로 집약된 느낌이다. 생각해 보라, 무술 대회 우승도 우승이지만 그 영광을 바칠 미녀가 없다면 무슨 소용이겠는가를. 따라서 돈 키호테의 정신을 돌려놓기 위해서는 반드시 그의 마음 속에서 둘시네아를 제거해야만 했다.

나는 삼손에게 말했다.

"역시 자네의 계획대로 내가 돈 키호테와 맞대결을 해서 그의 기를 꺾어놓고, 다음으로는 둘시네아를 잊도록 해야 하네. 나는 이제부터 사라고사를 향해 떠날 테니, 자네는 그 좋은 머리로 둘시네아를 포기시킬 방법을 생각해 보게나."

나는 가울라의 아마디스라도 된 기분으로 라 만차를 떠나 사라고사로 향했다. 아무리 완고한 가톨릭 나라라지만 스페인에도 근대의 기운은 완연하여 어디에서도 기사 로망의 분위기는 찾아볼 수 없었다. 그러나 단 한 명 남아 있는 로맨티시스트, 최후의 기사 돈 키호테에 판한 몸살 나도록 재미있는 소문들만은 가는 곳마다 자자했다.

그 중에는 이런 이야기도 있었다. 산초가 목동에게서 받은 물렁물렁한 응유(凝乳)를 돈 키호테의 투구에다 가득 채웠다. 그걸 모르고 투구를 쓰던 돈 키호테는 응유가 줄줄 흐르는 걸 보고는 뇌가 녹아내리는 걸로 착각했다고 한다.

또 이런 이야기도 있었다. 우리에 갇힌 두 마리의 사자를 실은 수레가 다가왔다. 돈 키호테는 사자가 자신과 결투하기 위해 왔다고 주장하며 수레 주인에게 우리를 열 것을 명령했다. 불행하게도 수레 주인은 명령에 응했다. 그러나 사자는 준비를 하고 기다리는 돈 키호테는 거들떠보지도 않고 하품만 하면서 우리에서 나오려 하지 않았다고 한다.

두 사람은 어느 공작 부부를 만나 환대를 받았다. 산초는 이들 부

중세 기사 복장을 하고 있는 스페인의 카를로스 5세. 티지아노 그림

부로부터 갈망하던 영주 자리를 얻어 훌륭한 법을 만들고 현명한 판단을 내리며 선정을 펼쳤다. 그러나 1주일이 지나자 길가에서 누리던 자유가 그리워졌다. 그리하여 그는 섬을 떠났다. 돈 키호테도 자기를 환상에서 벗어나게 하려는 공작 부부를 떠나 산초와 함께 사라고사로 떠났다.

그러나 돈 키호테는 바르셀로나 시민들이 그의 모험에 대한 가짜 설명서를 썼다는 애기를 듣고 목적지를 바르셀로나로 바꿨다. 그 이야기를 들은 나 역시 말 머리를 바르셀로나로 돌렸다. 그리하여 우리들의 역사적인 마상 결투는 1992년 올림픽의 고장인 스페인의 바르셀로나로 결정되었다. 황영조 선수가 태극기를 휘날렸던 몬주익 경기장은 아니지만 관심 있는 많은 분들의 아낌없는 성원을 부탁하는 바이다.

*　　　　　*　　　　　*

돈 키호테가 나를 발견하고 쏘아보았으므로 나는 말을 멈추었다. 그는 완전 무장을 한 채 아침 바람이 신선한 부둣가를 거닐고 있었다. 역시 완전 무장을 한 나는 하얀 달을 그려 넣은 방패를 치켜들고 그에게 소리 높여 외쳤다.

"저명하신 기사요, 이루 다 찬양할 수 없는 라 만차의 돈 키호테여. 나는 하얀 달 기사올시다. 나는 나의 아가씨가 그대의 둘시네아 델 토보소보다 훨씬 더 아름답다는 사실을 그대로 하여금 인정하고 고백하도록 할 목적으로 그대의 완력을 시험하러 왔소이다."

돈 키호테는 도대체 이 무슨 뚱딴지 같은 짓인가 싶었는지 멍청히 서 있기만 했다. 나는 좀더 도발적으로 어조를 높여서 내 말을 순순히 인정하지 않는다면 싸울 수밖에 없으며, 이 싸움에서 내게 지면 앞으로 1년 동안은 고향에 박혀 꼼짝도 하지 못할 줄 알라고 을렀다. 그러자 돈 키호테는 엄숙한 태도로 침착하게 대꾸해 왔다.

"그대가 둘시네아를 보았다면 그녀와 견줄 만한 미인이 있다든가 있을 수 있다든가 하는 생각을 말끔히 고쳤을 테니, 이 따위 짓을 감행할 생각은 하지 않았을 것이오."

나는 터져 나오는 웃음을 참으며 결투 준비를 했다. 속으로는 몇

번이고 '당신이 본 둘시네아의 인상 착의 좀 말해 주시오' 하는 말
이 목구멍까지 올라왔지만 꾹 참았다. 막 결투를 시작하려는데 사람
들이 몰려들고 바르셀로나의 총독이 달려와 우리 사이에 끼여들었
다. 그는 한참 동안 이 결투를 허락해야 하는지 말아야 하는지를 고
민하다가 진지한 내 표정을 보고는 결론을 내렸다.

"돈 키호테는 검다고 하고 하얀 달 기사는 희다고 하니 하느님 손
에 맡기는 수밖에. 그럼, 시작하시오!"

나는 하늘과 둘시네아를 향해 올리는 돈 키호테의 기도가 끝나기
를 기다려 큰 반원을 그리며 돌기 시작했다. 돈 키호테도 따라서 했
다. 마치 먹이를 노리는 사자처럼 그렇게 돌다가 서로 약속이나 한
듯이 상대방을 향해 말을 몰았다. 로시난테가 한 걸음 옮길 때 내가
탄 말은 두 걸음을 뛰었다. 쏜살같이 상대에게 들이닥친 나는 그 기
세만으로도 그를 떨어뜨릴 수 있었다. 창 한 번 쓰지 않았는데 로시
난테는 기가 죽어 앞다리가 꺾이며 그 자리에 섰고 돈 키호테는 보
기 좋게 나동그라졌다. 독자 여러분에게는 대단히 죄송하지만 이것
이 세기의 대결의 결말이었다. 나는 그에게 1년간의 낙향을 다짐받
은 뒤, 몰려드는 구경꾼을 피해 미리 보아두었던 여인숙으로 달아났
다. 싱거운 승부였지만 어쨌든 이겨서 기분은 상쾌했다.

그러나 내가 돈 키호테를 떨어뜨리는 걸 보고 집요하게 나를 추적
해 온 사람이 있었다. 그는 돈 안토니오라는 이 지방 한량이었는데,
내 방까지 따라 들어와 신분을 묻는 게 아닌가? 나는 좀 당황했지만
이내 침착을 되찾았다. 그리고 내가 학사 삼손인 양 꾸며 고향에서
있었던 일이며 그 동안의 경과, 그리고 돈 키호테와 결투를 벌인 목
적을 다 말해 주었다. 듣고 난 돈 안토니오는 시무룩한 표정이 되더
니 이렇게 말했다.

"저런! 세상에서 제일 재미있는 미치광이를 다시 제정신이 들게 하시려고 하다니, 세상에 큰 손해를 끼치는 셈입니다. 하느님이 용서하시기만 빌겠습니다. 돈 키호테가 다시 온전해져서 아무리 이로운 일이 생긴다고 한들 그의 엉뚱한 행동이 주는 즐거움을 당할 수 있겠는지 생각해 보셨습니까?"

나는 아무 말 없이 돈 안토니오를 물끄러미 바라보았다. 그의 말은 그럴싸하지만 어딘지 악취미가 짙게 배어 있는 주장이다. 나는 잠시 생각하다가 무뚝뚝하게 한마디 던졌다.

"아무튼 일은 계획대로 진행되고 있고, 키하노 노인은 곧 집으로 돌아갈 테니 그리 알고 협조 부탁드리겠습니다."

어차피 일은 벌어진 것이므로 돈 안토니오는 선선히 고개를 끄덕였다. 나는 돈 키호테가 돌아간다는 사실을 알리기 위해 급히 라 만차로 말을 몰았다.

학사 삼손은 내가 부탁한 연극을 한 가지 준비해 놓고 있었다. 돈 키호테와 산초가 지친 몸을 이끌고 터벅터벅 마을 입구에 나타나자 그는 두 소년을 그들 가까이로 보냈다. 그리고 한 소년이 다른 소년에게서 여치집을 빼앗아 들더니 이렇게 이죽거렸다.

"이봐, 페리케요. 평생 살아도 이건 다시 못 볼 테니 그리 알아!"

돈 키호테는 그 말을 불길한 조짐으로 받아들였다. 사색이 된 돈 키호테는 이렇게 중얼거렸다.

"뭐, 다시 볼 수 없다고? 그 말은 내 입장에서 듣자면 둘시네아를 다시 볼 수 없다는 얘기 아닌가?"

예상한 대로의 반응이었다. 키하노 영감은 이미 둘시네아를 영영 보지 못할 수도 있음을 각오하고 있었다. 그러니까 '볼 수 없다'는 말만 들어도 문맥과는 상관 없이 둘시네아에 대한 체념과 연결지어 생각하는 것이다. 돈 키호테가 둘시네아를 포기한다는 것은 이미 그가 더 이상 돈 키호테가 아니라는 이야기나 마찬가지였다.

불쌍한 키하노 영감! 그는 몸져누웠다. 워낙 허약한 몸에 기까지 꺾였으니 당연한 노릇이다. 의사가 다녀갔다.

"육체의 기는 다하였으니 영혼의 건강이나 잘 돌보시오."

페레스 신부도 니콜라스도 삼손도, 그리고 나도 죄를 지은 것만 같아서 안절부절못했다. 오직 그의 기적적인 쾌유만 빌 뿐이었다. 아무래도 얼마 남지 않은 여생을 환상 속에서 지내도록 하는 게 나았을까?

키하노 노인은 무려 여섯 시간을 내리 잔 끝에 눈을 떴다. 그리고는 의외로 명랑하고 카랑카랑한 목소리로 입을 열었다.

"하느님의 자비로 말미암아 지금 이 순간 나는 무지의 혼미한 그림자로부터 벗어났어. 그 동안 그 밉살스러운 기사도 책들 때문에 지긋지긋한 엉터리 이야기에 말려들어서 무지 속에서 헤맸던 거야. 지금 나는 그 책들이 다 엉터리라는 걸 깨달았지만 깨달음이 너무 늦어 안타깝구나. 그 동안 손해 본 것을 보충하기 위해 영혼의 빛이 될 만한 다른 책들을 읽을 시간이 없으니 말야."

다 죽어가는 환자라고는 생각할 수 없을 만큼 조리정연한 말이었다. 그리고 너무도 감격스러운 말이었다. 그를 쳐서 넘어뜨린 게 결코 헛된 일이 아니었다. 노인은 모든 것을 다 잃어버린 병상에서 마침내 모든 것을 깨달았다.

나는 속으로 이렇게 중얼거리며 그 자리를 물러 나왔다.

"앞으로도 얼마나 더 많은 돈 키호테들이 나타나 세상이 변하는 걸 모르고 구태에 젖어 날뛸까? 그들이 돈 키호테처럼 마지막 순간에라도 자신들의 잘못을 깨닫고 온 세상에 참회한다면 모르지만, 아마도 대부분은 끝까지 잘난 체하면서 제 이름을 더럽히고 세상을 더럽힐 거야. 당장 가서 거울을 들여다봐야겠다. 나도 혹시 돈 키호테를 닮아가고 있지는 않은지 ……."

 **출전(出典)에 관한 노트**

『돈 키호테』(1부 : 1605년, 2부 : 1615년)는 스페인 작가 세르반테스(1547~1616)가 누리는 명성의 전부이다. 그런데도 세르반테스는 스페인에서뿐만 아니라 세계에서도 가장 위대한 문호의 한 사람으로 꼽히니, 세계 문학에서 『돈 키호테』 한 작품이 차지하는 비중을 짐작할 수 있을 것이다.

무릇 위대한 고전은 읽는 사람의 연령과 처시에 따라 색다른 맛과 향기를 지닌다는데, 그런 점에서 『돈 키호테』를 따를 만한 고전은 많지 않다. 어린이들에게는 재미를 주고, 청소년에게는 깊은 감동을 주며, 어른에게는 심각한 사색거리를 제공한다. 시대를 잘 만나 출세가도를 달리는 사람에게는 유쾌한 조롱거리를, 시대에 뒤떨어져 낙심한 사람에게는 연민과 동정을 전한다.

세르반테스의 시대는 스페인 문학의 황금 시대였지만 이탈리아나 프랑스에서 성행하던 것 같은 르네상스의 지적인 분위기는 비교적 덜해서 작품들의 문체나 내용이 스페인의 전통과 민중들의 정서에 밀착되어 있었다. 그래서 현학적이거나 난해하지 않고 서민적인 줄거리 전개를 특징으로 한다.

작가는 당시에 유행하던 기사도 이야기를 비판하기 위해 이 책을 썼지만, '돈 키호테'는 시대에 따라 다른 평가를 받아왔다. 낭만주의 시대에는 중세적 낭만이 사라져가는 사회에 용감하게 항거한 낭만주의 영웅으로 추앙받았고, 현대의 실존주의 사상가들에 의해서는 객관적인 현실이 어떻든 자신의 실존을 최대한 고양시키고자 노력하는 실존주의자로 평가되었다. 그러나 역시 가장 일반적인 평가는 17세기 계몽주의자들의 것으로, 시대가 바뀐 줄 모르고 옛 것을 고집하는 낡은 인간형이라는 평가였다.

한편, 본문에서 돈 키호테와 바르셀로나에서 결투를 벌이는 '하얀 달 기사'가 실제로 '나'였다는 설정은 극적 구성을 위한 것이었고, 작품 속에서는 물론 학사 삼손 카를라스코로 되어 있다. 그리고 여치집을 놓고 벌어지는 두 소년의 다툼도 원문에서는 우발적인 사건일 뿐 삼손이 의도적으로 사주한 것은 아니다.

구세계에 갇힌 신인류
셰익스피어, 『햄릿』

"사람들은 이 작품이 술 취한 야만인의 환상에 의해 씌어졌다고 생각할 것이다."

—볼테르

잠시 독자 여러분의 양해를 바란다. 여러분은 이제 종교 개혁과 문예 부흥의 시대였던 16세기를 지났으니만큼 본격적인 근대 유럽으로 진입하기를 기대하고 있을 것이다. 그러나 그 전에 잠깐 고대를 들러야겠다. 새로운 시대가 창조해 낸 새로운 인간형을 만나기에 앞서 고대적 인간의 한 전형을 돌아보는 것도 뜻있는 일 아니겠는가?

이 곳은 그리스 신화 시대의 중심을 이루고 있던 미케네의 궁전이다. 행려 차림의 두 젊은이와 귀한 신분의 여인 한 명이 서로 마주보고 있다. 갑자기 두 젊은이 중 한 명이 칼을 빼들고 여인에게 다가가면서 뭐라고 지껄인다. 그러자 여인은 새파랗게 질린 얼굴로 가슴을 풀어 헤친다. 처지긴 했으나 한때의 풍만했던 자취를 간직하고 있는 젖가슴이 드러났다. 여인이 울먹이며 호소한다.

"찌르지 말거라. 이 가슴에 안겨 쌔근쌔근 잠을 자던 아가야."

아, 저 젊은이가 이 여인의 아들이란 말인가? 아들이 왜 어머니를 죽이려 하는가?

"잠깐!" 하고 나는 젊은이를 불렀다. 그리고 도대체 어떻게 된 노릇인지 자초지종을 말해 달라고 부탁했다. 젊은이는 괴로운 표정으로 말했다.

"내 이름은 오레스테스입니다. 나는 이 나라의 왕자였고 우리 아버지는 트로이 전쟁의 그리스 군 총사령관인 아가멤논이었습니다. 제가 어릴 때 어머니는 전쟁터에서 돌아온 아버지를 살해했습니다. 이미 내연 관계에 있던 당숙과 짜고 이런 천인공노할 죄를 범한 겁니다. 당숙은 왕이 되고 어머니는 그와 결혼했습니다. 나는 이웃 나라로 추방되었다가 아버지의 복수를 하라는 아폴론 신의 신탁을 받고 이렇게 친구와 함께 돌아왔습니다. 어머니는 당신의 지엄한 남편이자 나의 아버지인 이 나라의 왕을 죽였습니다. 나는 반드시 어머니를 죽여야 합니다."

그러나 젊은이는 어머니를 죽여야 한다는 무서운 운명 앞에서 이미 반쯤은 정신을 잃고 있었다. 그는 옆에 서 있던 친구에게 울부짖듯 물었다.

"내가 어머니를 용서할 수 있는가? 말하라, 친구여!"

그의 친구는 냉정하게 말했다.

"그렇다면 델포이에서 아폴론께서 내리신 신탁은 어떻게 되는가?"

참고로 말해 두자면 여기 나오는 아폴론은 남편과 아버지를 중심으로 하는 부권 사회에서 그 부권을 보호하는 신이었다. 과거의 모계 사회에서는 어머니를 죽인다는 게 용서받을 수 없는 범죄였지만, 새로 도래한 부권 사회에서는 아버지의 살해범을 죽이지 않는 게 더 큰 죄가 되었다. 오레스테스는 한 번 하늘을 우러러 절규한 뒤 눈을 질끈 감고 어머니를 찔렀다. 그의 어머니 클리타임네스트라는 피를 뿜으며 쓰러졌고, 오레스테스는 눈동자의 초점이 흐려지더니 헛소리를 하기 시작했다.

우리는 이제 이 참혹한 장면에서 눈을 떼고 17세기 벽두를 맞는 영국으로 건너가자. 전성기를 구가하는 엘리자베스 여왕 시대의 영국으로 가기에 앞서 끔찍했던 고대의 근친 살인 현장을 방문한 이유를 눈치 빠른 독자라면 벌써 알아챘을 것이다. 나는 이 곳에서 일어난 또다른 근친 살해 현장으로 여러분을 안내하고자 한다. 그리고 오레스테스와 거의 유사한 처지에 놓인 새로운 주인공을 소개할 것이다.

지금 본 것처럼 오레스테스는 자신의 운명을 스스로 결정하는 존재가 아니다. 그의 모친 살해는 사실상 아폴론 신이 한 것이나 다름없다. 이머니 앞에서 보인 순간석인 망설임을 제외하면 오레스테스의 모든 행동은 아폴론으로부터 나왔다. 그러나 유사한 상황에 놓인 우리의 새로운 주인공은 르네상스의 산물이다. 신과 인간의 관계를 재발견하려는 집중적인 노력이 낳은 새 인물이라는 말이다. 이 새로운 인물, 달라진 오레스테스의 이름은 바로 그 유명한 햄릿 왕자이다.

*　　　　　*　　　　　*

햄릿은 12세기 덴마크의 왕자이고 문제의 근친 살인극은 덴마크의 엘시노어 궁에서 전개될 것이다. 그런데 햄릿은 전형적인 16세기의 영국인이다. 이 무슨 뚱딴지 같은 말이냐고 하실 분은 햄릿의 일거수 일투족을 세심히 살피시라. 그리고 이 인물이 노략질이나 일삼던 바이킹의 사나운 나라에 더 어울릴지, 아니면 르네상스가 난숙한 엘리자베스 조(朝)의 영국에 더 어울릴지 지켜보아 주시기를.

덴마크의 항구에 닿자 햄릿 왕자의 친구이자 그의 충복인 젊은이가 마중을 나왔다. 그는 대뜸 나에게 이렇게 말했다.

"클로디어스라는 병원균의 발호로 인해 썩어 들어가고 있는 덴마크에 오신 걸 환영합니다."

어럽쇼, 이름이 호레이쇼라는 이 친구 한다는 소리 좀 보라. 자기 나라가 썩어 들어가고 있다는 건 무슨 소리고, 그런 나라에 온 걸 환영한다니 이건 또 무슨 심한 농담인가?

"클로디어스 같은 악한이 지금 우리의 왕이라는 게 믿기지 않습니다. 그는 급사한 형의 왕위를 물려받았죠. 공식 발표에 따르면 죽은 선왕은 낮잠을 즐기던 중 뱀에 물려 숨졌다고 합니다. 선왕의 왕비셨던 거트루드는 뭐가 그리 급한지 선왕의 무덤에 흙이 마르기도 전에 시동생이었던 클로디어스의 품에 냉큼 안겼습니다. 선왕의 고결한 아들이신 햄릿 왕자는 어머니의 이 행위만으로도 크나큰 도덕적 상처를 입고 번민했습니다. 그런데 엎친 데 덮친 격으로……."

덴마크 도성의 수비병들 사이에 죽은 선왕의 유령을 봤다는 말이 떠돌았다. 그래서 햄릿 왕자가 직접 이 유령을 만났더니, 그 망령은 끔찍한 사실을 폭로했다. 선왕은 뱀에 물려 죽은 것이 아니라 야욕을 품은 클로디어스가 귀로 흘려 넣은 독 때문에 죽었다는 것이다.

"유령의 말이 사실이라면 덴마크는 왕가에 침투한 악성 병원균으로 인해 썩어 들어가는 환자가 아니고 뭐겠습니까? 이 상황을 바로잡을 인물은 햄릿 왕자밖에 없습니다. 그러나 위텐버그(비텐베르크) 신학 대학 출신인 그분의 예민한 도덕적 감수성이 걱정입니다. 아무 죄도 없는 그분이 글쎄 불륜을 범한 여자의 자식이라고 스스로를 학

대하지 뭡니까? 심지어는 죄의 씨를 낳지 않으려고 결혼도 하지 않겠다고 고집을 부리는 거예요. 그 어여쁜 오필리아 아가씨와 정혼까지 했던 처지인데 말입니다. 아가씨가 불쌍해 죽겠습니다."

여러분은 방금 귀가 번쩍 뜨이는 말을 듣지 않았는가? 햄릿이 비텐베르크 신학 대학 출신이라고? 돌아온 예수 마르틴 루터의 아성이며 종교 개혁의 요람인 비텐베르크를 말하는 것 아닌가? 이 대학의 개교가 1502년이었다는 사실만으로도 햄릿이 바이킹의 왕자라는 사실과 충돌하지만, 그런 것보다도 이 곳에서 '한 그리스도'가 되기 위한 신학 수련을 쌓은 인물이라면 우리는 그가 어떤 성정을 가졌으며 작금의 사태에 대해 어떤 판단을 하고 있을지 능히 짐작할 수 있다.

우리는 도성인 엘시노어 궁에 도착하였다.

"이제 이 곳에서 재미있는 일이 벌어집니다. 지성인인 왕자님께서 유령의 말만 믿고 경거망동하겠습니까? 왕자님은 우리에게 유령에 관해 함구령을 내리고 원수에게는 미친 척하여 속내를 감추면서 신중하게 오늘의 일을 준비했습니다. 클로디어스 왕이 정말로 선왕을 시해했는지, 이제 분명히 드러날 겁니다."

내가 호레이쇼의 안내를 받아 들어간 엘시노어 궁에서는 연극이 상연되고 있었다. 무대 정면에 클로디어스 왕과 거트루드 왕비가 나란히 앉아 있고, 그들 옆으로는 햄릿이 그의 약혼녀 오필리아에게 장난스럽게 기댄 모양으로 앉아 있었다. 무대 위에서는 한 쌍의 남녀가 뜨락에 앉아 한가롭게 속삭이고 있었다. 둘이서 무슨 사랑 타령을 하던 중인지 여자가 이렇게 교태를 떨었다.

"재혼은 타산이지 참사랑이 아니랍니다. 내 남편을 두 번 죽이는 거죠, 침대 속의 둘째 남편이 이내 몸에 입을 맞춘다면."

남편은 세상 일이란 알 수 없는 거라면서 시덥잖은 너스레를 떨었고, 아내는 남편에 대한 자신의 사랑을 혀로써 입증하려고 안간힘을 쓰다가 그 장면을 마감했다. 남자는 잠시 눈을 붙이고 여자는 자리를 떴다. 이 장면을 지켜본 어느 관객이 거트루드 왕비를 의식하지 않았을까? 생전에 그토록 의좋던 남편을 잃은 것이 불과 두 달 전인데 저렇듯 시동생 곁에 다정히 앉아 있는 부정한 여인을……

"누가 연출한 겁니까?" 하고 호레이쇼에게 묻자 그는 눈을 내리깔고 턱만 쓰윽 돌려 햄릿 쪽을 가리켰다. 그 냉혹한 연출자는 짓궂은 의도를 굳이 감추지 않으면서도 잘 관리된 표정으로 어머니와 숙부에게 몇 마디 수작을 걸고 있었다.

"…… 비엔나에서 있었던 살인 사건을 모델로 했죠. 남편은 곤자고 공작, 부인은 밥티스타. 악랄한 작품이지만 그게 전하나 죄 없는 영혼을 가진 우리들에게 무슨 상관입니까? 찔리는 게 있는 놈이나 움찔하겠죠."

그 때 무대에 한 남자 배우가 등장했다. 그가 잠자는 곤자고 공작의 동생이려니 생각하며 나는 온 신경을 집중하여 클로디어스 왕의 표정을 살폈다. 햄릿이 왕과 왕비에게 속삭였다.

"이건 루시아너스라는 자입니다. 곤자고의 조카죠."

나는 흠칫 놀라 햄릿을 향해 시선을 던졌다. 극과 현실을 이중으로 읽어놓는 그 섬뜩한 복선에 오한이 날 지경이었다. 지금 루시아너스가 곤히 잠자는 곤자고의 귀에 독을 넣어 죽인다면 그는 클로디어스를 염두에 둔 인물임이 분명하다. 그러나 다른 한편 살해자가 피살자의 조카라는 인물 설정은 조카인 햄릿이 숙부를 죽이겠다는 예고가 아니고 그 무엇이랴!

예상대로 루시아너스는 곤자고를 독살했다. 햄릿이 말했다.

"지위 때문에 정원에서 숙부를 독살합니다. 저 살인자가 어떻게 곤자고 부인의 사랑을 얻게 되는지 보시겠습니다."

순간 클로디어스 왕이 벌떡 자리에서 일어났다. 그의 충복이며 오필리아의 아버지인 폴로니어스가 연극을 중단하라고 소리를 질렀고, 왕은 파랗게 질린 얼굴로 불을 가져오라고 보챘다. 연극 상연을 위해 객석을 어둡게 해놓았기 때문이지만 정작 캄캄절벽이었던 것은 왕 자신의 마음 속이었으리라. 호레이쇼와 단둘이 남은 햄릿이 유쾌하게 떠벌렸다.

"여보게, 호레이쇼. 왕의 얼굴을 보았나? 난 유령의 말을 만금을 주고라도 사들이겠네."

냉정하고 철저하게 계산된 햄릿의 행동은 내 넋을 빼놓았다. 20세기에 회자되는 소문에 따르면 햄릿은 신경이 쇠약하고 실천력이 빈약한 젊은이여야 했다. 움푹 들어간 눈에 피로해 보이는 쌍꺼풀, 백지장 같은 살결, 툭 건드리면 넘어질 듯한 가녀린 체구. 이것이 내가 그린 햄릿의 몽타주였다. 그런데 이게 뭔가? 일국의 왕자다운 저 당당한 체격과 맹수를 추격하는 사냥꾼 같은 냉철함이 어디 그런 몽타주에 어울리는가?

내가 주눅 들어 있는 동안 햄릿의 두 친구와 왕의 충복 폴로니어스가 잇따라 다녀갔다. 왕비가 햄릿을 찾는다는 전언이었다. 나는 호레이쇼가 부르는 통에 쭈뼛쭈뼛 자리에서 일어나 햄릿과 인사를 나누었다. 햄릿은 건성으로 악수만 하고 곧바로 발길을 돌려 어머니의 내전을 향해 성난 발걸음을 옮겼다. 그가 혼자 중얼거리는 소리를 듣지 않았다면 어머니를 죽이러 가는 줄 착각했을 것이다.

"말은 칼처럼 하되 칼은 쓰지 말아야지. 내 혀와 내 영혼이 이 점에서는 위선자가 되길."

*　　　　　*　　　　　*

나는 클로디어스 왕을 지키는 경비병들의 눈을 피해 알현실을 지나다가 기도용 책상이 놓여 있는 복도에서 왕과 햄릿을 보았다. 왕은 책상 앞에 무릎 꿇고 앉아 기도를 올리고 있었고, 그 뒤에 선 햄릿이 결연한 표정으로 칼을 뽑아 들었다. 나는 눈을 질끈 감았다.

그러나 다음 순간 내 귀를 울린 것은 바람을 가르는 쇳소리와 왕의 비명 소리가 아니라 햄릿의 번민에 찬 독백이었다.

"…… 저자는 아버지를 천박하게 죽였으니, 그분은 욕망에 푹 잠
긴 채 모든 죄가 오월의 꽃처럼 흐드러지게 피어날 제 가셨도다.
그분께 어떤 판결이 내렸을지 하늘말고 누가 알랴?
허나 우리의 생각이 미치는 한에서는
중형을 받으셨으리니. 그런데 이것이 그에 대한 복수인가,
영혼을 씻고 있는 저 자의 목숨을 앗는 것이,
그가 이 세상을 떠나기 딱 알맞게 무르익은 이 때?
아니다 ……."

칼을 도로 칼집에 꽂아 넣고 뒤돌아서는 햄릿을 보자 나는 무엇인
가 갑자기 속으로 치밀어오르는 게 있어 참지 못하고 달려가 그의
뒷덜미를 낚아챘다.
"자네 제정신인가? 이 세상을 부패시키는 병원균을 없애버릴 절
호의 기회가 왔는데 저 세상에 대한 염려 때문에 그냥 흘려버리다
니!"
햄릿은 고개를 가로저었다.
"놈이 구원받을 여지가 없는 짓을 하고 있을 때 발을 걸어 넘어뜨
릴 겁니다. 놈이 뒤꿈치로 하늘을 차면서 지옥으로 곤두박질치는 꼴
을 봐야만 하겠습니다."
어머니의 침실을 향해 총총히 걸어가는 햄릿의 뒷모습을 보며 나
는 혼란에 빠졌다. 이 사람이 정녕 왕의 면전에다 선왕 시해 혐의를
담은 연극을 들이대던 그 과감한 햄릿인가? 혹시 막상 피를 보려고
하니까 오금이 저린 걸까? 그러나 그의 결연한 표정을 보면 그렇게

단정할 것만도 아니다. 그는 한편으로는 잘 훈련된 기독교 신자이고 다른 한편으로는 아버지의 망령에게서 행동을 촉구받는 복수자이다.

"기도하는 자를 죽이는 건 복수가 되지 않는다"는 말을 보라. 상대의 영혼과 육체를 한꺼번에 파괴하겠다는 불타는 복수심이 신학적 통찰력과 한데 뒤엉켜 있지 않은가?

그리스의 오레스테스 왕자는 아폴론 신에게 기대어 주저 없는 복수를 단행했다. 햄릿에게 아버지의 망령만 있었다면 이 복수극은 여기서 싱겁게 끝났을 것이다. 그러나 앞에서 말한 것처럼 햄릿은 새로운 인간형이다. 그의 행동은 그의 외부에 있는 신이나 망령으로부터 바로 나오지 않는다. 햄릿이라는 복잡한 인간 속에서 이런저런 외부 요인들이 뒤엉켜 햄릿적인 특성을 가진 행동이 되어 나온다. 만약 그가 망설인 거라면, 신의 압박으로 망설임을 넘긴 오레스테스와는 반대로 신을 이용하여 망설임을 합리화한 셈이다. 이렇게 보면 확실히 햄릿이라는 근대인은 오레스테스라는 고대인에 비해 매우 주체적인 인간이다. 그러나 그의 주체는 몹시 불안정하고 흔들리는 촛불 같은 주체이다.

내가 이런 생각에 잠겨 있을 때 여자의 새된 비명 소리가 왕비의 침실에서 흘러 나왔다. 모두가 잠든 어두운 밤, 햄릿이 어머니에게 칼처럼 말하다가 정말 칼을 휘두른 건 아닐까? 나는 소리나는 곳으로 헐레벌떡 달려가다가 멈칫했다. 침실의 문 앞에 부리부리한 눈매의 노인이 잠옷차림으로 서 있었다.

"아니, 당신은 혹시 ……?"

내가 물어보려는 것을 노인이 입술에 손가락을 갖다 대며 막았다. 그리고는 가만히 고개를 끄덕이며 문을 가리켰다. 그는 선왕의 망령이었다.

멜 깁슨 주연의 영
화 「햄릿」에 등장하
는 햄릿과 거트루드

"자 보세요, 이 그림과 저 그림을. 두 형제분의 초상화죠."
햄릿의 볼멘소리가 새어 나오고 있었다.
"이분의 수려한 이마, 히페리온의 곱슬머리, 조브(제우스)의 용안,
위협하고 명령하는 마르스(아레스) 같은 눈, 하늘에 솟은 산정에 갓
내려앉은 전령 머큐리(헤르메스) 같은 자세, 정말이지 모든 신이 인
간의 귀감이라고 보증할 만큼 신들의 장점을 골고루 갖춘 자태를 보
세요. 이분이 당신의 남편이셨습니다. 이제 그 옆을 보세요. 싱싱하
던 자기 형을 곰팡이 먹은 보리 이삭처럼 썩어 문드러지게 한 지금

의 당신 남편입니다."

햄릿의 흥분은 극에 달하여 정신 없이 어머니의 부정과 숙부의 죄악을 몰아붙였다. 그러자 선왕의 망령이 방 안으로 쓰윽 들어갔다. 햄릿의 주눅 든 목소리가 그를 맞았다. "시간과 격정을 소모하면서 아버님의 엄한 명령을 실행치 못하고 있는 불초 자식을 꾸짖으러 오셨습니까?"

망령이 말했다.

"잊지 말거라. 이렇게 찾아온 것은 거의 다 무뎌진 네 의지를 다시 날카롭게 갈아주기 위함이니라."

그는 어머니를 도와주라는 당부를 남기고 사라졌다. 그리스 신들을 닮은 망령의 출현은 마치 기독교가 늦추어놓은 복수를 재촉하기 위한 것처럼 보였다. 햄릿은 그 뒤로도 한참 동안 어머니에게 훈계를 늘어놓더니 마지막으로 인사를 하면서 이렇게 말했다.

"이 영감 일은 안됐습니다. 하지만 하늘이 이 일로 나를 벌하고 나를 도구삼아 이 사람을 벌했으니, 나는 그야말로 하늘의 벌을 받은 존재이자 그 벌을 집행하는 대리인이라 하겠습니다."

문이 열리고 햄릿이 무언가를 끌고 나왔다. 자세히 보니 그것은 사람의 시체였으며 그 사람은 폴로니어스였다. 그 노인이 햄릿의 말을 엿들으려고 침실 커튼 뒤에 숨어 있다가 햄릿이 휘두른 칼에 찔려 죽은 거라고 했다.

"내가 어머니를 죽이기라도 할 줄 알았는지 커튼 뒤에서 '사람 살려' 하고 소리를 지르지 않겠어요. 자기 무덤을 자기가 판 셈이죠. 커튼 뒤에 숨어서 누가 소리를 지르길래 클로디어스인 줄 알았는데…… . 어머님께도 말했지만, 나는 이 일에 대한 책임은 피하지 않을 겁니다. 이건 재앙의 시작일 뿐이고 더 나쁜 재앙이 뒤에 도사리고 있습니다."

햄릿은 자신의 운명을 투시하고 있는 사람처럼 태연하게 말했지만 몹시 지쳐 보였다. 나는 차마 드러내놓고 말하지는 못하고 속으로 뇌었다.

"당신은 절호의 기회가 왔을 때는 신의 뜻을 의식해서 놓쳐버리더니, 지금은 자기 실수로 엉뚱한 살인을 하고도 그걸 신의 뜻으로 받아들이는군."

아아, 정말 불쌍한 근대인 아닌가? 오레스테스와 아폴론 신은 하나였다. 오레스테스는 아폴론 신의 의지를 정확히 읽고 그대로 행동했다. 그러나 신으로부터 떨어져 나와 자기 힘으로 심사숙고하는 햄릿은 그렇지 않다. 성서와 신학 교과서에 통달한 햄릿이건만 혼란에 빠져 있고 시행착오와 실수를 연발했다. 근대인 햄릿의 신은 자신의 뜻을 한꺼번에 완전히 드러내 보이는 법이 없으니까.

좋은 기회는 띠내려 보내고 일떨결에 사람 죽인 죄인이 되어버린 우리의 심사숙고 씨 햄릿. 그는 막상 이 지경이 되니까 비로소 신의 뜻을 알게 된, 해탈이라도 한 사람의 얼굴을 하고 있다. 이것이 주체를 찾은 근대인의 운명이어야 한단 말인가? 보라, 이제 더 이상 햄릿은 없다. 신의 뜻이 무엇인지 알려고 애쓰고 탐구하던 인간 햄릿은 없다. 이제는 하나님의 섭리가 있을 뿐이다. 햄릿은 이제 어떤 일이 일어나든 그것을 섭리로 받아들일 것이다.

*   *   *

햄릿이 말한 '더 나쁜 재앙'은 잇따라 일어났다. 위협을 느낀 클로디어스 왕은 햄릿에게 그의 옛 친구 두 명을 딸려서 영국으로 보냈다. 두 친구가 가지고 가는 왕의 친서에는 영국에 당도하자마자 햄릿을 죽이라는 글이 들어 있었다. 그러나 이 친서를 발견한 햄릿은 죽어야 할 사람을 두 친구로 바꾸어놓은 뒤 자신은 일행을 빠져나와 덴마크로 돌아왔다.

햄릿의 약혼녀이자 햄릿이 살해한 폴로니어스의 딸 오필리아는 미쳐서 죽었다. 프랑스에 가 있던 그녀의 오빠 레어티즈는 클로디어스 왕이 자기 아버지를 죽인 줄 알고 복수를 위해 귀국했다. 이 다혈질의 사나이는 햄릿이 아니었다. 그는 엘시노어 궁의 성문을 부수면서 이렇게 외쳤다.

"내 원수가 교회 안에 있다 해도 그를 죽이리라!"

클로디어스 왕은 레어티즈의 분노를 역이용해 햄릿을 제거할 계획을 세웠다. 그는 레어티즈에게 아버지의 진짜 살인범은 햄릿이라고 알려주면서 이 성미 급한 젊은이를 햄릿 제거 계획에 끌어들인다. 계획은 이렇다. 클로디어스가 레어티즈와 햄릿을 궁전으로 불러 화해시키고 검술이 뛰어난 두 사람의 친선 대결을 주선한다. 그리고 햄릿 몰래 레어티즈의 칼끝에 독을 묻혀둔다. 몸에 스치기만 해도 햄릿은 끝이다. 뿐만이 아니다. 제2의 대비책으로 독을 넣은 술잔을 햄릿의 손이 닿을 만한 곳에 놓아둔다. 대결 중에 목이 말라 한잔 들이키기만 해도 되도록.

과연 클로디어스의 계획은 들어맞아 결투 중에 레어티즈의 칼이 햄릿의 옷을 찢고 살갗을 찔렀다. 그러나 다음 순간 공범자인 레어티즈가 이 흉계의 희생자 대열에 끼여든다. 결투 도중 둘 다 칼을 떨어뜨리는 바람에 다시 집다가 칼이 바뀐 것이다. 계속된 칼싸움에서 레어티즈도 상처를 입었다. 뜻밖의 희생자는 또 있었다. 클로디어스가 형을 죽여가면서까지 차지하려고 했던 여인 거트루드. 클로디어스의 음모를 알지 못한 그녀는 두 사람의 결투를 지켜보다 목이 마른 나머지 새 남편이 지켜보는 가운데 독이 든 포도주를 마시고 쓰러졌다. 사태가 파국으로 치달으면서 레어티즈가 햄릿에게 클로디어스의 음모를 털어놓았다. 너무나 늦게 복수를 결행하는 햄릿의 칼에 이 모든 비극의 원흉인 클로디어스도 쓰러진다. 온몸에 독이 퍼진 우리의 영웅 햄릿은 끝내 죽어갔지만 복수는 이루어졌다.

나는 주체할 수 없는 눈물을 흘리며 햄릿의 시신을 거두는 호레이쇼를 도왔다. 나를 더욱 슬프게 한 것은 왕실의 비극이 파국을 맞은 다음에 나타난 포틴브라스 왕자였다. 그는 노르웨이의 왕자로서 폴란드를 정벌하기 위해 덴마크를 지나가다가 이 참극을 만났다. 그가 말하는 것을 들어보라.

"한편으로 애도하면서 이 행운을 맞이하겠소. 나는 이 왕국에 대해서는 다소 잊지 못할 권리를 가지고 있는 사람이오. 이 기회에 그 권리를 주징해야겠소."

그에게 덴마크의 왕위 계승권이 있다는 말이다. 아마도 부패해 버린 덴마크 왕실을 깡그리 파괴한 뒤 질서를 바로잡을 도구로 신이 예비해 둔 사람인가 보다. 그는 또 말한다.

"무인의 예를 갖추어 햄릿 왕자를 단상으로 올리게. 기회만 얻었다면 역사에 보기 드문 영명한 군주가 되었을 분이네. 왕자의 서거를 애도하며 군악과 조포로 그 유덕을 은은히 전하자."

나는 포틴브라스가 햄릿 못지않게 유덕한 왕자라고 믿고 싶다. 만약 그렇다면 망령의 복수가 이루어졌을 뿐 아니라 하나님의 섭리도 정의롭게 이루어진 셈이다. 그러나 그 섭리의 이행자는 왜 햄릿이 아니어야 하는가? 왜 '기회만 있었다면' 현군이 되었을 햄릿이 아니고 손에 피 한 방울 묻히지 않은 포틴브라스여야 하는가? 햄릿은 할

수 있었다. 클로디어스가 진정한 참회를 할 인물이 아님을 꿰뚫어
보고 기도 장면에서 내리칠 수 있었다. 설령 그 기회를 놓쳤다고 해
도 영국으로 가는 배에서 돌아와 얼마든지 역공을 가할 수 있었다.
클로디어스가 자신을 가만히 놓아두지 않으리라는 것쯤은 능히 짐
작할 수 있었으므로 만반의 대비를 했어야 했다. 그러나 그는 하지
않았다. 그는 신의 뜻을 헤아리다 지쳐 모든 걸 신의 뜻에 맡겨버리
고 말았다.

심사숙고 씨 햄릿은 이렇게 복수극의 주인공 자리를 '섭리'에게
내주고 말았다. 시종일관 복수극의 주인공이었던 오레스테스에 비
하면 정말 초라하기 그지없는 근대인에 불과하다. 그러나 다른 각도
에서 보자면 오레스테스는 아폴론의 꼭두각시일 뿐이다. 미케네 왕
궁의 복수극이 사실은 아폴론의 복수극이라고 할 때 오레스테스는
사라진다.

반면 엘시노어 궁의 복수극이 얼굴 없는 섭리의 작품이라고 해도
햄릿은 남는다. 아니 오히려 고뇌하고 사색하는 인간으로서 뚜렷이
떠오른다. 불안에 떨고 동요하며 역사의 과정에서 어느 순간 소외되
기도 하지만 그럼에도 불구하고 자기 행동의 주인으로 분명한 존재
를 드러내는 인간, 그 새로운 인간은 햄릿과 함께 시작되었다고 해
도 과언이 아닐 것이다.

 **역사적 배경에 관한 노트**

서유럽은 15세기부터 갑자기 팽창하기 시작했다. 지리상의 발견과 이에 따른 대외 무역의 팽창은 이전에 보지 못했던 활동 영역의 확장과 재화의 급증을 가져왔다. 구 로마 제국의 초라한 변두리였던 서유럽이 바야흐로 세계사의 중심으로 부상하기 시작한 것이다.

이 폭발적인 서유럽의 세계 진출을 선도한 나라들은 두 여걸이 이끄는 스페인과 영국이었다. 스페인의 이사벨 여왕은 15세기 말에 이슬람 세력을 추방하고 국가적 통일을 이룩했으며 콜럼버스를 고용하여 신대륙을 선점했다. 그 1세기 후에 영국의 엘리자베스 여왕은 스페인의 무적함대를 격파하고 신대륙에 진출하며 대서양의 새로운 강자로 등장하였다.

문호 셰익스피어와 세르반테스가 활동한 16세기 말, 17세기 초는 이사벨 여왕이 열어 젖힌 스페인의 황금 시대가 엘리자베스 여왕에 의해 저물고 영국의 전성기가 도래하던 때와 일치한다.

스페인은 국가를 성립해 가는 과정 자체가 이슬람 세력에 대한 기독교도들의 투쟁의 역사였으므로 중앙 집권적 왕권과 가톨릭이 함께 강화되었다. 중세 유럽을 돌이켜보면 로마 교회는 신성 로마 제국이라는 '세계 제국'을 세속의 동반자로 삼고 그 아래 여러 층으로 도열해 있는 영주와 기사들을 호위병으로 삼아 존립해 왔다. 즉, 로마 교회의 존립 근거는 지방 분권적인 봉건 제도였다.

반면 근대의 유럽 국가들은 자기 영토에 대해 주권을 행사하고 로마 교회의 보편적 지배를 배제하려는 목적으로 로마 교회를 멀리하거나 종교 개혁을 받아들였다. 이런 점에서 볼 때 스페인은 중앙 집권적인 근대 국가로 성장하면서도 로마 교회에 대한 충성과 의리를 지켜나간 매우 특이한 존재였다.

이렇듯 가톨릭과 유착 관계에 있는 중앙 왕권이 급속히 성장하였기 때문에 스페인에서는 15세기 이래 영주나 기사 같은 봉건 귀족 세력이 일찌감치 존립 근거를 잃고 약화되었다. 따라서 지나간 시대의 기사도 이야기에 연연하는 돈 키호테는 시대에 뒤처진 사람일 뿐만 아니라 스페인 절대 국가에 아무런 도움도 되지 못하는 사람이었다. 중세의 두 기둥 가운데 하나였던 로마 교회가 시퍼렇게 살아 있는 스페인에서 다른 하나의 기둥인 봉건 기사 제도를 신랄하게 비판하는 소설이 나올 수 있었던 까닭은 바로 여기에 있다.

스페인과 반대로 영국은 절대 왕권을 확립하는 과정에 가톨릭이 걸림돌로 작용하자 왕실 주도로 종교 개혁을 단행하여 영국 국교회를 창립하였다. 영국 국교회는 가톨릭과도 반목하였지만 당시 영국에 퍼져나가고 있던 급진적인 칼뱅파 청교도에도 반대하였다. 루터가 일으킨 종교 개혁의 회오리가 유럽 전역을 전쟁터로 몰아넣자 스페인은 신성 로마 제국과 더불어 종교 개혁에 단호한 반대 입장을 표명했으며 영국은 당연히 루터의 편을 들었다. 1555년 아우크스부르크 제국 의회는 루터 파는 인정하고 영국 국교회에 위협적이던 칼뱅파는 금지하는 결정을 내렸다. 간접적인 영국의 승리였다.

그 후 영국 절대 왕정과 국교회는 17세기에 청교도 혁명을 맞을 때까지 밀월 속에 대내외적 전성기를 구가했다. 개인의 고독한 윤리적 결단을 촉구하는 프로테스탄트 신앙과 풍부한 고전 교양을 겸비한 햄릿은 이 시대 영국 신사의 전형이다. 12세기 덴마크 왕실의 극한 상황에 내던져진 햄릿이 겪는 치열한 고뇌와 갈등은 종교 개혁과 르네상스가 발견한 새로운 인간의 면모를 극적으로 드러내준다.

출전(出典)에 관한 노트

셰익스피어(1564~1616)와 세르반테스는 동시대의 작가이면서 종종 같은 반열에서 이야기된다. 둘 다 불후의 문호라는 점에서 합당한 대접이다. 이들은 르네상스 최후의 시기를 함께 빛낸 공적을 과시라도 하려는 듯, 1616년 4월 23일 동시에 죽음을 맞이하였다.

그런데 두 작가들에 못지않게 곧잘 한 묶음으로 소개되는 것이 『햄릿』(1601)과 『돈 키호테』이다. 사람들은 흔히 이 두 작품 속의 주인공들을 근대인의 두 가지 유형으로 내세우길 좋아한다. 햄릿은 우유부단한 형이고 돈 키호테는 좌충우돌하는 형이다. 즉, 햄릿은 생각만 앞세우는 지성파이고 돈 키호테는 일부터 저지르고 보는 행동파이다.

그러나 이러한 대비는 지나치게 속화되고 단순화된 것이나. 어떤 평자는 말하기를, "햄릿의 우유부단은 나약함의 표현이 아니라 그가 처한 도덕적 딜레마에 대한 그 자신의 복잡한 이해의 결과"라고 했다. 자신의 종교적 신념에 어긋나는 짓을 하고 싶지도 않고, 그렇다고 자칫 잘못하다가는 복수의 의무를 저버리고 마는 건 아닐까 두렵기도 하다. 햄릿 자신도 이러한 딜레마가 도덕적 망설임 때문인지 비겁함 때문인지 몰라 고민하다가 "사느냐 죽느냐"의 극한 상황에까지 다다르는 것이다.

복수라는 상황을 놓고 한 인간의 내면에서 이처럼 격렬한 갈등을 이끌어내고 표현한 예는 일찍이 없었다. 햄릿은 확실히 셰익스피어라는 천재에 의해 포착된 새로운 인간 또는 인간의 새로운 모습이었다.

본문에서 햄릿과 대비되어 등장한 오레스테스는 그리스 영웅 시

대 스파르타의 왕이었으며, 그리스 3대 비극 작가의 선두 주자인 아
이스킬로스가 '오레스테이아 3부작'에서 그의 모친 살해 신화를 극
화하고 있다.

에덴 동산에 두고 온 이성

밀턴, 『실락원』

"달타냥!"

나는 날렵한 돛단배를 타고 도버 해협을 횡단하다가 달타냥과 삼총사가 탄 배를 보고 접근하며 소리쳤다. 키는 작지만 강단 있게 생긴 몸매에 구릿빛 피부의 사나이가 뱃전에 나와 섰다.

"역사의 이름으로 당신들에게 고하노니 당장 그대들의 계획을 포기하고 프랑스로 돌아가시오!"

내가 그를 보고 다시 이렇게 외치자 아토스, 포르토스, 아라미스가 선실에서 뛰쳐나와 달타냥 옆에 섰다. 달타냥은 친구들을 향해 내 머리가 돌았다는 시늉을 해 보인 뒤 응수했다.

"네놈이 어떻게 우리의 계획을 알아챘는지 모르지만, 함부로 역사를 들먹이지 마라. 프랑스의 루이 14세 폐하든 영국의 찰스 1세든 왕권은 신성한 것이다!"

마흔이 다 되어가는 나이답지 않게 목소리가 제법 카랑카랑했다. 다혈질의 아라미스가 머스캣 소총을 들고 나를 겨냥했다. 신중한 포르토스가 그를 말리자 둘 사이에 실랑이가 벌어졌다.

템즈 강변의 영국 국회의사당. 청교도 혁명, 명예 혁명으로 이어지는 영국 시민 혁명의 결실

여러분은 지금 내가 바다 한가운데서 마주친 이 네 명의 총사(銃士)들을 잘 알고 있을 것이다. 그들은 루이 14세의 선왕인 루이 13세 시절, 아직 어린 왕의 편에 서서 리슐리외 추기경의 음모에 저항했던 근위 기병이었다. 많은 세월이 흘러 홍안의 미소년이던 달타냥이 어느 새 중년을 바라보는 나이가 되었다.

어제의 용사들이 다시 뭉쳐서 영국으로 가는 목적은 나로서는 몹시 불쾌한 것이었다. 지금 영국에서는 크롬웰이 주도하는 청교도 혁명이 절정을 향해 치닫고 있었고, 공화국을 선포한 청교도들은 찰스 1세를 단두대로 보낼 결심을 굳히고 있었다. 달타냥과 삼총사의 임무는 바로 이 찰스 1세를 구출하여 해외로 도피시키는 것이었다.

프랑스의 절대 왕정에 무한히 충성하는 이들 근위대의 입장에서는 영국의 왕이 위기에 빠진 걸 그냥 두고 볼 수 없었을지도 모른다. 그러나 나는 이들의 행위를 용납할 수가 없다. 찰스 1세의 처형 여부는 그릇된 과거를 깨끗이 씻어내기 위해 총궐기한 영국인이 스스로의 양심과 이성으로 판단할 일이다. 청교도를 영어로 퓨리턴(Puritan)이라 부르는 이유가 무엇인가? 영국 왕실, 그리고 그와 결탁한 영국 국교회의 부패를 깨끗이 씻어내겠다는 의지의 표현 아닌가? 누구보다도 정의감이 뛰어난 달타냥이 자기네 왕에 대한 맹목적인 충성심 때문에 남의 나라 일에 개입하고 역사의 대세를 거스르는 꼴을 그를 아끼는 사람으로서 그냥 두고 볼 수만은 없다.

"당신들이 정 고집을 부리겠다면 나도 내 계획대로 하는 수밖에 없소. 배에서 떨어지지 않게 조심들이나 해요!"

나는 뱃머리를 돌려 달타냥들이 탄 배를 향해 돌진했다. 아라미스가 황급히 소총을 장진하여 방아쇠를 당기는 순간 "탕" 소리와 함께 두 배가 맞부딪쳤다. 총알은 허공으로 날아가고, 배에서 튀어나온 네 명의 총사들과 나는 총알보다 빠른 속도로 어딘가를 향해 빨려들어 갔다.

*　　　*　　　*

어두컴컴한 우주의 한 구석에 꾸무럭거리는 심연이 있었다. 혹은 이 곳을 혼돈이라고 불러도 좋다. 우리는 한도 끝도 없는 것 같은 그 혼돈 속으로 정신 없이 빠져들어 간 끝에 어느 불타 오르는 호숫가에 나동그라졌다.

"도대체 우리가 어디에 와 있는……."

제일 먼저 일어나 사방을 두리번거리던 달타냥이 그렇게 중얼거리다가 황급히 입을 다물었다. 그는 칼을 꺼내려는 듯 허리춤을 더듬었지만 그 손은 사시나무 떨 듯 떨고 있어서 칼집을 제대로 찾을 것 같지가 않았다.

"타락 천사들이여!"

어디선가 기분 나쁜 반향을 지닌 탁한 목소리가 우렁차게 울려 왔다. 그 소리가 어찌나 컸던지 호수 위에 타오르고 있던 불길이 일제히 한 방향으로 쏠렸다. 삼총사와 나는 기겁을 하고는 불길이 쏠리는 반대 방향으로 눈길을 보냈다. 에구머니! 나와는 구면인 괴물이 우리가 떨어진 곳에서 그리 멀지 않은 땅에 우뚝 서 있는 게 아닌가? 그 괴물은 마치 쥐라기 공원을 연상시키는 풍경 속에서 공룡들처럼 흉악하게 생긴 제 졸개들을 향해 일장 연설을 하고 있었다. 그는 단테를 찾아 땅 밑을 헤맬 때 지옥의 끄트머리에서 보았던, 그리고 다시는 보고 싶지 않았던 마왕 루치페로, 곧 사탄이었다.

"타락 천사라면 하나님께 반란을 일으켰다가 지옥으로 떨어진 천사들인데 ……. 그러면 우리가 지금 지옥에 와 있다는 건가?"

달타냥과 다시 뭉치기 전에 신부 노릇을 했던 사람답게 아라미스가 그렇게 말하며 소스라치게 놀랐다. 다른 세 사람의 얼굴에도 경악의 빛이 역력했다.

"우리의 유일한 낙은 언제나 악을 행하는 일이니라."

사탄의 우렁찬 목소리가 다시 울려 퍼졌다.

"저 높은 분의 섭리가 우리 악으로부터 선을 낳게 하고자 모색한다면 우리는 그 섭리를 뒤집어엎어야 하느니라. 모름지기 언제나 선으로부터 악의 수단을 찾아내는 것이 우리들 아닌가? 내가 실수만 하지 않는다면 우리가 성공하여 그분을 비탄에 빠뜨리고 저들의 결연한 목표를 어지럽힐 때도 있으리라."

눈에서 불을 뿜으며 노호하는 사탄의 기세에 얼이 빠져 있는 네 사람을 보자 나는 살짝 장난기가 발동했다.

"저 못된 소리만 골라서 하는 사탄을 잘 보세요. 어딘가 모르게 루이 14세를 닮은 것 같지 않습니까?"

내가 이렇게 네 사람의 비위를 긁자 그 동안 혼이 나가 있던 그들은 정신을 가다듬으며 눈을 부릅떴다.

"그리고 정의의 천사들과 맞서다가 여기까지 떨어져 내린 저 졸개 녀석들을 보세요. 만신창이가 된 몸을 이끌고도 사탄의 말을 경청하는 그 모습이 ……."

나는 포르토스와 아토스의 어깨에 두 팔을 장난스레 얹으면서 말을 이었다.

"당신들을 쏙 빼 닮았고 말입니다."

순간 아토스가 나를 획 밀쳐버렸고 네 사람은 모욕감으로 얼굴이 새빨개져서 일제히 칼을 뽑아 들었다. 그들은 그 옛날 달타냥이 나머지 세 사람과 한 장소에서 한 시간 간격으로 결부를 벌이자는 약속을 할 때처럼 흥분해 있었다.

"당장 그 말을 취소하지 않으면 네 놈을 지옥으로 보내버릴 테다!"

그러나 그들은 다음 순간 실수를 깨닫고 머쓱해했다. 나는 이 틈을 놓치지 않고 재빨리 응수했다.

"그래요, 우린 이미 지옥에 와 있으니까 더 나쁜 데로 갈 것도 없어요. 그리고 말이 나왔으니 말이지만, 사람 위에 부당하게 군림하는 사람이야말로 악마를 닮았다는 건 바로 영국의 청교도들 생각이랍니다. 그런 관점에서 보면 당신들이 하늘처럼 떠받드는 프랑스 왕도……."

나는 혹시 네 사람을 다시 자극할까 봐 조심스럽게 말을 이었지만, 네 사람은 나를 노려보는 눈길과 칼끝을 거두지 않고 있었다.

"자네는 프랑스 국왕을 중심으로 뭉친 프랑스 국민을 모독하고 있네. 국왕을 중심으로 하는 절대주의 체제는 결코 한 사람만을 위하는 사악한 체제가 아닐세."

시골 신사답게 아토스가 나를 타이르듯 점잖게 말했다. 그러자 포르토스가 칼을 허공으로 번쩍 치켜들며 외쳤다.

"하나는 전체를 위하여!"

아토스, 아라미스, 달타냥이 뒤따라 칼을 들어올리며 합창했다.

"전체는 하나를 위하여!"

그 때였다. 갑자기 그들의 머리 위로 그늘이 지는가 싶더니 무언가가 그들의 발 아래로 툭 떨어졌다. 꼬마 유령 캐스퍼 같기도 하고 아기 공룡 둘리 같기도 한 이 괴물은 우리 머리 위로 낮게 날아가다가 총사들이 쳐든 칼에 불의의 일격을 맞고 떨어진 모양이었다. 녀석은 눈이 커다란 게 겁깨나 있어 보였다. 달타냥이 그 괴물의 목에 칼을 들이대며 누구냐고 물었다.

"살려주세요. 제 이름은 벨리알이라고 합니다. 저는 마음이 약해서 싸움 같은 건 할 줄도 모르는데 사탄이 하도 닦달을 하는 바람에 천국의 반란에 가담했답니다. 저도 저 괴물들과 함께 여기 떨어졌지만 이제야 깨어나서 회합 장소로 가는 중이랍니다."

벨리알은 히브리 출신의 악당으로 이름 자체가 히브리 어로 건달이나 악을 뜻한다. 천성이 겁이 많아 악마군의 집합이 있으면 항상 맨 뒤에 나타나는 것으로 유명하다. 그에게서 천국 반란의 내력을 들어보고자 나와 사총사는 잠시 화해를 했다. 벨리알은 잔뜩 주눅이

들어 묻는 대로 술술 입을 열었다.

"여러분도 잘 알고 계시겠지만 사탄은 하나님의 피조물이면서도 하나님의 권위에 도전하려는 사악한 마음을 품었습니다. 하늘의 어느 천사보다도 서열이 높았던 그분이 반란을 꾀함으로써 이 세상에는 악이 생겨난 겁니다."

사탄은 차례로 하늘의 천사들을 꼬드겨 반군 진영에 가담시켰다. 그리하여 창조주에게 충성하는 천사 미카엘이 이끄는 천군(天軍)과 사탄이 지휘하는 마군(魔軍) 사이에 천지를 진동하는 대격돌이 벌어졌다. 첫번째 대결에서는 미카엘이 승리하여 사탄이 도주하였다. 그러나 사탄이 진용을 정비하여 재도전에 나선 두번째 대결은 막상막하의 양상으로 진행되었다. 사흘 동안 소란이 그치지 않자 신은 성자 메시아를 보내 사탄을 소탕케 하였다. 성자 메시아란 다름 아닌 하나님의 아들로서, 하나님은 그를 위해 승리의 영광을 남겨두었던 셈이다. 그리하여 사탄과 그를 따르는 천사들은 성벽 밑으로 밀려나 이 곳 심연으로 떨어져 내렸다.

"성자 메시아가 누구야?"

달타냥이 고개를 갸웃거리며 이렇게 묻자 나머지 사람들은 배를 잡고 웃었다. 괴물 벨리알마저 입가에 희미한 웃음을 머금었다.

"성자 메시아가 누군고 하니 ……."

아라미스가 만면에 장난기를 띠며 능청을 떨었다.

"바로 우리를 지옥으로 끌고 들어온 이 동양인일세."

달타냥이 더욱 어리둥절한 표정을 지었다. 아라미스가 그의 등을 토닥거려주며 다정하게 말했다.

"저 동양인이 루이 14세 폐하를 사탄에, 그분을 모시는 우리를 타락 천사들에 비유하지 않았나? 그렇다면 영국 청교도 편에 서서 우

리를 이 지옥으로 떨어뜨린 저 친구가 성자 메시아, 곧 예수 그리스
도 아니겠나?"

 그 때 요란한 나팔 소리가 울려 퍼지고 여기저기 날개 달린 괴물
들이 날아다녔다. 바야흐로 천국을 다시 공략하기 위한 비상 회의가
열릴 모양이었다. 호수 건너 저 멀리에는 마치 드라큘라의 성을 연
상시키는 음산한 성채가 우뚝 솟아올랐다. 복마전(伏魔殿)이 선 것
이다. 달타냥이 벨리알의 등을 떠밀며 비상 회의에 참석할 것을 명
령했다.

 "비상 회의에서 무슨 얘기들이 오가는지 하나도 빠짐없이 들어두
었다가 알려주게. 만약 하나라도 빼놓은 것이 있거나 거짓말을 하는
게 있으면 이 머스캣 총구가 가만히 있지 않을 걸."

 달타냥이 어깨에 거꾸로 메고 있던 머스캣 소총을 꺼내 들고 벨리
알을 겨냥했다. 혼비백산하여 복마전을 향해 비틀비틀 달려가는 벨
리알의 뒷모습을 바라보며 달타냥이 내게 물었다.

 "이보시오, 동양인. 도대체 무엇 때문에 우리를 여기까지 끌고 들
어온 거요?"

 포르토스, 아토스, 아라미스가 자기들도 똑같은 질문을 던진 것처
럼 내 얼굴을 뚫어지게 쳐다보았다. 나는 잠시 생각을 가다듬은 뒤
정색을 하고 달타냥의 질문에 대답했다.

 "당신들은 모두 기독교도죠? 물론 개신교도인 영국의 청교도들과
는 달리 가톨릭이겠죠. 뭐, 나는 기독교인도 아니고 교리상 가톨릭
과 개신교 중 어느 쪽이 정통에 가까운지 그런 건 잘 모릅니다. 그
러나 매우 유감스럽지만 지금으로서는 기독교를 믿으려면 영국 청
교도들처럼 믿으라고 말하고 싶군요. 그들이 지금 영국에서 행하고
있는 역사적 사업은 유사 이래 어떤 기독교인도 해내지 못한 위업이

랍니다. 앞으로 어떤 일이 벌어질지는 나도 알 수 없지만 여러분은
이번 지옥 탐방을 통해 청교도 정신의 진수를 맛보고 당신들의 우스
꽝스런 역사적 위치를 돌아보게 될 겁니다."

*   *   *

악마들의 비상 회의에 참석했던 벨리알이 돌아왔다. 그의 보고에
따르면 사탄이 단신으로 새로운 세계를 향해 떠났다고 한다.
"새로운 세계라니?"
포르토스가 물었다.
"사탄이 한 말인데요, 하늘의 옛 예언에 따르면 하나님은 사탄을
추방한 뒤에 새로운 세계를 창조할 예정이랍니다. 그 곳에 살 생물
도 새로 창조할 예정이고요. 이제 사탄과 우리가 이 심연으로 추방
되었으니, 에인이 사실이라면 새로운 세계와 새로운 생물은 이미 창
조되어 있겠죠. 그래서 악마들은 일단 이렇게 결정했어요. 천국의
탈환을 위한 재도전에 앞서 과연 예언대로 이루어졌는지를 정탐하
자고. 그리고 이 정탐은 사탄 자신이 직접 나서기로 했어요."
벨리알이 말하는 '새 세계'란 지구를 일컫는 게 틀림없다. 그리고
'그 곳에 살 생물'은 물론 인간일 것이다. 그렇다면 우리가 이 곳 지
옥에 떨어졌을 때만 해도 지구와 인간은 아직 존재하지 않았다는 말
이 된다. 나는 아라미스와 눈이 마주쳤다.
"사탄은 에덴 동산으로 갔네."
이 말은 아라미스가 한 말이지만 그가 하지 않았으면 내가 그 말
을 했을 것이다. 나는 약간의 흥분을 느끼면서 네 명의 용맹무쌍한
총사들에게 힘주어 말했다.

"당신들이 진짜 해야 할 일은 찰스 1세의 목숨을 구하는 일이 아니오. 에덴 동산으로 갑시다. 가서 인류의 조상을 타락시키려는 사탄의 사악한 계획을 좌절시킵시다."

달타냥과 세 명의 총사들도 가벼운 흥분을 억누르지 못하면서 칼을 빼들고 출정 서약을 나누었다. 그러나 이것이 환상이요 만용에 불과했다는 것은 곧 드러나고 말았다. 왜냐하면 우리는 지구로 가는 길을 알지 못했기 때문이다. 일찍이 단테와 더불어 지옥 여행을 했던 나지만 지금 빠져 있는 이 창세기의 지옥은 14세기의 지옥과는 판이하게 다르다. 이 지옥은 거꾸로 처박힌 타워링처럼 생겨먹지도 않았고 지구의 중심에 자리잡고 있지도 않았다. 이 곳은 지구가 생기기도 전에 이미 존재하고 있던 지옥이다. 벨리알의 말에 따르면 지옥과 천국의 거리는 지구와 천국의 거리보다 세 배나 길다고 한다. 어쩌면 우리가 와 있는 이 지옥은 까마득한 우주 공간에서 게걸스럽게 입을 벌리고 온갖 우주 쓰레기를 집어삼키고 있는 블랙 홀일지도 모른다.

"이 지옥은 우리 인간에게 너무 낯설어. 내가 알던 지옥과 다르단 말이야."

신부였기 때문에 지옥과 연옥의 교리에 대해 너무나 잘 알고 있을 아라미스가 투덜거렸다. 우리는 벨리알을 앞에 앉혀놓고 사탄을 뒤쫓아갈 방법을 열심히 강구했으나 헛수고였다. 벨리알처럼 서열 낮은 악마가 사탄의 행적을 어찌 다 알 수 있으랴.

악마들의 눈을 피하기 위해 비밀 지하 아지트를 만들어놓고 무위도식하며 지내기를 며칠. 어느 날 갑자기 지옥이 들썩거렸다. 무슨 일인지 알아보고 온 벨리알은 이렇게 보고했다.

"죄와 죽음은 지금까지 내내 지옥문에 앉아 있었어요. 그런데 이

제 그들이 지구를 향해 떠날 준비를 한대요. 그래서 이렇게 요란한 거예요."

죄와 죽음은 지옥의 악마들 가운데서도 가장 흉측한 자태를 과시하며 지옥문을 지켜왔다. 우주의 다른 곳은 모두 순결했으므로 이들이 갈 곳은 지옥말고 아무 데도 없었던 게 그간의 정황이었다. 그러나 그들은 특수하게 발달한 촉각으로 멀리 지구에서 죄악이 발생한 사실을 감지하였다. 지구에서 죄악이 발생했다는 것은 곧 사탄이 지구의 새로운 생물을 죄로 더럽히는 데 성공했음을 의미하였다.

"늦은 감은 있지만 아직 기회가 있을지 몰라요. 죄와 죽음을 따라가서 사탄을 사로잡으면 우리 인간의 조상이 뒤집어쓴 죄를 벗길 수 있을지도 모르죠. 설사 그게 너무 늦었다 해도 우리의 조상이 죄에 붙들리게 된 경위를 듣고 앞날의 귀감으로 삼을 수 있을 겁니다."

나는 그렇게 사총사를 다독거려 지옥문으로 향했다. 그 곳에서 죄와 죽음은 사탄이 처음 만든 길의 자취를 따라서 지구로 향하는 넓은 다리를 놓고 있었다. 우리는 아지트로 돌아와서 작전을 짰다. 기회를 보아 그늘을 밀쳐내고 다리에 오르려는 작전이었다. 도상 훈련까지 했다. 아아, 그러나 이게 웬일인가? 우리를 다시 방문한 벨리알이 천만 뜻밖에도 이렇게 말하는 게 아닌가?

"사탄이 돌아왔어요. 지옥문 앞에서 다리 공사를 마무리하고 있던 죄와 죽음 앞에 으스대며 나타났대요. 서로들 공로를 치하하며 난리가 났죠. 이제 곧 사탄이 악마들의 궁전에 나가 지구에서 거둔 빛나는 성공담을 밝힐 예정입니다. 제가 듣고 와서 전말을 알려드리겠습니다."

이튿날이었다. 우리는 돌아온 벨리알을 알아보지 못했다. 어딘가 모르게 귀여운 구석이라도 있던 이전 모습은 깨끗이 사라지고 혀를 날름거리는 뱀으로 바뀌어버렸기 때문이다. 아토스가 칼을 뽑아 이 뱀을 처치하려다가 그의 겁먹은 듯한 눈매와 목소리 때문에 겨우 알아보았다. 어쩌다 이렇게 됐느냐는 질문에 벨리알은 처량한 음성으로 사탄의 원정 보고회 소식을 늘어놓았다.

사탄은 먼저 태양으로 갔다가 그 곳에서 천사 우리엘에게 들켜버렸다. 사탄은 황급히 품계가 낮은 천사의 모양으로 변신하여 우리엘의 눈을 피한 뒤 지구로 향했다. 새로운 별, 지구의 새로운 주인으로 선택되어 창조된 동물은 인간이라 불리는데 그들은 한 쌍의 암수로서 에덴 동산이란 곳에 살고 있었다.

수놈의 이름은 아담. 신이 먼저 창조한 인간은 이 남자였다. 신은 성자 메시아를 시켜 엿새 동안 창조의 업을 수행하도록 했는데 그 마지막 작품이 이 인간이었다고 한다. 아담은 낙원에 자리를 얻고 신을 대신하여 그 곳을 관리했으나 고독을 견디지 못해 함께 삶을 영위할 동반자를 신에게 원했다. 그리하여 저 아름다운 이브가 탄생하고 둘은 결혼하였다.

"사탄은 악령의 모습으로 이브의 꿈 속에 들어갔다고 하더군요. 남자보다는 여자가 유혹에 더 약할 거라는 판단 때문이었다나요. 그런데 에덴 동산을 보호하는 천사들은 이미 태양에서 사탄을 보았다는 천사 우리엘의 경고를 받고 있었답니다. 이브의 꿈 속에 들어갔던 악령은 천사 가브리엘이 조직한 야경대에게 사로잡혔대요.

그래서 악령은 죽을 각오를 하고 가브리엘의 심문에 저항하려 했는데 참으로 희한한 일이 벌어졌답니다. 하늘로부터 어떤 묵시가 내려와 악령은 아주 손쉽게 낙원에서 도망칠 수 있었다는 거예요. 사탄이 거짓말을 하는 걸까요, 아니면 하나님이 인간을 시험하기 위해 사탄을 놓아준 걸까요?"

낙원에서 추방되는 아담과 이브. 미켈란젤로가 그린 〈천지창조〉의 일부

우리는 모두 후자가 맞다는 생각은 하고 있었지만 아무 대답도 하지 않았다. 벨리알은 자신의 이야기에 몰입되어 있는 우리들을 한 번 쓱 훔쳐본 뒤 말을 이었다.

사탄은 지구를 한 바퀴 돈 다음 깊이 생각한 산계를 가지고 안개와 같이 밤을 타고 낙원에 잠입했다. 그러고는 잠자고 있던 뱀의 몸속으로 들어갔다. 때마침 이브는 낮 시간 동안 아담과 따로 떨어져 일하기로 결정하고 다음 날 아침, 홀로 일터에 나갔다. 뱀으로 변신한 사탄은 날름거리는 혀를 놀려 이브를 유혹하였다.

결과는 우리 모두가 잘 알고 있는 대로였다. 이브는 뱀의 유혹에 넘어가 신이 먹지 말라고 했던 선악과를 따먹었다. 아담은 그 사실을 알고 나서 처음엔 엄청나게 고민했으나 이브를 너무나 사랑한 나머지 죽어도 이브와 함께 죽을 생각으로 자신도 선악과를 따먹고 말았다. 효과는 바로 나타났다. 이전에 그들은 선과 악의 구별이 필요없는 지고지순한 삶을 살았다. 그러나 이제는 이 세상의 악한 것, 추한 것, 싫은 것들이 눈에 들어오기 시작했다. 부부이면서도 서로 알몸을 보이기 싫어 몸을 가리려 발버둥치고, 이전에 없었던 불화와 서로에 대한 비난이 시작되었다.

"사탄은 이렇게 아담과 이브를 타락시켰노라면서 승리의 브이 자를 그려 보였죠. 그는 악마 청중들의 우레와 같은 박수 갈채를 기대했을지도 모릅니다. 그러나 이게 웬일입니까? 청중이 일제히 일어나 사탄에게 욕지거리를 해대는 게 아닙니까? 하나님의 조화였겠죠. 그리고 다음 순간 우리는 모조리 사탄과 함께 뱀으로 돌변하고 말았습니다. 보시다시피 이런 추한 모습으로 말입니다. 그런 우리들의 눈앞에 금단의 나무가 솟아나더군요. 정말이지 그 선악과 나무는 너무나 아름답게 생겼어요. 하지만 우리가 혀를 내밀어 그 탐스러운 선악과를 따먹는 순간 열매는 그만 먼지와 재로 변해 버리더군요. 이건 죄와 죽음이 벌인 장난이었어요."

*　　　　*　　　　*

다음 날 우리는 뱀들이 우글거리는 지옥을 떠나 죄와 죽음이 놓은 다리를 건넜다. 어두컴컴한 우주 공간을 가로질러 태양계로 향하는 우리의 가슴은 한없이 무거웠다. 창세기의 지구로 들어가 인류의 조상을 만나본다는 기쁨은 온데간데없고 낙원에서 쫓겨나는 그들의 비참한 모습을 마주할 생각을 하니 목이 메었다.

"신이 전능하다면 악마가 인간을 유혹하는 것도 다 알고 있었을 텐데 왜 인간이 유혹에 넘어가도록 그냥 내버려 두었을까?"

달타냥의 말이었다. 그러자 아라미스가 성호를 그으며 목소리를 낮게 깔았다.

"깊고 깊은 신의 뜻을 유한한 우리 인간들이 어찌 헤아릴 수 있으리요."

그 때였다. 갑자기 우주 공간이 눈부신 빛으로 가득 차더니 눈앞에 너무나도 크고 웅장한 환영이 나타났다. 그것은 창조주인 신과 그의 오른쪽에 앉은 아들, 곧 성자 메시아였다. 대화를 나누고 있는 그들의 환영은 너무도 거대하고 입체적이어서 그들이 우리 눈앞에 비친다기보다는 우리가 그들 속을 지나가고 있는 것 같았다. 너무나 놀라 다리 난간 밖으로 떨어질 뻔한 아토스를 포르토스가 붙잡자 우리는 모두 난간에 기대 서서 그 환영을 지켜보았다. 신이 말했다.

"인간은 타락했으나 나는 여전히 그들의 세상에 은총을 내리겠다. 그들은 자의로 타락한 것이 아니라 사탄의 유혹에 넘어가 타락했기 때문이지. 하지만 그들의 세상에 나의 정의가 내리지 않으면 은총도 그들에게 닿지 않을 것이다."

아들이 말했다.

"어찌하면 당신의 정의가 인간에게 내리겠습니까?"

"인간의 죄과를 대신 쓸 만한 사람이 나타나지 않는 한 인간은 자손 대대로 죽음을 맛보지 않을 수 없느니라."

"소자가 인간의 육신으로 태어나 몸소 인간의 죄를 갚겠습니다. 허락하여 주옵소서."

"그리하여라. 내려가서 아담과 이브의 후손으로 태어나거라."

그리고 환영은 사라졌다. 우리가 정신을 차렸을 때는 이미 아름답고 푸른 우리의 지구가 코앞에 다가와 있었다. 우리는 지중해 상공에서 뛰어내려 가볍게 에덴 동산의 한 둔덕에 착륙하였다. 둔덕 아래로 내려다보니 마침 슬픔에 잠긴 두 남녀가 새 소리 청아한 숲 속에 앉아 있었다.

"진정하세요, 아담. 모두 저 때문에 빚어진 일이랍니다. 이제 우리는 신의 뜻을 어기고 죄악에 빠졌으니 우리 자손들도 대대손손 죄와 죽음을 면치 못할 거예요. 그러니 저는 차라리 자식을 낳지 않는 방법을 택하겠어요."

여자의 절규에 가까운 소리에 우리 일행 다섯 명은 모두 경악했다. 아담도 소스라치게 놀라는 눈치였다.

"그 무슨 끔찍한 소리를 하는 거요? 내 얼마 전에 천사님께 이런 약속을 들었으니 희망을 가져요. 당신 몸에서 나온 씨가 머잖아 뱀에게 원수를 갚을 거라는 거였소."

달타냥이 뛰쳐나가 우리가 본 환영 얘기를 들려주려 했지만 포르토스가 말렸다. 그 때 한 무리의 거룹(천사)들을 이끌고 한 천사가 내려왔다.

"천사 미카엘이야."

아라미스가 나직이 속삭였다. 아담과 이브는 기대 반 두려움 반을 머금은 얼굴로 일어나 천사를 맞았다.

"창조주의 아드님께서 지금 뉘우치고 있는 너희들의 기도를 들어달라는 간청을 하셨다. 그리하여 하나님께서는 너희들을 이 세상에 용납하시기로 결심하셨느니라."

아담과 이브의 얼굴에 희색이 감돌았다. 미카엘이 이어서 말했다.

"그러나 하나님께서는 너희들이 다시는 낙원에 머물 수 없다고 선언하셨느니라. 너희들은 당장 채비를 갖추어 이 에덴 동산을 떠나거라."

아담과 이브의 놀라고 실망하는 모습이 너무나 안쓰러워 심지어는 에덴 동산을 둘러싼 청명한 공기마저 흐릿하게 느껴졌다. 미카엘은 아담을 데리고 우리가 있는 둔덕으로 올라왔다. 그는 숲이 내려다보이는 쪽의 반대편에 아담의 시선을 고정시켜 놓고 우리가 하늘에서 본 것과 같은 웅장한 환영을 아담에게 보여주었다. 아담의 자식으로부터 노아에 이르기까지 일어날 여러 가지 사건들이 파노라마를 이루면서 눈앞에 전개되다가 사라졌다. 그것은 형제끼리 서로 죽이고 사람이 사람 위에 군림하는 등 타락한 세계의 적나라한 참상이었다. 아담이 말했다.

"하나님께서는 우리에게 짐승과 물고기, 새, 이런 것들에 대한 절대 지배권을 내리셨죠. 하지만 사람 위에는 사람을 주인으로 삼지 않으셨어요. 사람의 주인 자격은 하나님 자신에게로 국한하시고 인간을 인간으로부터 자유롭게 하신 거죠. 그런데 저렇듯 인간이 인간의 자유를 억압하다 못해 교만한 마음으로 바벨 탑을 세우고 하나님께 도전하고 나서다니 ……."

달타냥과 삼총사는 서로 마주 보았다. 그들이 아담의 말을 들으면서 루이 14세를 사탄이라고 했던 내 말을 떠올렸을 것은 불문가지이다. 천사 미카엘이 아담의 말을 받아 말했다.

"자네의 분노는 당연한 것이네. 그러나 자네와 자네 처가 범한 원래의 허물 때문에 이미 참다운 자유는 상실되었음을 알아야 하네. 자유란 항상 이성과 쌍둥이로 사는 것이라네. 서로 나뉘어서는 둘 다 존재할 수 없지. 인간의 이성이 어두워지고 하나님께 순종하지 않으면 즉각 터무니없는 욕망이나 벼락처럼 솟은 정열이 이성으로부터 지배권을 빼앗지. 그리하여 그 때까지 자유롭던 사람을 노예로 떨어뜨리네. 따라서 사람이 스스로 자기 안에서 사악한 힘이 자유 이성을 지배하도록 허용하기 때문에 신은 그 사람을 외부의 횡포한 군주들에게 복종시킨다네."

사총사는 죽은 듯이 침묵을 지켰다. 입 안이 바싹바싹 타는지 연거푸 침을 삼켜대면서. 천사 미카엘은 계속했다.

"군주들은 종종 쓸데없이 사람의 외적 자유를 구속하지. 따라서 학정은 반드시 일어나게 되어 있어. 물론 학정자에게는 아무런 변명도 있을 수 없지만. 내적 자유를 잃은 백성은 반드시 외적 자유를 잃게 되는 것이네."

천사 미카엘은 침울해 있는 아담에게 장차 태어나 인류를 구할 이브의 씨 이야기를 들려주었다. 그의 탄생과 죽음, 그리고 부활과 재림의 희망찬 이야기 덕분에 아담은 크나큰 위안을 받았다. 그리고 그들은 둔덕을 내려가 사뭇 잠을 자고 있던 이브를 깨웠다. 이브도 좋은 꿈을 꾸었는지 평화로운 얼굴을 하고 있었다. 미카엘이 양쪽 손으로 그들을 낙원 밖으로 인도하니 불의 검이 이들 뒤에서 흔들렸고 거룹들이 낙원을 지키고자 요소요소에 포진하였다. 그들의 임무는 아직 인간이 먹지 못한 또 하나의 나무, 생명 나무를 지키는 것이었다.

인류의 조상이 낙원을 떠나자 우리도 현실로 돌아왔다. 나는 사총사를 도버 해협에 떠 있는 그들의 배에 인도해 주고 프랑스로 가기 위해 뱃머리를 돌렸다. 우리는 지옥과 에덴 동산에서의 경험에 대해 많은 이야기를 나누었으나 특별히 기억에 남는 것은 없다. 그들은 인간이 원죄에서 벗어나려면 자유 이성을 되찾음과 동시에 외부에서 자신들을 강제하는 권력을 타도해야 한다는 미카엘의 말을 몹시 부담스러워했다. 아마도 그들을 현실에서 옥죄고 있는 의리 때문이었을 것이다.

나는 그들과 헤어지면서 이렇게 말했다.

"잊지 마시오. 청교도들이 가슴 깊이 새기고 있는 정신이란 바로 천사 미카엘의 가르침 그대로라는 사실을."

다른 사람들은 묵묵부답인 가운데 아라미스만이 쾌활하게 대답하며 손으로 키스를 보내왔다.

"잘 알았네, 동양에서 온 예수 그리스도."

나는 사총사가 찰스 1세의 구출을 포기했는지 아닌지에 관해서는 더 이상 듣지 못했다. 그러나 역사가 말해 주는 것처럼, 영국 청교도가 인간의 자유를 억압하는 인간 외부의 사악한 권력자로 낙인 찍은 찰스 1세는 외국으로 달아나지 못한 채 사형장의 이슬로 사라졌다.

 ## 역사적 배경에 관한 노트

17세기의 영국과 프랑스는 서로 절대 왕권을 강화하면서 유럽 대륙과 아메리카 신대륙에서의 주도권을 놓고 용호상박의 대결을 펼치고 있었다. 그러나 경쟁적으로 절대 왕정을 추진한 내부의 결과는 서로 달랐다. 영국에서는 절대 왕권에 대한 시민 세력의 거부로 일찌감치 '군림은 하지만 통치는 하지 않는' 입헌군주제의 길이 열린 반면, 프랑스는 강력한 중앙 집권적 절대군주제가 확립되었다.

영국에서는 13세기에 확립된 마그나카르타(대헌장)와 관습법이 헌법에 의한 통치를 명시하고 있었다. 그러나 '왕권신수설'을 내세운 제임스 1세(재위 1603~1625)와 그의 뒤를 이은 찰스 1세(재위 1625~1649)가 초헌법적인 권력을 누리고 자의적인 세금 징수, 사형, 형벌을 저지르자, 공화정을 주장하는 시민군이 봉기하였다. 이러한 시민군의 주축이 된 것은 국교회의 전횡과 타락을 씻어 없애려는 청교도들이었다.

청교도의 사상적 근원은 프랑스 출신의 종교 개혁가 칼뱅(1509~

1564)이었다. 그는 예정설을 주장하며 구원받아 천국에 갈 자와 벌을 받고 지옥에 떨어질 자는 이미 신에 의해 확정되어 있다고 했다. 그런데 인간은 신의 의지와 너무나 멀리 떨어져 있으므로 누가 구제받고 누가 버림받을지 알 수 없다. 이런 전제로부터 칼뱅주의자들은 속세에서 최선을 다해 경건한 삶을 살고 신의 심판을 기다려야 한다는 실천적 결론을 이끌어냈다. '진인사대천명(盡人事待天命)'이 곧 그들의 좌우명이었다.

이러한 칼뱅주의는 17세기 영국에서 강력한 실천의 불길로 활활 타올랐다. 하늘이 정한 운명을 모르는 청교도의 선택은 오직 속세에서 정의를 실천함으로써 스스로 구원받을 자라는 믿음을 갖는 것뿐이었다. 이와 같은 강한 정신력이 청교도 혁명의 원동력이었다. 『실락원』의 저자 밀턴은 이러한 청교도 혁명이 승리하여 공화국이 선포되었을 때 크롬웰의 비서로 활약한 열렬한 공화주의자이자 혁명 시인이었다.

출전(出典)에 관한 노트

『실락원』은 과격한 저술 활동으로 실명한 밀턴이 구술로 완성한 대서사시이다. 찰스 2세에 의한 왕정 복고로 청교도 혁명이 와해되고 수많은 혁명가들이 참살당할 때 밀턴은 여러 문우들의 청원 덕분에 겨우 목숨을 건졌다.

그 후 초야에 묻힌 밀턴이 필생의 계획으로 시작한 작품이 바로 『실락원』이었다. 이 작품은 영국 유일의 서사시라고 할 수 있으며 아서 왕의 전설보다도 더욱 국민적인 작품으로 사랑을 받고 있다.

찰스 1세를 구출하러 영국으로 가는 삼총사의 이야기는 프랑스의 문호 알렉상드르 뒤마가 저 유명한 『삼총사』의 속편으로 쓴 소설 『삼총사 그 후 20년』에서 커다란 한 축을 이루는 부분이다. 삼총사가 실제로 청교도 혁명에 개입했거나 지옥과 에덴 동산을 왕래한 일은 물론 없다. 또 우주에 환영으로 나타나 대화를 나누는 하나님과 그 아들의 장면은 원전에서는 천국에서의 대화로 되어 있다.

신화의 세계에 갇힌 이성
라신, 『페드르』

나는 달타냥을 알아볼 수 있었다. 비록 세월은 흘러 주름살이 늘어나고 허리도 약간 굽은 작달막한 노인이 되어 있었으나, 남에게 지기 싫어하는 독한 눈빛만은 사라지지 않았다.

"어서 오게. 자네를 기다리고 있었네."

그는 나를 보자 젊은 날 그대로의 카랑카랑한 목소리로 반겼다. 악수를 하는 손아귀도 『실락원』의 에덴 동산에서 헤어질 때의 억센 기운을 보존하고 있었다. 그의 등 뒤에서 프랑스 절대주의의 표상으로 새로 개관한 극장 코메디 프랑세즈가 웅자를 자랑하고 있었다.

"당신과 헤어진 뒤로 우리는 일대일 무승부를 한 셈이지."

앞 글에서 사총사와 함께 『실락원』의 세계를 탐사한 분이라면 달타냥의 이 말이 무슨 뜻인지 바로 알아챘을 것이다. 영국의 찰스 1세가 결국 청교도들에게 처형당한 건 청교도 혁명의 지지자인 내 승리지만, 영국민이 크롬웰의 독재를 타도하고 왕정을 복고시킨 건 절대 왕정의 하수인인 달타냥의 승리이다.

"나야 무식한 총잡이지만 이 곳 프랑스의 아카데미 회원들로부터

파리의 오페라 극장

이것저것 얻어들은 건 꽤 있지. 그 사람들 얘기로는 청교도들이 문화 예술에 대한 안목이 짧았다더군. 극장 폐쇄령까지 내린 적이 있다니까 말야. 내 이제 자네에게 프랑스 절대 왕정이 적극 후원하여 극치까지 끌어올린 프랑스 고전 예술의 세계를 보여줌세. 자네가 일깨워준 청교도들의 직선적인 정의감도 물론 소중하지만, 프랑스 고전 예술이 성취한 인생에 대한 높은 안목을 보면 루이 14세 폐하에 대한 자네의 생각도 좀 달라질 걸세."

달타냥은 루이 14세가 하사한 수많은 금빛 은빛 훈장들을 쩔렁거리며 내 앞에서 코메디 프랑세즈의 문을 활짝 열어 젖혔다. 루이 14세 양식이라고 불리는 후기 바로크 양식의 금빛 찬란한 실내 장식들이 내 눈 안으로 달려들어 왔다. 나는 아찔한 기분으로 빨려들어 가다시피 극장 안으로 들어섰는데, 어느 순간엔가 내 눈앞에는 파리도 베르사유도 아닌 그리스 신화 시대의 어느 궁전이 펼쳐져 있었다.

*　　　　*　　　　*

그 곳은 아테네에서 그리 멀지 않은 트로이젠이라는 지방이었다. 눈부시게 아름다운 한 여인이 시종으로 보이는 노파와 함께 궁전 앞에 서 있었다. 그녀는 이 나라의 왕비라고 하면 어울릴 듯한 화사한 옷차림과 기품 있는 몸놀림을 보여주고 있었으나, 그 옷의 선을 따라 드러나는 몸매는 터질 듯한 육감을 발산하고 있었고 그녀의 눈에서는 천박한 듯 요염한 기운이 새어 나왔다. 하긴 현대에도 밤무대 무희 출신으로 영부인의 자리에까지 오른 에바 페론 같은 여자가 있었으니까 그게 별난 부조화는 아닐 터이다.

그러나 지금 이 여인이 눈길을 끄는 점은 육감적인 몸매나 요염한 눈빛이 아니었다. 그녀의 얼굴은 주변의 화사한 경관마저 우울하게 보일 만큼 깊은 슬픔에 젖어 있었다. 명랑한 상태였으면 아름다운 노랫소리와도 같았을 그 고운 목소리로 그녀는 이렇게 울먹였다.

"그 흉측한 고백을 하지 않기 위해 나는 죽어가련다."

이 무슨 끔찍한 소리인가? 그녀는 무슨 죄를 지었길래 그 고운 자태를 스스로 없애버리고픈 충동과 마주했을까? 궁금해서 속이 타는 시녀가 자꾸 종용하여 그녀의 '흉측한 고백'을 이끌어냈다.

"나는 그를 보았단다. 보는 순간 얼굴이 화끈거리다가 이내 파랗게 질려버렸어. 정신을 잃은 내 마음 속에 솟아오르는 뜨거운 사랑의 불꽃. 눈은 뜨고 있었지만 이미 아무것도 안 보였고, 입은 말라서 아무 소리도 나오지 않았단다. 온몸이 얼음같이 차가워지는가 하면, 또 불덩어리같이 타오르는 것을 느꼈어."

아아, 여인이여. 사랑에 빠진 여인이여. 그대의 사랑이 과연 누구
이길래 그 사랑의 고백이 '흉측한 고백'이 돼야 한단 말인가? 사랑
에 빠졌다면 한없이 설레고 날아갈 듯이 행복해야 할 텐데 도리어
그 사랑 고백을 하지 않으려고 죽을 생각까지 했다니, 그대의 사랑
은 과연 어떤 사람이란 말인가?

"나는 여기에서 사랑의 여신 비너스와 그 끔찍스러운 저주의 불길
을 보았단다."

여인은 증오에 찬 목소리로 몸을 부르르 떨며 말했다. 그 때 한 시
종이 등장하여 사랑에 빠진 아름다운 여인에게 이렇게 말을 건넸다.

"왕비님, 감추고 싶은 슬픈 소식이 있습니다. 백전백승의 부군께
서 왕비님을 두시고 저승으로 떠났습니다."

그렇다! 그녀는 남편이 있는 아녀자의 몸으로 외간 남자에게 사랑
을 느꼈던 것이다. 그런데 그녀는 방금 시녀에게 한 고백말고는 그
불륜의 사랑을 누구에게도 털어놓은 적이 없는 것 같다. 그렇다면
단지 마음 속으로만 애를 태웠을 뿐인데 그걸 가지고 죽을 생각까지
하다니 너무 심한 것 아닌가?

그 생각이 심한지 어떤지는 두고 보면 알 일이고, 여기서는 우선
여인의 정체를 짐작하게 된 내가 좀 알은체를 해야겠다. 지금 눈앞
의 여러 정황으로 보건대 사랑에 빠진 여인은 파이드라가 확실하다.
그녀는 본래 크레타 섬의 공주였다. 그리스 반도 남쪽에 자리잡은
크레타 섬은 한때 그리스를 지배할 만큼 강력한 세력을 자랑하고 있
었다. 단테와 함께 지옥 여행을 다녀온 독자라면 지옥의 심판관인
미노스를 기억할 것이다. 바로 그 사람이 크레타의 왕이었고 파이드
라는 그의 딸이다. 그런데 이 섬나라에 한 가지 걱정거리가 생겼다.
미노스의 왕비인 파시파에는 욕정이 넘치는 여자여서 황소를 보고

도 음란한 마음을 일으킬 정도였다. 그녀는 궁리 끝에 암소 모양의 목우(木牛) 속에 들어가 황소와 몸을 섞었다. 그 결과 머리는 황소이고 몸은 사람인 괴물이 태어났고, 파이드라의 아버지는 이 놈을 미궁에다 숨겼다. 그러고는 속국이었던 아테네에서 제물로 보낸 젊은 남녀들을 그 괴물의 먹이로 썼다. 그러자 아테네의 왕자 테세우스가 젊은 제물들 속으로 섞여 들어와 괴물을 해치우고 달아났다. 파이드라는 이 때 테세우스를 따라 아테네로 왔다가 그의 부인이 되었다.

파이드라도 어머니의 피를 물려받아 욕정이 넘치는 여자였을까? 지금 그녀는 부군 테세우스가 나라를 비운 틈에 다른 남자에 대한 사랑을 시녀에게 고백하였다. 물론 그녀는 어머니와는 달리 윤리 의식을 갖추고 있어 자신의 가슴 속에 일어나는 불륜의 사랑에 대한 죄의식으로 몹시 괴로워하고 있었다. 가슴에 불륜을 품었다는 점만으로도 죽음을 생각할 정도이다. 바로 그 때 마치 운명처럼 남편의 사망 소식이 들이닥쳤다. 남편이 아직 살아 있었다면 그녀는 끝내 마음 속의 정념을 삭이거나 아니면 자살로써 정절을 지키거나 했으리라. 그러나 남편이 죽은 지금 그녀의 마음은 어떻게 움직일 것인가? 끓어오르는 정념을 활활 불태우며 사랑하는 사람에게로 달려갈 것인가, 아니면 끝내 정념을 가슴에 묻고 죄의식에 잠긴 채 남편의 뒤를 따를 것인가?

*   *   *

파이드라와 그녀의 시종이 사라진 그 자리에 이번엔 눈부시게 아름다운 청년이 나타났다. 아테네의 왕자인 히폴리토스였다. 그는 테세우스의 아들이지만 파이드라와의 사이에 낳은 자식은 아니다. 그러니까 파이드라에게는 의붓아들인 셈이다.

히폴리토스는 어려서부터 여자들은 거들떠보지도 않고 숲과 친교를 맺으며 순결한 삶을 살고 있는 청년이었다. 그는 방금 아버지가 죽었다는 소식을 전해 들은 참이었지만 표정은 그리 어둡지 않았다. 아니, 어딘가 모르게 홀가분한 분위기마저 얼굴에 감돌았다. 아니, 이 친구가 왕위를 물려받게 되니까 기분이 좋아서 이러는 것인가? 정결하고 도덕적인 청년이라더니 의외로 엉큼한 구석이 있었군 그래. 하지만 아무래도 미심쩍으니까 청년을 세워 한번 물어보기로 하자.

"이보시오, 히폴리토스. 당신은 아버님이 돌아가셨다는데 무슨 발걸음이 그리도 가볍소. 남들은 당신을 도덕의 상징처럼 떠받들고 있는데 당신의 참모습은 이런 위선자였단 말이오?"

그러자 히폴리토스가 두 손을 들어 내저었다.

"아녜요, 아닙니다. 그렇잖아도 6개월째 소식이 없는 아버님을 찾아 막 이 곳 트레젠(트로이젠)을 떠나려던 제가 아버님의 부음에 희희낙락하다뇨? 그게 아니고 저는 방금 벼르고 벼르던 사랑의 고백을 했답니다. 제가 사랑하는 여인은 제 사촌인 아리시죠. 그녀는 제 아버님과 왕위를 놓고 다투던 사람들의 누이라서 사실은 원수 집안의 사람이죠. 그래서 아버님이 계신 동안은 그녀에 대한 제 사랑을 드러내놓고 말하지 못했던 겁니다. 이제 와서 그녀에 대한 제 사랑을 더 이상 감추지 않고 고백한 게 아버님에 대한 불경이라면 불경이겠습니다만……."

아하, 그랬었구나. 목석 같은 청년 히폴리토스도 사랑을 하고 있었구나. 어쨌거나 축하할 일이다. 선남선녀가 사랑을 한다면 그걸 말리거나 감추는 사람들이 잘못이지 본인들에게야 무슨 죄가 있겠는가?

"그런데 말이죠."

히폴리토스가 정색을 하며 나의 주의를 환기시켰다.

"제 이름은 히폴리토스가 아니라 이폴리트랍니다."

그제서야 나는 달타냥의 안내에 따라 그리스 신화의 세계에 들어 왔다는 것을 상기했다. 이 곳은 17세기의 프랑스 식으로 각색된 그리스이다. 따라서 사람 이름도 지명도 프랑스 식으로 불러야 할 뿐만 아니라 사람들의 사고 방식에도 프랑스적인 것이 깃들어 있다는 점을 명심해야겠다. 그런 점에서 보자면 파이드라는 페드르로, 테세우스는 테제로 불러야 되리라. 독자 여러분을 잠시 혼란에 빠뜨린 점 사과드린다.

그 때였다. 문제의 여인 페드르가 이폴리트 앞에 나타났다. 그녀는 불륜의 사랑으로 애태우던 여인에서 모성애로 가득 찬 어머니로 돌아와 있었다. 두 사람은 양어머니와 의붓아들의 관계이지만 나이 차이는 누나와 남동생 정도였다. 페드르는 자신과 테제 왕 사이에 태어난 어린 두 자식 걱정을 늘어놓았고 이폴리트는 그녀를 안심시켰다. 그러면서 이렇게 덧붙였다.

"아직 심란해하실 때는 아닙니다. 아버님은 아직 살아 계실지도 모릅니다. 하느님이 우리들의 눈물에 응답해서 그분을 돌려보내 줄 수도 있지 않습니까?"

그러자 페드르는 고개를 가로저었다.

"저 인색한 아케론(황천강)의 뱃사공은 제 손에 잡힌 것을 놓치지 않는답니다."

그러나 이 말을 마치자마자 그녀는 화들짝 놀라면서 이폴리트를 올려다보았다.

"이런, 제가 뭐라고 말하는 건가요? 그분은 죽지 않았어요. 그분은 당신 속에 살아 있다고요!"

그녀의 얼굴이 상기되고 눈빛이 이글거렸다. 속에서 터져 나오는 말을 자신도 어떻게 할 수 없는 듯 몹시 흥분한 목소리로 말을 이어 갔다.

"나는 내 눈 앞의 그를 보고 있습니다. 그에게 말하고 있고요. 그리고 제 마음은…… 제 머리가 돌았나 봅니다. 끓어오르는 정열을 억누를 수가 없어요."

이폴리트가 자애로운 얼굴로 페드르를 내려다보았다.

"아버님에 대한 왕비님의 지극한 사랑에 참으로 감동했습니다. 테제 왕은 죽어서도 왕비님의 눈앞에 떠돌고 있군요."

그러자 페드르가 두 눈을 가늘게 뜨고 이폴리트를 노려보았다.

"제가 사랑하는 건 온갖 잡다한 여성을 농락하고 다니던 테제 왕이 아닙니다. 신실하고 오만하고 야성적이고 매력 있고 젊은, 지금 왕자님에게서 보이는 그런 모습의 테제를 저는 사랑합니다. 그는 왕자님의 풍채, 왕자님의 눈, 왕자님의 말소리를 지니고 있었죠."

페드르의 눈빛이 점점 농염하게 바뀌어갔다. 이폴리트는 고개를 갸우뚱하면서도 긴장한 낯으로 그녀의 말을 듣고 있었다. 이쯤 되면 독자는 페드르가 가슴 속에서 끄집어낼 말이 무엇인지를 어느 정도 짐작할 수 있을 것이며, 차마 그 말을 듣고 싶지 않은 심정이 될 것이다. 그러나 이미 페드르의 정념은 이성과 절제의 지배를 거부하고 있었다.

"테제가 크레타의 괴물을 처치하러 왔을 때 당신이 너무 어려서 같이 올 수 없었던 게 한이 되는군요. 당신이 왔다면 당신 같은 귀여운 사람을 위해 내가 무슨 보살핌인들 못 해드렸을까요? 페드르

연극 「페드르」의 한 장면

는 왕자님과 함께 미궁 속으로 들어갔다가 함께 길을 찾아 나왔거나 같이 죽었을 겁니다!"

아아, 의붓아들을 사랑하는 가련한 여인이여! 그래서 그대는 사경을 헤매는 번민에 빠져 있었구나. 이 일을 어찌해야 좋을꼬. 게다가 지금 당황하여 말문을 제대로 열지 못하고 있는 왕자는 이미 다른 여인을 사랑하고 있는 몸이니 …….

'하느님 맙소사'를 연발하고 있는 이폴리트 앞에서 페드르는 이미 시작한 사랑의 고백을 주저 없이 터뜨렸다. 그 고백은 차라리 활활 타오르는 불길이었다.

"페드르의 정체를, 그리고 그의 광분을 잘 알아두어라. 나는 너를 사랑한다. 이런 내가 순진하다거나 옳다거나 하는 생각은 추호도 없어. 그리고 내 이성을 혼미시키는 이 광란하는 사랑의 맹독을 내가 몰래 가꾸어온 것도 아니야. 이내 사랑은 하늘이 내리는 복수일 뿐이야. 그 복수의 불행한 표적으로서 나는 네가 나를 미워하는 것보다 한층 더 나 자신에 대해서 이를 간단다."

한 여자가 사랑하는 남자에게 그 사랑을 고백하면서도 사랑을 받아주기를 기대하기는커녕 스스로도 그 사랑을 저주해야 하는 일이 우리 시대에도 없는 것은 아니다. 그러나 우리 시대에는 그 사랑이 순수한 것이라면 최소한 사랑의 감정에 대해서만은 긍정적인 시선을 보낸다. 아니, 이미 『데카메론』에서도 돈으로 주고받는 육체 관계만 아니라면 설령 간통이리 해도 '사랑은 무죄'라고 선언한 바 있다. 지금 이폴리트에 대한 페드르의 사랑은 형식적으로는 근친상간에 해당할지라도 두 사람은 실제로는 피를 나눈 사이가 아니다. 게다가 페드르의 남편인 테제는 소문난 바람둥이로 이 여자 저 여자를 집적거리고 다니는 작자이다. 따라서 우리는 페드르가 그런 남편 이외의 남자에게 정을 느낀다고 해서 용서받지 못할 죄악으로 몰아붙일 수는 없다. 하필이면 그 남자가 의붓아들이란 점이 사태를 복잡하게 하지만 그것도 정상 참작은 할 수 있으리라고 본다.

그러나 때는 바야흐로 모든 사회 관계가 신분과 계급에 따라 단단히 굳어져 있는 절대주의 시대. 낭만적인 사고 방식은 결코 용납되지 않는 이 고전주의 시대의 산물인 페드르는 그런 자신을 운명의 조롱거리로만 생각할 뿐, 자신의 감정에 대한 한치의 항변도 엄두를 내지 못한다. 스스로에게도 용납되지 않는 사랑 고백을 끝낸 이 가련한 여인은 수치심과 절망감에 사로잡혀 이렇게 부르짖었다.

"찔러라! 이 심장이 칼로 찌를 값어치도 없다고 생각한다면, 너무나 더러운 피로 네 손이 더럽혀지는 것이 싫다면, 네 손 대신에 네 칼을 빌려라. 이리 내라!"

그러면서 페드르는 망연자실한 이폴리트의 칼을 빼앗아 들었다. 그러자 그녀의 충실한 시종, 어려서부터 그녀의 유모 노릇을 하며 그녀를 보살펴온 외논이 그녀를 말리며 이폴리트에게서 떨어진 곳으로 데려갔다. 그들 뒤에는 불쌍한 청년, 자신의 순수한 사랑을 고백한 흥분이 가시기도 전에 생각해 보지도 않았고 생각할 수도 없었던 사랑 고백을 들어야 했던 우리의 이폴리트만이 멍한 얼굴로 남아 있었다.

*　　　　*　　　　*

모든 일은 테제가 죽었다는 소식 때문에 빚어졌다. 테제만 살아 있었어도 페드르의 가슴 속에 묻혀 있었을 사랑이 이제 그 불륜의 상대에게 알려지고 말았다. 이폴리트도 아버지가 죽었다는 보고 때문에 사촌인 아리시에게 사랑을 고백했다. 물론 아름다운 처녀 아리시는 고맙게도 이 구애를 받아들였다.

그런데 두 사랑 고백이 있던 바로 이 날 테제가 살아 돌아왔다. 그가 죽었다는 보고가 들어온 것도, 죽었다던 사람이 돌아온 것도 모두 같은 날 일어난 일이었다. 작은 마을 트레젠이 들썩거렸다. 누구보다도 페드르의 마음 속이 심하게 요동쳤다. 그녀는 후회와 공포 속에 혼자말로 중얼거렸다.

"오늘 아침이었으면 나의 죽음은 정당한 눈물로 대접받았을 것을. 이폴리트가 입을 다물고 있다 해도 소용이 없어. 남편에 대한 나의 배신 행위는 누구보다도 내가 잘 알고 있지 않은가? 죽음은 불행한 자들에게는 결코 공포심을 불러일으키지 않아. 그저 내 뒤에 남겨질 평판만이 두려울 따름이지. 나의 가련한 아이들에게 얼마나 끔찍스런 유산인지 ……."

그리고 그녀는 6개월 만에 대면하는 테제 앞에 우울한 얼굴로 나아가 이렇게 울먹였다.

"대왕님은 모욕당했사옵니다. 시기하는 운명의 신은 대왕님의 부재 중에 이 몸을 온전히 두지 않았사옵니다. 저는 이제 제 몸을 감출 일밖에 생각할 길이 없사옵니다."

페드르가 이렇듯 수수께끼 같은 말을 던지고 물러가자, 테제는 한편으로 불쾌하면서도 한편으로는 야릇한 의혹에 사로잡혔다. 그 때, 이번에는 늠름한 아들 이폴리트가 역시 잔뜩 찌푸린 얼굴로 나타나 퉁명스럽게 한마디 던지고 나갔다.

"페드르 왕비가 살고 있는 곳에서 영원히 떠나도록 허락하소서."

6개월 만에 무사 귀환한 군왕 테제는 답답하기 이를 데 없었다. 자신이 가장 그리워했고 또 자신을 가장 반가이 맞아줄 줄 알았던 아내와 아들이 알 수 없는 말을 하며 자신의 가슴 속에 검은 의혹만 던지고 황급히 물러가다니 ……. 그는 안절부절못하며 옥좌에 앉아 이 생각 저 생각 하다가 자리를 박차고 일어났다.

"도대체 왕비에게 모욕을 안겨준 놈이 어느 놈이냐? 또 왕비를 경멸하는 듯한 왕자의 말은 무엇이냐? 오, 이 답답한 의념을 간직하고 있기란 정말 고통스럽도다."

바로 그 때 테제 앞에 은밀히 나타나 모든 의혹을 말끔히 씻어준 사람은 페드르의 유모 외논이었다. 그녀가 하는 말을 들어보자.

"왕자의 살인적인 폭력은 왕비님 눈 속의 순진한 광휘조차 소멸시켜 가고 있었사옵니다. 그자가 팔을 쳐드는 것을 제 눈으로 보았사와요. 저는 달려가서 왕비님을 위기에서 구해 드렸사옵니다."

테제가 두 팔을 부르르 떨며 노호했다.

"어쩐지 그 놈의 쾌활하지 못한 꼴이 놀랍더라니. 녀석의 냉랭한 포옹을 받으니까 내 애정이 그만 싸늘하게 식어버리더군."

아뿔싸, 이게 어찌된 노릇인가? 외논은 주인 마님인 페드르를 위하여 선수를 친 것이다. 이폴리트가 사실을 말할까 봐 미리 테제에게 와서 마치 이폴리트가 페드르를 범하려 했던 것처럼 거짓 폭로를 했던 것이다.

테제는 진실을 더 알아볼 생각도 하지 않고 이폴리트를 불러 추방령을 내렸다. 인격자 이폴리트는 이런 궁지에 몰리면서도 페드르가 자신에게 했던 고백을 일러바치지는 않았다. 그는 단지 논리적으로 자신을 변호하려고만 했을 뿐이다.

"미덕에서와 마찬가지로 죄에도 단계라는 것이 있고, 커다란 죄 앞에는 반드시 작은 죄가 범해지게 마련입니다. 단 하루 만에 이폴리트라는 도덕적 인간이 배신적 살인범이나, 근친상간범이 될 수는 없는 일입니다. 제가 가혹할 정도로 도덕성을 연마한 것은 만천하가 다 아는 일 아닙니까?"

그러나 아들 녀석이 아내를 겁간하려 했다는 말을 듣고 반쯤 미쳐 버린 테제의 귀에는 이 조리 있는 말도 한갓 교활한 변명에 불과했다. 이폴리트는 자신이 참으로 사랑하는 것은 아리시라고 강변했지만 그것도 테제에게는 큰 죄를 모면하려고 작은 죄를 자청하는 데 불과했다.

"나는 바다의 신 넵투누스에게 너의 처벌을 갈구하노라."

비탄에 잠긴 이폴리트가 떠나자 페드르가 왔다. 그녀는 외논에게 사태의 전말을 전해 듣고 이 경솔한 유모를 크게 나무란 참이었다. 그녀는 이번에야말로 진실을 밝히고 자신의 죄악이 더 큰 파국을 불러일으키지 않도록 결단을 내려야 한다고 판단했다. 자칫하면 자신 때문에 죄 없는 이폴리트가 죽고 테제마저 크나큰 절망감 속에 빠지게 될 참이었다.

그렇게 단단히 마음먹고 모든 걸 체념한 페드르를 맞이한 테제는 이렇게 말했다.

"글쎄 그 교활한 녀석이 이럽디다. 자신의 마음을 차지하고 있는 건 당신이 아니라 아리시라고. 의뭉스러운 놈 같으니라고, 궁지에 몰리니까 그걸 변명이랍시고 꺼내놓고 말이지 ……."

이 말을 듣고 페드르는 그냥 되돌아섰다. 진실을 밝히려는 그녀의 말문을 틀어막은 것이 무엇이었는지는 여러분이 더 잘 알 것이다. 지금까지 페드르는 다른 사람들과 마찬가지로 이폴리트가 사랑이란 감정을 경멸하고 그저 자연과 벗하며 도를 닦는 청년이라고 생각해 왔다. 그러나 지금 이 순간 그녀가 확인한 것은 이폴리트도 사랑을 느낄 줄 안다는 사실이었다. 그런데 그 사랑은 결코 페드르의 것이 될 수 없었다. 젊고 아름답고 밝은 세상을 누릴 자유와 권리를 아직도 한 아름 지니고 있는 처녀 아리시가 그 사랑의 대상이었다. 페드르는 지금까지는 그녀의 가슴 속 어디에도 찾아들지 않았던 질투의 습격을 받고 그 어느 때보다 괴로워했다. 이 무시무시한 괴물, '질투'는 다시 한 번 페드르의 이성을 마비시키면서 마침내 사태를 파국으로 몰고 가는 괴력을 발휘하고 말았다.

이폴리트는 테제의 저주대로 바다의 신이 보낸 끔찍한 괴물의 습격을 받고 짧은 생애를 억울하게 마감했다. 페드르의 유모 외논은 오직 페드르를 위해 만들어낸 거짓말 때문에 페드르로부터 질책을 받자 그만 스스로 목숨을 끊고 말았다. 뒤늦게 아리시로부터 진실을 전해 들은 테제는 비탄에 잠긴 채 이렇게 울부짖었다.

"나는 신들이 내게 베풀어주는 심려까지도 증오하오. 이제는 더 이상 쓸모 없는 기도로 신들을 괴롭힐 것도 없이 사람 죽이는 그들의 잘난 은총을 받고 떠나가서 울겠소. 신들이 나를 위해서 무슨 일을 해주건, 신들의 잔학한 선심은 그들이 내게서 빼앗아 간 것을 보상할 수는 없을 것이오."

이렇듯 신을 저주하는 테제의 앞에 나타난 것은 이제 한 마리의 흉측한 괴물과도 같은 존재가 되어버린 페드르였다.

"모든 죄는 제게 있답니다. 이폴리트에게 추파를 던진 건 접니다. 신께서 제 품 속에 죽음의 불을 지르신 거죠. 그 다음엔 유모 외논이 모든 일을 이끌었고요. 나는 마녀 메데(메데이아)가 아테네에 가져온 독약을 구해서 내 불타는 혈관 속에 부었어요. 죽음은 나의 눈에서 빛을 빼앗아 가고 이 눈이 더럽히고 있던 햇빛에게 티 하나 없는 깨끗함을 돌려드릴 겁니다."

*　　　　　*　　　　　*

나는 우레와 같은 박수 소리에 놀라 정신을 차렸다. 코메디 프랑세즈 무대의 막이 내리고 40대 초반의 한 신사가 박수 갈채를 받으며 연단에 오르고 있었다. 콧수염을 멋지게 기른 달타냥도 내 옆에 앉아서 환호하고 있었다. 지금까지 나는 코메디 프랑세즈 개관 기념으로 상연되고 있던 라신의 연극 「페드르」를 감상하고 있었던 모양이다.

"저 사람이 라신이야."

달타냥이 즐겁게 웃으면서 일러주었다. 말쑥한 연미복 차림의 라신이 신사 숙녀들의 환호에 거듭 감사를 표하고 난 뒤 박수 소리가 잦아들자 바리톤의 중후한 목소리로 입을 열었다.

"실제로 페드르는 완전 유죄도 완전 무죄도 아닙니다. 그녀는 자기 운명과 신들의 노여움에 의해 뜻밖에도 정념의 포로가 된 것이며 누구보다도 그녀 자신이 이 정념에 대해 추악함을 느끼고 있습니다. 그녀가 이것을 극복하기 위해 온갖 노력을 기울이는 걸 보셨을 겁니다. 심지어는 그 감정을 고백해야 한다면 차라리 죽는 쪽이 낫다고 생각하고 있습니다. 그리고 이 정념을 고백하지 않으면 안 되었을 때의 그 혼란스런 말투를 보십시오. 그녀의 죄는 자신의 의지에서 오는 것이라기보다는 오히려 신들이 내리는 형벌입니다."

라신은 잠시 말을 끊고 2층 귀빈석의 한 구석에 시선을 주면서 한쪽 눈을 찡긋했다. 내가 그 쪽을 바라보자 검은 법복을 입은 노신사가 팔을 들어 라신의 인사에 답을 표했다.

"누굽니까?" 하고 내가 묻자 달타냥은 어깨를 으쓱한 뒤 대답했다.

"글쎄, 아라미스가 잘 알 텐데…… 니콜이라고 하던가? 하여간 포르루아이알 수도원의 이름난 신부님일세. 장세니스트지. 라신 자신이 본래 포르루아이알 수도원에서 도를 닦던 사람이거든. 한동안 그 수도원과 결별하고 극작에 몰두했는데 요즘엔 다시 들어갔다지 아마……."

나는 달타냥을 좀더 닦달하여 포르루아이알 수도원과 장세니스트라는 것에 대해 몇 가지를 더 알아냈다. 장세니스트란 16세기의 신학자 얀센의 신학 이론을 추구하는 가톨릭 일파를 가리키는 프랑스

태양왕 루이 14세

말이고, 포르루아이알 수도원은 바로 그 얀센주의자들의 본거지이
다. 얀센주의란 한마디로 말해서 아무리 선한 인간이라고 해도 신의
은총을 받지 못하면 구제되지 못한다는 운명론적 신학이다. 신의 은
총을 받을 수 있는 인간은 이미 정해져 있다는 점에서 청교도의 사
상적 기반인 칼뱅주의와도 통하는 바가 있다.

"그러면 이 연극에도 장세니슴(얀센주의)이 영향을 주었겠군요?"

"나야 잘 모르지. 그렇다고도 하고 아니라고도 하고……. 아라미
스 녀석이 뭐라고 하더라. 응, 페드르란 여자가 근본은 착한데 자꾸
자신의 감정에 휩쓸리면서 죄악에 빠지는 걸 보면 그녀야말로 선한

인간이면서 신의 은총을 받지 못한 불행한 사람이라는 거야. 그런 점에서 보면 장세니슴이라고 할 수 있겠지.”

“흥!” 하고 나는 큰 소리로 코웃음을 쳤다.

“그건 청교도 사상과 비슷하면서도 대단히 다르군요. 청교도들도 인간의 운명은 미리 정해져 있다고 믿어요. 그런데 바로 그 때문에 청교도들은 스스로 구원받을 사람임을 입증하려고 한층 선행을 쌓고 목표를 향해 분투하는 진취적인 기상을 발휘하죠. 그런데 이게 뭡니까? 이 연극대로라면 한번 정해진 운명은 어쩔 수 없다며 체념하는 쪽으로 사람들의 정신을 몰고 가는 것 아닙니까?”

달타냥이 고개를 가로저었다.

“하지만 우리 프랑스에는 신의 위임을 받아 그런 죄악이 파국을 이끌어내는 걸 막을 수 있는 존재가 있지.”

그게 뭐냐고 물으려 할 때 라신의 인사말이 끝났다. 사람들이 일어나 2층을 바라보며 박수를 쳤으므로 우리노 따라 일어나야 했다. 위엄을 있는 대로 갖춘 루이 14세가 퇴장하면서 사람들에게 손을 들어 보이고 있었다. 그 옆에 중상주의 정책을 밀어붙여 부유한 나라를 일군 재상 콜베르가 보이고, 다른 쪽 옆에는 왕권신수설을 주장하여 절대 왕정의 이론적 기반을 제공한 보쉬에가 보였다.

“바로 저 사람이지” 하고 달타냥이 씩 웃으며 내게 말했다. 물론 루이 14세를 가리키며 한 말이었다.

“연극에서는 공동체의 중심인 테제가 자리를 비운 사이에 모든 비극의 싹이 잉태되지 않는가? 하지만 신의 위임을 받아 공동체의 이성을 대표하는 왕이 그 자리에 있었다면 설령 페드르가 죄의 싹을 안고 있었다 해도 그게 그토록 크나큰 참화를 몰고 왔겠는가? 무릇 페드르와 같은 개인에게서뿐만 아니라 사회 각 부문에서 싹틀 수 있는 감정과 격렬한 충돌을 이성적으로 제어하는 기구는 반드시 필요한 것이네. 신으로부터 위임받은 절대 왕권이 바로 그거지."

그는 나에게 한 방 먹였다는 듯이 기분 좋은 표정이 되어 극장을 나섰다. 그의 뒤를 따르면서 나는 약간의 두통을 느꼈다. 오, 프랑스여. 루터의 독일이 신의 이름으로 인간 해방을 외치고 나섰을 때 그대는 라블레의 수도원에 틀어박혀서 세련된 문화 생활을 즐기고 있었다. 그리고 지금, 영국의 청교도들이 다시 한 번 신의 이름으로 인간 해방을 외치고 나선 17세기에 그대는 그리스 신화의 닫힌 세계 속에 인간의 이성을 가두어두고 절대 왕정의 이름으로 그것을 조롱하려 하는구나. 문화적으로는 오히려 독일과 영국을 앞선 프랑스 인이 참된 인간 해방을 위해 일어설 그 날은 언제 어떻게 다가올 것인가?

 ## 역사적 배경에 관한 노트

16세기에는 독일에서, 17세기에는 영국에서 프로테스탄트가 승리를 거두었다. 그러나 프랑스에서는 의연히 가톨릭이 전권을 장악하고 있었고, 영국과는 달리 프랑스의 절대 왕정은 가톨릭에 주된 지지 기반을 두고 있었다. 프랑스 절대 왕정의 기초를 닦은 사람이 소설 『삼총사』에서 악의 화신처럼 등장하는 리슐리외 추기경이다. 그는 성직자 대표로 삼부회에 출석하였다가 두각을 나타내어 루이 13세(재위 1601~1643)에 의해 재상으로 발탁된 사람이었다. 그는 귀족 세력을 억누르고 왕권을 강화함으로써 국력을 한데 모아 유럽에서 프랑스의 지위를 끌어올리는 데 정책의 역점을 두었다. 이러한 절대

주의 정책을 추진하는 과정에서 프랑스 교회(갈리아 교회)는 비록 가톨릭의 틀 안에는 머물러 있었지만 로마 교황 중심주의에서 벗어나 프랑스 교회의 독자성을 주장하였다.

중앙 집권적 절대 왕정은 프랑스의 루이 14세(재위 1643~1715) 시대에 그 절정을 맞았다. "짐은 곧 국가"라는 루이 14세의 선언은 르네상스 이래 발전해 온 군주 주권의 정점을 이루는 말이다. 그는 재상 콜베르를 등용하여 중상주의 정책을 펴는 한편, '왕권신수설'을 주창한 보쉬에를 중용하여 교회와 국가의 통일을 한층 강화하였다. 한동안 신앙의 자유를 인정받았던 신교도(위그노)들은 국가의 이데올로기적 통일 과정에서 탄압을 받게 되었으며 대부분이 국외로 망명하였다.

루이 14세의 전횡에 항거한 세력은 소위 제3신분으로 불리는 법복 귀족이었다. 그들은 평민 출신으로 고등 법원의 구성원이 된 사람들이며 17세기부터 세습성을 획득하였으므로 법복 귀족이라는 칭호를 얻게 되었다. 그들은 국왕의 보조금으로 살아가는 처지라 왕권 자체를 반대하지는 않았지만, 평민 출신으로서 받는 신분상의 불이익 때문에 사회 정의를 갈구하였다. 이 세력의 사상적 무기가 되었던 것이 바로 얀센주의(장세니슴)였다.

얀센주의자들은 가톨릭 내에 머물렀지만 청교도처럼 예정설을 주장하여 교황청과 예수회로부터 배격당했다. 그러나 그들은 청교도와는 달리 절대 왕정에 타협적이었다. 다만 루이 14세가 저지른 것과 같은 왕권의 전횡만을 제한하려 했을 뿐이다. 그들의 지향점은 청교도 혁명이 추구한 민주 공화국이 아니라 명예 혁명(1688)의 귀결인 입헌군주제 같은 것이었다.

그러나 루이 14세가 국가 이성의 유일한 대변자로 확고하게 자리잡은 이래 루이 15세, 루이 16세로 내려가면서 프랑스 절대 왕정은 전횡에 전횡을 거듭했다. 법복 귀족은 점차 왕권에 대항하는 세력으로서의 권위를 잃어갔고, 그 자리에 신흥 부르주아들과 하층민이 들어섰다. 그리고 얀센주의의 자리에는 계몽주의가 들어앉았다. 프랑스 혁명이 다가오고 있었던 것이다.

출전(出典)에 관한 노트

1677년 초연된 「페드르」는 라신의 최후·최대의 고전주의 비극이다. 프랑스 절대주의는 리슐리외의 지휘 아래 아카데미 프랑세즈를 설립하여 고대 그리스 문예에 기초한 문예 이론을 만들어냈다. 이른바 시간, 장소, 사건의 일치라는 3일치 법칙은 이 때 등장한 것이고, 「페드르」는 그 공식을 한치의 어김도 없이 준수한 유일의 비극으로 꼽힌다.

「페드르」는 라신의 다른 비극이 다 그렇듯 그리스 비극에서 소재를 빌려온 것이다. 원작인 에우리피데스의 「히폴리토스」는 사랑의 여신 비너스의 농간에 휘말려 쓰러져가는 이폴리트(히폴리토스)에 초점을 맞추고 있다. 「히폴리토스」가 주체할 수 없는 인간의 감정을 비극의 중심에 올린 반면 「페드르」는 '정념의 기하학'이라고 불릴 만큼 냉정하게 한 여인의 감정의 추이를 관찰·해석하고 있다. 페드르라는 여인이 스스로는 어쩔 수 없는 감정의 변화에 따라 파멸해가는 과정을 이성에 의해 법칙적으로 파악하는 것이 이 비극의 의도라고 할 수 있다. 그것은 현실의 다양한 변화를 국가 이성에 의해 통제할 수 있다는 절대주의 이념과 맥이 통하는 일이다.

  그러나 주인공의 심리 변화를 현실적인 토대에서가 아닌 신비적인 신화의 힘을 빌려 추적하는 이 작품처럼 인간 생활을 일률적으로 규제하려 한 절대주의 또한 신비주의의 멍에를 벗어나지 못했다.

3부
새로운 유럽을 향하여

18세기의 유럽을 거니는 건 이전의 어느 시대보다도 낯설지 않은 일이다. 그러한 상대적인 친근함은 가장 먼저 귀로 다가온다. 당신이 알고 있는 가장 오래 된 서양의 음악가가 누구인가? 아마 음악의 아버지라고 불리며 마치 이 사람 이전에는 음악이란 게 없기라도 했던 것처럼 이야기되는 작곡가 요한 제바스티안 바흐를 꼽을 것이다. 설마 이 사람을 고대 그리스에서 활약하던 작곡가라고 추측하는 분은 없으리라. 바흐와 더불어 음악사의 첫머리를 장식하는 또한 사람을 꼽으라면 음악의 어머니라고 불리는 게오르크 프리드리히 헨델이 있다. 이 두 사람이 활동한 시대가 바로 18세기이다.

그러니까 우리가 평소에 레코드 판이나 콤팩트 디스크로 접할 수 있는 서양 문명이란 기껏해야 200년 남짓 이상으로 거슬러 올라가지 않는다는 이야기이다. 말이야 고대 그리스 신화의 시대에 음악의 여신인 뮤즈(무사)가 있었고, 아폴론과 마르시아스가 하프 실력을 겨루었다고 하지만 오늘날 누가 그들의 음악을 들어본 사람이 있는가? 기껏 오래 된 음악이라고 해야 교회의 찬송가들 속에 남아 있을, 중세의 이름 없는 음유 시인들이 남긴 구전 가락 정도일 것이다.

나는 지금 이렇듯 우리 귀에 익숙한 가장 오랜 서양 문명의 세기를 거닐고 있다. 봉건 절대주의의 전형이라고 하는 프로이센 왕국으로 가면 평균율을 완성한 바흐의 〈브란덴부르크 협주곡〉이 이 나라의 영광을 찬미하며 웅장하게 울려 퍼지고 있다. 두 차례의 시민 혁명을 치른 뒤 산업 혁명에 시동을 걸고 있는 영국으로 가면 헨델의 〈메시아〉가 구주 그리스도의 영광을 찬미하며 장엄하게 울려 퍼지고 있다.

그 음악들이 우리 귀에 익숙한 것처럼 18세기의 유럽 사회는 우리에게 참으로 친근한 면모들을 보여주고 있다. 페드르처럼 신과 이성의 이름으로 자신의 감정을 부당하게 억압하는 인간상은 이미 낡은 것이 되어버렸다. 아베 프레보의 소설 속에서 마농 레스코는 과감한 연애 행각을 통해 인간의 진실한 감정을 해방시켰다. 사상적인 측면에서는 신의 계시와 대비되는 '계몽'이 이 시대의 화두가 되었다. 신에 기대지 않고 인간 자신의 지성을 최대로 발휘하여 세계에 대한 앎을 얻는다는 것이 계몽의 모토였다. 신을 빙자하여 인간 위에 군림하던 프랑스 절대 왕정은 민주적인 입헌 군주국 영국과의 경쟁에서 일패도지(一敗塗地)에 빠졌다. 독일(프로이센)에선 계몽 군주라는 세련된 형식의 절대 군주 프리드리히 2세가 등장하였다.

이러한 18세기의 유럽에서 내가 계몽의 세례를 흠뻑 받은 두 사나이 캉디드와 에밀을 만난 것은 기나긴 서양 지성사 순례의 여로에서 가장 축복받은 사건이었다.

루터나 칼뱅이 기독교 정신에 입각하여 인간 해방의 기치를 높이들던 시대, 르네상스 휴머니즘이 라블레 같은 지식인의 머릿속에만 갇혀 있던 시대는 계몽주의를 맞아 막을 내리게 된다. 이것은 유럽 인이 최초로 자기 머리로 행한 자기 비판이며 '세번째 유럽'의 탄생이었다.

What a Wonderful World!
볼테르, 『캉디드』

......

I see skies of blue

And clouds of white

The light blessed days

The dark sacred nights

And I think to myself

What a wonderful world

......

(…… 하늘은 푸르고

구름은 희네

낮은 빛의 축복을 받고

밤은 어둠의 세례를 받으니

나는 홀로 생각하네

이 얼마나 멋진 세상인가……)

지금 내가 흥얼거리고 있는 노래는 루이 암스트롱의 걸쭉한 음성에 실려 영화「굿모닝 베트남」의 영상 위를 흐르던 '멋진 세상(What a Wonderful World)'이다. 18세기의 유럽으로 갔다면서, 바흐와 헨델의 음악들이 이 거리 저 거리에서 울려 퍼지는 걸 들었노라면서 난데없이 웬 베트남이고 팝송이냐고? 짧은 견문으로 서구 문화를 조금이라도 더 알고자 한다면 진지한 자세로 바흐의 음악이나 파고들라고 닦달하시는 분이 계시다면 제발 조금만 참아주시기 바란다.

내가 지금 와 있는 곳은 유럽 땅이 아니다. 그렇다고 베트남도 아니다. 나는 캉디드라는 청년을 수소문하다가 유럽 대륙과 남미 대륙을 헤맨 뒤 가까스로 그가 머물고 있는 콘스탄티노플 교외의 한 작은 시골 농가까지 찾아왔다. 아는 분들은 알겠지만 콘스탄티노플은 동로마 제국 천 년의 고도(古都)이다. 여러분이 세계 지도를 펴놓고 보면 아마도 터키의 수도 이스탄불로 표기되어 있을 것이다.

내가 루이 암스트롱의 음성을 떠올리게 된 것은 이 곳에서 팡글로스 박사를 만났기 때문이다. 그는 참 재미있는 사람이다. 그가 캉디드와 더불어, 또는 캉디드와 헤어져서 겪은 수난은 이루 다 헤아릴 수 없을 정도이다. 그런 산전수전을 겪고도 박사는 여전히 세계에 대해 낙관적 견해를 견지하고 있다. 그의 견해는 간단하다.

"이 세계야말로 있을 수 있는 그 어떤 세계보다도 훌륭한 최선의 세계이다!"

혹자는 독일의 유명한 낙관주의 철학자 라이프니츠가 이 말을 했다고 하는데, 우리는 지금 철학사에 대해 논하고 있는 게 아니므로 그의 이름은 접어두자. 하여간 팡글로스 박사의 지론은 루이 암스트롱의 노래 가사와 통한다. 박사는 이 세계에 존재하는 모든 것이 원인과 결과의 사슬에 따라 조리 정연하게 운동하고 있으며, 어느 것

하나 아름다운 세상을 만드는 데 봉사하지 않는 것이 없다고 주장해 왔다. 그야말로 루이 암스트롱이 노래하는 멋진 세상이다.

그러나 내가 암스트롱의 목소리를 떠올린 것은 그 노래 가사가 팡글로스 박사의 주장과 비슷해서가 아니다. 마치 박사의 소신을 비웃기라도 하는 듯한 그의 비참한 세상 체험, 그것이야말로 'What a wonderful world'를 흥얼거리게 한 진짜 이유이다. 영화 「굿모닝 베트남」에서 이 노래가 흐를 때 어떤 장면이 전개되고 있었던가를 생각해 보라. 폭격기가 날아와 평화로운 베트남 마을에 폭탄을 투하한다. 집이 부서지고 사람들이 튀어 오른다. 아비규환 속에 이리 뛰고 저리 뛰는 사람들. 현실은 오히려 이토록 '참혹한 세상'이기에 루이 암스트롱의 역설적인 노래는 더더욱 진한 메시지를 담고 관객의 가슴을 파고들었다.

그런데 루이 암스트롱의 노래에 보면 그에게 핀잔을 주는 젊은 친구들이 등장한다.

"도처에서 일어나는 전쟁을 어떻게 생각하시나요? 이게 멋진 세상이라는 거요?"

지금 팡글로스 박사 앞에는 그런 젊은 친구들과 비슷하게 박사를 질책하는 남자가 앉아 있다. 그의 이름은 마르탱. 역시 산전수전을 다 겪은 끝에 캉디드 일행과 합류하여 이 곳에 일시 정착한 사람으로 지독한 비관론자이다.

"인간이란 격렬한 불안 속에서가 아니면 권태로운 혼수 상태에서 살기 위해 이 세상에 태어난 것이오."

그러나 팡글로스 박사는 미련할 정도로 꿋꿋하다.

"세상엔 언제나 지독한 고통이 따르게 마련이지만, 그러나 일단 견뎌내기만 하면 모든 것이 경이로움으로 가득 차게 된다네."

팡글로스와 마르탱이 캉디드를 사이에 두고 이런 철학적 논쟁을
벌이던 어느 날, 팡글로스를 결정적으로 혼란 속에 빠뜨린 사건이
벌어졌다. 일찍이 캉디드와 팡글로스가 프랑스의 보르도에 머물 때,
팡글로스를 골탕먹이고 캉디드에게서 3천 피아스터를 받아 사라졌
던 수도사와 창녀가 있었다. 그들이 알거지가 되어 다시 캉디드를
찾아왔던 것이다.

"이런 나쁜 놈들 ……. 너희 연놈들이 어떻게 그런 짓을 우리한테
할 수 있었지? 게다가 우리에게서 받아 간 돈으로 행복하게 잘살기
는커녕 다 탕진하고 요 모양 요 꼴로 다시 돌아와? 도대체 이놈의
세상은 어떻게 돼먹은 거야!"

팡글로스는 고개를 설레설레 저으며 철학적 사색을 중단했다. 그
가 인간과 세계에 대한 배신감으로 치를 떨고 있을 때, 멀지 않은
곳에 아주 유명한 이슬람 승려가 산다는 소식을 들을 수 있었다. 캉
디드와 팡글로스, 그리고 비관론자 마르탱은 세상 사물의 이치를 이
승려에게 물어보러 갔다.

팡글로스가 승려에게 물었다.

"선생님, 도대체 인간이라는 괴상한 동물은 왜 만들어졌습니까?"

그러자 승려는 대뜸 쏘아붙였다.

"뭐가 어쨌다고? 자넨 왜 그런 일에 참견하는 겐가? 그런 게 자네
할 일인가?"

인류의 고민을 혼자 짊어진 척하는 팡글로스를 못마땅한 듯 뱁새
눈으로 노려보는 승려의 표정과, 영문을 몰라 멍하니 앉은 팡글로스
의 표정은 정말 혼자 보기 아까웠다. 배를 쥐고 웃고 싶었지만 저
괴짜 승려에게 무슨 핀잔을 받을지 몰라 참았다. 때마침 캉디드가
던진 질문이 나의 관심을 끌었으므로 웃음의 유혹은 곧 사라졌다.

"하지만 존경하는 스님. 이 지구상에는 엄청나게 지독한 악이 존재하지 않습니까?"

이 세상에 왜 악이 존재하는가에 관해 고민하는 사람들을 우리는 이미 만나본 적이 있다. 『고백』의 아우구스티누스가 그 사람이었고, 『실락원』의 밀턴이 또 한 사람이었다. 이 독실한 기독교도들은 이 세상이 절대 선인 신에 의해 창조되었으므로 기본적으로 선할 수밖에 없다고 믿었다. 오직 개별적인 피조물이 신의 뜻에서 벗어나 악에 물들 수 있으며, 신은 그러한 악에 대해서는 은총을 거둔다고 그들은 주장하였다. 이제 기독교도가 아닌 우리의 고명하신 이슬람 승려께서는 그 문제에 어떤 답을 줄 것인가? 그는 퉁명스러운 태도를 견지하며 이렇게 내뱉었다.

"세상에 악이 있건 선이 있건 그게 나하고 무슨 상관이라고 이 야단들이야? 지존이신 마호메트께서 배를 타고 이집트로 가실 때, 그 배 안에 있는 쥐 몇 마리가 편안한지 편하지 않은시가 지존의 골치를 썩일 성싶은가?"

*　　　　*　　　　*

자, 이제 우리는 신이 자신의 목적지로 몰고 가는 배 안에 탄 한 마리의 가여운 쥐새끼 이야기를 들어볼 때다. 이슬람 고승(高僧)의 말씀에 따르면, 신은 분명한 목적을 가지고 이 세상을 몰고 가신다. 그러나 그 세상 속에서 찍찍거리며 움직이는 우리들 인간이란 존재가 선으로 기우는가 악으로 기우는가는 신의 거창한 계획에서 볼 때 골치 썩일 문젯거리가 되지 못한다.

그렇다면 스님의 이 명쾌한 설교를 듣기 전까지 우리의 주인공인 독일 출신의 새앙쥐 캉디드는 어디서 어떻게 '멋진 세상'을 요리조리 휘젓고 다니며 살아 남았을까? 내가 유럽 대륙을 뒤지고 다니면서 수소문한 것과 이 곳 콘스탄티노플에서 캉디드에게 직접 들은 것을 종합하면 다음과 같다.

그는 독일 베스트팔렌에서 툰더 텐 트롱크 남작 여동생의 사생아로 태어났다. 라이프니츠의 열광적인 추종자 팡글로스 박사는 이 때 캉디드의 스승이었다. 그는 캉디드에게 형이상학적이고 신학적인 우주관을 가르치고 이 세계야말로 존재할 수 있는 세계 가운데 최선의 세계임을 열렬히 설교하였다.

"모든 사물은 현재 되어 있는 상태 그대로이며 다르게는 절대 존재할 수 없다네. 왜냐하면 모든 것은 결과를 위해서 존재하고 또 모든 것은 더 나은 결과를 위해서 필요하기 때문이지. 잘 보게, 코는 안경을 걸치기 위해 존재하는 것이네. 그래서 우리는 이렇게 안경을 쓰고 있지 않은가?"

캉디드는 프랑스 어로 '순진함'을 뜻하는 그 이름대로 스승의 말씀을 순진하게 믿고 가슴에 새겼다. 또 지상낙원과도 같은 남작의 성 안에서는 그 말이 하나도 어김이 없는 것 같았다. 게다가 캉디드에게는 사랑하는 여인도 있었다. 그녀는 남작의 딸 퀴네공이었다. 어느 날 두 남녀는 식당 칸막이 뒤에서 만나 키스를 나누었다. 그러나 이것은 금단의 열매를 따먹는 행위였다. 식당 주변을 지나다가 캉디드와 퀴네공의 원인과 결과를 목격한 트롱크 남작은 캉디드의 엉덩이를 걸어차 성 밖으로 내쫓아 버리고 말았다. 최선으로 가득 차 있는 이 멋진 세상이 캉디드에게 선사한 첫번째 불행은 이와 같은 낙원 추방이었다.

고귀한 집안에서 추방된 캉디드는 불가리아 왕의 군대에 징발되

1755년 대지진 직전의 리스본 시가지 모습

었다가 불가리아와 아바르 사이의 전투를 틈타 탈영했다. 그는 재세
례파 교도인 제임스와 친교를 맺고, 거지가 되어버린 옛 스승 팡글
로스와도 재회하였다. 그가 팡글로스로부터 전해 들은 것은 첫사랑
인 퀴네공이 죽었다는 비극적인 소식이었다. 불가리아 병사들이 툰
더 텐 트롱크 남작의 성에 들이닥쳐 퀴네공의 가족을 몰살했다는 것
이다. 캉디드는 몹시 서글펐지만 그대로 주저앉아 있을 수는 없었
다. 세 사람은 함께 배를 타고 포르투갈의 리스본으로 향했다. 그러
나 불행은 단 한 번도 캉디드를 가만히 놓아두는 법이 없었다. 그들
이 탄 배는 포르투갈 연안에서 태풍을 만나 좌초하고 만 것이다. 제
임스는 익사하고 캉디드와 팡글로스는 해안으로 헤엄쳐 갔지만, 바
로 그 순간 리스본에서는 거대한 지진이 일어났다.

　우리는 일찍이 네로 황제가 로마 대화재의 책임을 기독교도에게 돌려 대학살극을 펼치는 장면을 목격한 바 있다. 또 일본의 관동 대지진 때 가증스런 일본의 파시스트들은 대중의 분노를 조선 사람에게 돌려 무참한 대량 살육을 유도했다. 그와 마찬가지로 리스본의 정치 지도자들과 고위 성직자들도 대지진으로 흉흉해진 민심을 되돌리기 위해 희생양을 필요로 했다. 캉디드와 팡글로스는 하필이면 지진이 일어났을 때 바다로부터 잠입해 들어온 불온 분자들로서 그러한 희생양의 대열에 합류시키기 안성맞춤이었다. 리스본의 지배자들은 두 사람을 다른 혐의자들 속으로 내동댕이쳤다가 팡글로스는 교수형에 처하고 캉디드에게는 태형을 선고하였다.

캉디드는 매맞은 상처의 아픔보다는 이 세계야말로 최선의 세계라고 가르쳐준 스승을 잃고, 그 믿음에 커다란 금이 갔다는 사실 때문에 끙끙 앓았다. 이 때 그의 앞에 구세주처럼 나타난 것은 한 노파였다. 그녀는 캉디드에게 말을 붙이고는 용기를 내서 자기를 따라오라고 했다. 캉디드는 그녀를 따라 어떤 집으로 가서 한동안 그녀의 신세를 졌다. 바로 그 때 꿈에도 그리던 첫사랑 퀴네공이 요술처럼 나타났다.

퀴네공의 말에 따르면, 그녀의 부모와 오빠는 모조리 죽었지만 퀴네공만은 불가리아 장교의 눈에 들어 목숨을 건졌다. 이 장교는 퀴네공을 석 달 간 데리고 있다가 돈이 다 떨어지자 이사카르라는 유태인에게 팔아 넘겼다. 퀴네공을 이 곳 리스본으로 데려온 사람은 이 유태인이었다. 캉디드가 노파를 따라와 묵고 있는 이 별장이야말로 유태인이 퀴네공을 모셔두고 정기적으로 찾아오는 밀회 장소였다. 퀴네공은 이 곳에서 팡글로스와 캉디드가 처형당하는 것을 보고는 노파를 시켜 캉디드를 몰래 데려오도록 했던 것이다.

그런데 이즈음 퀴네공이 주기적으로 몸을 바쳐야 하는 남자는 유태인만이 아니었다. 한 종교 재판장이 유태인을 협박하여 그녀를 공동 소유하기로 하고 교대로 이 별장을 찾고 있었다. 마침 그 날은 안식일이었고 유태인이 오게 되어 있는 날이었다. 두 연인과 노파가 저녁 식사를 마치고 잠시 쉬고 있을 때 그가 들이닥쳤다. 그는 캉디드를 보자 입에 담을 수 없는 욕설을 퍼부으며 달려들었고, 베스트팔렌 출신의 단단한 사나이 캉디드는 살기 위해 그를 죽이지 않을 수 없었다. 이 예기치 않은 살인을 놓고 세 사람이 당황하고 있을 때 자정이 지나서 날이 바뀌었다. 이번엔 종교 재판장의 날이었다. 그 역시도 새벽 한 시가 넘어 승냥이처럼 퀴네공의 별장에 어슬렁어슬렁 나타났다가 캉디드의 억센 손아귀에 걸려 불귀의 객이 되고 말았다.

캉디드와 퀴네공은 스승의 호의적인 태도와는 달리 최악의 불행만을 선사한 세상에 대해 그렇게 예기치 못한 복수를 했다. 그리고 그들은 노파와 힘께 리스본을 떠나 카디스로 깄지만 그 곳에서 깅도를 당하고 말았다. 유럽 대륙에서 좌절만을 맛본 그들은 남미 대륙의 파라과이로 가서 예수회 반역도들과 싸우는 스페인 군에 가담할 희망을 품고 배에 오른다. 노파가 자신의 정체를 밝힌 것은 이 항해 중의 일이었다. 그녀는 놀랍게도 교황 우르바누스 10세의 딸로서 이탈리아 팔레스트리나의 공주였다고 한다.

그들이 아르헨티나의 부에노스아이레스에 닿자 이 곳의 총독은 퀴네공에게 첫눈에 반했다. 그는 퀴네공을 차지하려고 캉디드를 스페인에서 강도짓을 하다 도망쳐 온 악당으로 몰았다. 캉디드는 퀴네공과 노파를 뒤로 한 채 이 때부터 그의 그림자처럼 행동하게 될 하인 카캉보와 함께 도주했다. 파라과이로 간 그는 총독의 야비한 짓에 화가 나 총독의 식민 정부와 맞서 싸우는 예수회 반군 편에 가담하여 싸웠다.

그런데 이게 또 무슨 운명의 장난인가? 예수회 반군의 사령관이 알고 보니 죽었다던 퀴네공의 오빠가 아닌가? 독일 귀족의 고귀한 혈통에 대해 남다른 자부심을 지니고 있던 퀴네공의 오빠는 누이동생이 캉디드 따위의 사생아와 결혼했다는 사실을 믿으려 하지 않았다. 그들은 서로에게 격분하여 맞붙어 싸웠다. 처남이 캉디드의 일격에 쓰러지자 그가 죽은 줄로만 안 캉디드는 카캉보와 함께 다시 한 번 줄행랑을 놓았다. 그들은 얼마 가지 못해 예수회 반군과 적대 관계에 있던 인디언 부족에게 체포되지만, 카캉보가 자신들은 예수회 반군이 아니라는 것을 입증해 보인 덕분에 풀려날 수 있었다.

유럽에서뿐 아니라 남미에서도 세상은 팡글로스 선생의 가르침에 충실하려는 순진한 새앙쥐 캉디드를 사정없이 흔들어댔다. 그는 선생의 가르침을 잊지 않고 그가 체험한 전쟁과 고문, 재앙을 더 나은 결과를 위한 진통으로 이해하려 했다. 그러나 공포에 공포가 거듭되면서 선생의 권위는 캉디드의 머리와 가슴 속에서 설 자리를 잃어갔다. 현실이 너무나도 무섭고 지긋지긋해진 캉디드는 이제 그 현실을 떠나 잠시 환상의 세계로 도피하게 된다. 그 세계는 전쟁과 공포에 지친 유럽 인이 남아메리카에다 만들어놓은 아름답고 평온한 상상의 나라였다. 아마존 강 너머 어딘가에 자리잡고 있는 이 나라의 이름은 엘도라도, 스페인 어로 '황금의 땅'이었다. 캉디드는 자신의 믿음을 저버린 현실에 "아디오스(안녕)"를 고하고 카캉보와 함께 엘도라도로 발걸음을 재촉하였다.

*　　　　*　　　　*

엘도라도는 완벽한 나라였다. 이 곳은 모든 것이 조용하고 적막했다. 사람들은 아름다운 합창과도 같은 조화 속에 살고 있었다. 그들은 고통이란 말도, 빈곤이란 말도 모르고 살았으며, 유럽 인에게서 흔히 볼 수 있는 탐욕 따위도 없었다.

그럴 수밖에 없었다. 이 나라에는 진흙과 자갈처럼 땅에 널려 있는 게 황금이요 보석이었으니까. 캉디드가 땅바닥에 주저앉아 넋을 잃고 황금덩어리들을 바라보자 원주민들은 별일 다 보겠다는 듯 빙그레 웃을 뿐이었다.

이런 나라, 이런 사람들을 본 이상 캉디드는 더 이상 잔혹, 재난, 고통 따위를 보편적인 선의 필연적인 구성 요소로 받아들일 수 없었다. 엘도라도야말로 참된 최선의 세계였다. 신이 이 세상에 이해할 수 없는 악을 섞어 넣지 않았더라면 인간이 얼마나 행복하고 경건하게 살았을까를 이 나라는 잘 보여주었다.

그러니 모든 것이 민족스러운 엘도라도에도 딱 한 가지 무속하고 캉디드의 마음을 답답하게 하는 것이 있었다. 그것은 퀴네공이었다. 사랑하는 연인이 없는 세계는 아무리 완벽해도 오래 몸담고 있을 수 없었다.

엘도라도에서는 아무런 쓸모도 없는 보석 '자갈'과 황금 '모래'를 백 마리의 양에다 가득 싣고 우리의 주인공은 다시 세상 속으로 돌아왔다. 과연 엘도라도라는 환상의 세계를 벗어난 현실의 세계는 냉혹하기 이를 데 없었다. 캉디드와 카캉보는 부에노스아이레스에 당도하기도 전에 두 마리의 양과 그 등에 얹힌 보석만 빼고 모조리 강탈당하거나 잃어버리고 말았다.

캉디드는 네덜란드 상인에게 접근하여 보석을 보여주면서 부에노스아이레스로 가는 길을 안내받지만, 상인은 돈과 보석만 챙겨 줄행

랑쳤다. 빈털털이가 된 캉디드와 카캉보는 고심 끝에 헤어져서 각자 행동하기로 했다. 카캉보가 부에노스아이레스로 가서 퀴네공을 찾은 뒤 베네치아로 가서 캉디드와 만나기로 한 것이다. 캉디드는 수많은 모험을 거쳐 일단 프랑스의 보르도에 도착했다. 도중에 그는 해상 전투에 말려들었다가 침몰한 배에서 잃어버렸던 양 한 마리와 보석을 기적적으로 되찾았다. 비관론자 마르탱은 이 곳 보르도에서부터 캉디드와 동행하게 된다. 캉디드는 파리를 거쳐 베네치아로 가려고 생각했지만, 파리에서 경찰에게 체포되는 우여곡절을 겪은 끝에 네덜란드 배를 타고 영국의 포츠머스로 갔다. 그 곳에서 그는 한 영국 해군 제독이 처형당하는 잔인한 장면을 다시금 목격해야 했다.

캉디드는 포츠머스로부터 약속 장소인 베네치아로 갔지만 그토록 보고 싶어하던 퀴네공은 나타나지 않았다. 카캉보마저도 약속한 날 약속한 곳에서는 만나지 못했다가 나중에야 노예가 된 모습으로 캉디드 앞에 나타났다. 그는 퀴네공이 콘스탄티노플로 팔려 갔다는 말을 전해 주었다. 그리하여 우리의 주인공 캉디드는 유럽 땅을 다시 벗어나 지금 이 곳 콘스탄티노플로 오게 된 것이다.

그렇다면 지금 캉디드와 함께 이슬람 승려를 방문한 팡글로스 박사는 어떻게 된 것인가? 그는 분명히 포르투갈의 리스본에서 교수형을 당했다고 하지 않았던가? 죽은 팡글로스와 지금 살아 있는 팡글로스 박사는 서로 다른 사람일까? 그렇지 않다. 캉디드는 베네치아의 갤리 선을 타고 콘스탄티노플로 가던 도중에 노를 젓는 노예들 중에서 죽은 줄만 알았던 옛 스승 팡글로스와 기적과도 같은 해후를 했다. 그는 서투른 교수형 집행인이 매듭을 잘못 짓는 바람에 기적적으로 살아났다는 이야기며, 앞서 말했던 창녀와 수도사로부터 해코지를 당한 이야기 등 한 많은 수난사를 들려주었다. 뿐만이 아니다. 노 젓는 노예들 중에는 파라과이에서 예수회 반군의 두목 노릇을 하던 처남도 끼여 있었다. 캉디드는 그를 죽인 줄로만 알고 뺑소니를 쳤고, 처남도 실제로 치명상을 입었지만 운 좋게도 살아 남았던 것이다. 캉디드는 이 두 사람을 베네치아 사람들로부터 사서 해방시킨 뒤 함께 콘스탄티노플로 향했다.

일행이 콘스탄티노플에 닿자, 캉디드는 노파와 퀴네공을 주인으로부터 사고 지금 모두가 함께 살고 있는 작은 농장을 샀다. 그들은 이 곳에서 더 나은 운명을 만나기 전까지 머물기로 결정했던 것이다. 이 곳에서는 그들이 지금까지 겪은 가혹한 재난 따위는 다시 찾아오지 않았다. 그러나 그들은 아무것도 할 일이 없었다. 재앙 대신에 지루함이 그들을 괴롭히기 시작했다. 낙관론자 팡글로스 박사와

이스탄불 전경. 고대에 비잔티움으로 불렸던 이 도시는 로마 제국의 콘스탄티누스 황제가 도읍으로 삼으면서 콘스탄티노플로 개칭되었다. 그 후 동로마 제국의 수도로 군림하며 비잔틴 예술을 꽃피웠으며 동로마 제국 멸망 후에는 이슬람 세계의 중심지가 되었다.

비관론자 마르탱의 철학적인 논쟁이 벌어진 것은 바로 이 때의 일이었다.

우리는 한 마리 순진한 새앙쥐였던 캉디드의 인생 역정을 따라간 끝에 마침내 그가 늙은 쥐로 낙향해 있는 콘스탄티노플로 돌아왔다. 그리고 여기는 다시 캉디드가 팡글로스, 마르탱과 함께 찾아간 이슬람 승려의 집이다. 그가 신과 인간의 관계를 지존 마호메트와 배 안의 쥐새끼들에 비유하고는 입을 닫자 수다쟁이인 팡글로스가 감질나서 못 살겠다는 듯이 다시 물었다.

"그게 무슨 뜻인지요?"

이슬람 승려는 다시금 팡글로스를 쏘아보며 말했다.

"거, 말이 많군. 잠자코 있어줬으면 좋겠네."

팡글로스 박사는 물러나지 않았다. 그는 물러날 성격의 사람이 아니었다.

"저는 가능한 최선의 세계, 인과 관계, 악의 근원과 대자연의 섭리, 신의 예정 조화에 대해 스님과 함께 말씀을 나누고 싶습니다."

그러자 노승은 화를 버럭 내면서 우리들을 내쫓고 문을 쾅 닫아버렸다.

*   *   *

다시 한 번 노승의 말을 새겨보자. 불친절하긴 하지만 그의 말은 세상에 악이 존재하는 현상에 대해 대단히 설득력 있는 설명 같지 않은가? 팡글로스는 일찍이 자기의 낙관론을 뒷받침하기 위해 코가 안경을 위해 설계됐다는 엉터리 주장을 한 적이 있었다. 물론 코는 안경을 걸치라고 설계된 기관이 아니다. 마찬가지로 신은 인간을 위해 이 세상을 설계하지 않았다. 다시 말해 신은 하찮은 인간들의 일에 신경 쓰지 않는다. 결국, 인간은 인간의 운명을 스스로 책임지고 헤쳐 나가야 한다는 말이 된다. 불행을 당하고서 하늘에다 대고 세상을 왜 이 따위로 만들었느냐고 불평하는 건 어리석은 짓이다. 당신이 선을 만나 행복하든 악을 만나 불행하든 신은 세상을 몰고 제 갈 길을 가니까.

이슬람 승려의 말을 조금만 더 밀어붙이면 "신은 세상을 창조했지만 그 후에는 개입하지 않는다"는 주장에 근접한다. 이것이 많은 계몽주의 사상가들이 믿고 있던 이른바 이신론(理神論)이다. 캉디드는 이역만리 콘스탄티노플까지 와서 이교도의 승려로부터 계몽의 세례를 받은 셈이다.

그러나 이슬람 승려의 말을 잘 새겨 이치를 깨쳤다고 해도 문제는 남는다. 무엇을 어떻게 하며 살아야 자기 자신의 운명을 스스로 헤쳐 나갈 수 있는가 하는 것이다. 승려의 집에서 쫓겨난 세 사람은 그 문제를 곰곰이 생각하며 길을 걷고 있었다. 그 때 한 무리의 터키 사람들이 우리 곁을 스치듯 지나가며 무언가에 대해 심각한 의견을 주고받았다. 얼핏 들은 얘기로는 콘스탄티노플에서 두 사람의 고관과 승려가 목 졸려 죽은 참사가 일어났다는 것 같았다. 그 사건이 일어난 지는 몇 시간 안 된 듯한데도 이 시골까지 퍼진 걸 보면 파장이 만만치 않은 모양이었다.

우리는 농장으로 돌아가는 길에 한 오렌지 나무 그늘 아래에서 한가해 보이는 한 노인을 만났다. 호기심 많은 팡글로스 박사가 다시 나서서 노인에게 교살당한 승려의 이름을 물었다.

"모릅니다. 나는 아주 무식해서 그런 소문도 처음 듣습니다."

이 노인은 아까의 노승과는 정반대의 태도로 팡글로스에게 한 방

먹였다. 그는 말을 계속했다.

"그들 자신이 그런 죽음을 초래했겠죠. 하지만 저는 세상 일에 신경 쓰지 않습니다. 저는 그저 제가 경작한 뜰에서 수확한 과일을 팔려고 콘스탄티노플로 가는 데만 만족할 뿐입니다."

노인은 우리를 자신의 집으로 안내했다. 그의 두 아들과 두 딸은 직접 만든 아이스크림을 내놓고 질 좋은 모카 커피도 대접했다. 그리고 두 딸은 우리 머리에 향료를 발라주기까지 했다. 편안한 마음이 되어 있는 우리에게 노인이 말했다.

"제가 가진 땅은 얼마 되지 않지만 저는 우리 애들과 더불어 그 땅을 열심히 가꾸고 있답니다. 노동은 세 가지 커다란 악에서 우리를 지켜줍니다. 게으름, 비행(vice), 빈곤으로부터 말이죠."

이 말은 세 사람에게 깊은 감명을 주었다. 철학적 반대자인 팡글로스와 마르탱이 처음으로 의견의 일치를 보았다. 그들의 작은 공동체는 그 후로 이 작은 농장에 정착하여 성실하게 일하기로, 각자가 선한 의지로 맡은 바를 행하고 그로부터 만족을 찾기로 결의하였다.

"인간이 에덴 동산에 보내진 것은 일을 하기 위해서야. 즉 인간은 놀기 위해 태어난 것이 아니란 얘기지."

이것은 팡글로스의 이야기였다. 사상 처음으로 일하는 인간의 땀방울이 천한 계급의 상징에서 벗어나 그 고귀한 가치를 인정받은 순간이었다. 그들 각자는 각기 특유의 일거리를 갖고 살아가기 시작했다. 퀴네공은 훌륭한 제빵사가 되었고, 노파는 해진 내의를 꿰매는 데 일가견을 갖게 되었다. 캉디드를 배신했던 수도사는 정직하고 솜씨 좋은 목수가 되었다.

캉디드는 아주 흡족하여 이렇게 말했다.

"세상에서 가장 좋은 일은 각자의 정원을 경작하는 일이야."

인간이 신에 기대지 않고 스스로의 운명을 개척해야 한다는 것, 그리고 그 운명의 개척이란 다름이 아니라 각자가 자신의 일을 갖고 열심히 노동하는 데 있다는 것, 이것이 18세기 유럽 인 캉디드가 이슬람 세계에 와서 깨친 인생의 진리였다. 그러나 여러분이 알고 있는 것처럼 18세기 유럽은 아직 모든 사람에게 이런 삶의 조건을 마련해 주고 있지 않았다. 그렇기는커녕 캉디드의 인생 역정에서 보듯, 이기심과 탐욕에 젖은 인간들이 놀고 먹는 귀족들의 생활을 최고로 떠받들고 일하는 사람들을 멸시하고 있었으며, 신의 이름으로 인간의 정신과 육체를 억압하는 자들이 곳곳에서 부당한 권세를 누리고 있었다. 만약 캉디드가 콘스탄티노플 교외를 벗어나 유럽으로 돌아가야 한다면 그가 할 일은 과연 무엇이겠는가? 그 타락한 세계를 어떻게든 교과서적인 최선의 세계로 보려는 헛된 노력 대신 실제로 멋진 세계를 만들어내기 위한 격렬한 혁명 이외의 다른 선택이 있을 수 있었겠는가?

 **역사적 배경에 관한 노트**

18세기 프랑스 부르주아는 경제적인 이해 관계 때문에 절대주의에 찬성하는 편이었다. 중앙 집권 국가를 건설하여 봉건적인 분권주의를 극복하는 것이 시급한 과제였기 때문이다. 볼테르는 바로 이러한 신흥 계급의 입장을 가장 충실하게 대변한 사람이었다. 그는 강력한 중앙 정부가 들어서서 내정을 통제하면서 기존 상황을 개혁하도록 촉구하였다. 실제로 볼테르는 금융업에 종사하고 있던 전형적

인 신흥 자산가 계급이었다.

그러나 볼테르가 선호한 절대 군주는 이른바 계몽 군주였다. 그는 앙리 4세를 계몽 군주의 전형으로 칭송하여 「앙리아드」라는 장편시까지 썼으며, 그의 계몽주의 철학을 높이 산 프로이센의 계몽 군주 프리드리히 2세의 초빙을 받기도 했다. 그가 말하는 계몽 군주란 한마디로 합리적인 군주, 그 권위를 이성의 법정에서 심판받고 인정받은 군주를 가리킨다.

 ## 출전(出典)에 관한 노트

『캉디드』(1759)는 오웰의 『동물농장』처럼 정치 제도를 해부하기도 하고, 스위프트의 『걸리버 여행기』처럼 인간의 어리석음을 비꼬기도 한다. 그러나 『캉디드』는 인간 사회를 풍자하고 비판하는 데 머물지 않고 인간이 몸담고 있는 이 우주 전체를 시야에 넣고 살핀다. 절대 선인 신이 만들었다는 이 세상에 왜 악이 존재하는가? 그리고 그러한 세계에서 종종 불행한 운명에 처하는 인간은 이 운명을 어떻게 받아들여야 하는가? 이런 의문 속에 캉디드는 점차 낙관주의적인 스승 팡글로스의 가르침에서 벗어나 가혹한 진실을 있는 그대로 받아들이고, 신에게 의존하지 않고 자신의 운명을 스스로 헤쳐 나가는 인간상으로 거듭나게 된다. 팡글로스에 대한 캉디드의 비판은 곧 이 세상이 있을 수 있는 세계 가운데 최선이라는 독일 낙관주의 철학자 라이프니츠에 대한 볼테르(1694~1778)의 반박이다.

라이프니츠는 모든 사물이 인과의 사슬로 연결되어 있는 조화로운 우주를 묘사했다. 이렇듯 조화로운 우주에서도 악은 종종 눈에

옷을 입으면서 구
술하는 만년의 볼
테르 초상

띠지만 이러한 부분적인 악은 좀더 커다란 선으로 상쇄된다고 그는
주장했다. 물론 그러한 상쇄는 유한한 인간의 지성으로 포착할 수
없지만……

젊은 시절의 볼테르 역시 젊은 시절의 캉디드처럼 낙관론자였다.
그러나 3~4만에 달하는 인명을 희생시킨 리스본 대지진은 소설
『캉디드』에만 나오는 이야기가 아니라 볼테르의 나이 61세 때 목격
한 대참화였다. 그로 하여금 이 '멋진 세상'에 대해 회의를 품도록
만든 일대 사건이었다.

“교황이 리스본에 있었다면 모든 것은 좋다고 감히 말할 수 있었을까?”

『캉디드』는 바로 볼테르가 품었던 이 의문에 대한 해답을 찾아 그의 분신이랄 수 있는 청년 캉디드가 온 세계를 헤매고 다니는 이야기이다.

자연으로 돌아가자

루소, 『에밀』

"이해할 수가 없군요."

에밀은 내 말을 가로채더니 불쑥 그렇게 말했다. 나는 콘스탄티노플에서 파리로 가는 도중에 프랑스의 한 산골집에서 하룻밤을 신세 시게 되었다. 이 집의 주인이 바로 에밀이라는 장년의 사내였다. 나는 그의 아내 소피가 자연의 재료로 정성껏 빚어둔 포도주를 음미하며 콘스탄티노플에서 보고 들은 이야기를 풀어놓고 있었다.

"도대체 사람들은 세상에 존재하는 악을 놓고 왜 그토록 신을 의심하는지 모르겠군요."

에밀의 말을 들은 내 얼굴에는 의문 부호만 큼직하게 찍혔다. 그가 말을 이었다.

"만악의 근원은 신이 아니라 인간입니다. 신의 손으로부터 나올 때 세상 만물은 무엇이든 다 선하게 되어 있지만, 인간의 손으로만 넘어가면 뭐든지 다 못 쓰게 된답니다."

마치 고대 마케도니아의 알렉산드로스 대왕이 난마처럼 얽힌 실타래를 단칼로 내리쳐서 풀어버리듯 에밀의 결론은 일단 명쾌했다.

그리고 얼핏 듣기에도 콘스탄티노플에서 이슬람 승려에게 들었던 이야기보다 단수가 높은 진단처럼 들렸다. 이슬람 승려가 했던 말을 되새겨보자. 그는 인간이 당하는 불행이니 고통이니 고문이니 하는 악은 거대한 계획을 가진 신께서 신경 쓸 대상이 못 된다고 말했다. 따라서 인간 스스로가 자신에게 닥친 악한 운명과 맞서 이를 물리쳐야 한다. 그런데 지금 에밀의 말에 따르면, 악이란 신의 예정된 항해에서 나오는 작은 부산물 따위가 아니라 인간이 고의적으로 저지른 잘못의 소산이다. 그러니 인간은 수동적으로 악을 만나게 되어 그걸 헤치고 나가야 하는 존재라기보다는 적극적으로 악을 제조해 낸 원흉이므로 그걸 제거해야 하는 책임도 전적으로 지는 존재가 된다.

인류가 오랫동안 고민해 온 선과 악의 문제를 이처럼 단칼에 풀어버리는 사람은 천재가 아니면 황당무계한 궤변가일 터이다. 나는 대뜸 떠오른 도발적인 질문을 에밀에게 던졌다.

"이봐요, 에밀 씨. 리스본에서 일어난 지진을 예로 들어봅시다. 그 지진으로 수만 명이 죽었어요. 교황이라고 해도 리스본에 있었다면 결코 신이 창조한 선한 세상을 노래 부를 수 없었을 겁니다. 이런 재앙이 과연 인간의 잘못으로 빚어졌을까요?"

그러자 에밀은 씨익 웃었다. 때마침 앞마당 해먹에서 잠을 자고 있던 부부의 어린아이가 울면서 보채기 시작했다. 소피는 가뿐한 걸음걸이로 아이에게 다가가서 안아 들었다. 아이는 능숙한 솜씨로 엄마의 젖가슴을 파고들었고, 소피는 햇발 같은 미소를 머금고 가슴을 열어 아이에게 젖을 물렸다.

"지진으로 수만 명이 죽은 건 천재지변이 아니라 인재입니다. 사람들이 자연과 더불어 살 때처럼 시골에 흩어져서 살아보세요, 그렇게 많이 죽게 되나……. 다 사람들이 문명이랍시고 도시를 이루어

1755년 마담 초프랭의 살롱에 모인 계몽주의자들.
달랑베르, 루소, 디드로, 콩디야크 등 저명한 인사들이 보인다.

오밀소밀하게 살다가 그 꼴을 낭한 것 아닙니까?"

에밀은 약간 흥분한 듯 말꼬리를 치켜 올렸다가 아이와 엄마 쪽을 바라보고는 표정을 누그러뜨렸다. 나는 잠시 생각할 여유를 가지려고 같은 쪽을 바라보며 화제를 바꾸었다.

"모유를 먹이시는군요. 요즘 우리 나라에서도 모유가 우유보다 병에 대한 저항력을 더 많이 길러주고 정서적인 안정도 준다고 해서 모유먹이기를 적극 권장하죠."

그러자 에밀이 고개를 끄덕이며 이렇게 대꾸했다.

"자연 그대로니까요. 인간은 자연에 순응하며 살아야만 건강하고 선하게 살 수 있습니다."

또 같은 얘기로구나 하고 속으로 혀를 찰 때 에밀이 계속했다.

"우리 프랑스에서도 여자들, 특히 사교계를 주름잡는 귀부인네들 사이에 아이들에게 모유먹이기를 기피하는 풍조가 만연했어요. 그러다가 제 아버님이 자연인의 양성을 강조하며 모유먹이기를 강조하자 다소 깨인 여성들 사이에서 모유먹이기 바람이 일어났죠."

나는 이 때다 싶어 재빨리 물었다.

"아버님이 훌륭하신 분이군요. 존함이 어떻게 되시나요?"

"장 자크 루소라고 합니다."

나는 마치 모르는 사람과 대화를 나누다가 그가 대통령의 아들이라는 사실을 알았을 때처럼 긴장했다. 장 자크 루소라면 볼테르와 더불어 프랑스 계몽주의의 양대 거장 아닌가?

"그렇다면 에밀 씨, 당신의 생각은 대부분 아버님으로부터 물려받으신 건가요?"

"그렇습니다. 아버님이라고는 하지만 사실 저는 본래 고아였는데 아버님께서 어린 저를 거두어 당신의 교육 이념에 따라 키워주셨습니다. 그러니까 저 에밀은 머리끝부터 발끝까지 루소의 사상에 의해 형성되었다고 해도 과언은 아닐 겁니다."

우리는 지금 에밀이 했던 몇 마디 이야기들만으로도 루소가 어떤 방침에 따라 에밀을 키웠을지 어림짐작해 볼 수 있다. 그것은 한마디로 자연 그대로의 교육이라고 할 수 있으리라. 가급적 인위적인 제약을 가하지 않고 아이가 가지고 태어난 감성을 최대한 발달시키는, 요즘 말로 하면 감성 지수(EQ)가 풍부한 아이로 키우자는 것이었으리라. 이런 짐작을 하면서 내게는 한 가지 중요한 의문이 떠올랐다.

"그런데 말이죠. 잘 이해가 가지 않는 부분이 있군요. 당신은 만악의 근원이 인간이라면서도 인간이 자연에 순응하면 선할 수 있다고 주장합니다. 그건 인간의 본능이 악한 건 아니라는 얘기인데, 그렇다면 본래 자연 상태에서는 선했던 인간이 왜 악을 저지르게 된 겁니까?"

에밀은 특유의 짤막한 답변으로 내 말문을 막았다.

"인간이 자연 상태에서 문명 상태로 전환했기 때문입니다."

나는 술잔을 마지막으로 비우면서 문득 프로메테우스를 떠올렸다. 그는 인간이 자연의 지배에서 벗어나도록 하기 위해 가혹한 시련을 마다하지 않은 문명의 스승이다. 그런 그가 지금 이 에밀의 말을 들으면 얼마나 서러워할꼬? 인간에게 불을 주고 언어를 가르쳐주고 온갖 문명의 이기를 전해 준 문명의 아버지 프로메테우스여! 당신이 인류를 위해 치른 값진 희생이 도리어 인간을 타락의 길로 몰아넣었다고 매도하는 사람이 여기 있습니다.

이렇게 프로메테우스 생각을 하다 보니까 점점 그가 보고 싶어졌다. 나는 술기운을 빌려 에밀에게 한 가지 대담한 제안을 했다. 당신의 말에 자신이 있다면 우리 함께 프로메테우스에게로 날아가 그가 인간에게 문명을 심어준 행적의 공과를 따져보자고. 에밀은 그렇지 않아도 프로메테우스 이야기에 대해서는 지대한 관심을 가지고 있었으므로 조금도 주저할 이유가 없다며 쾌히 승낙하였다. 그리하여 우리는 카우카소스 산맥을 향해 출발했다. 내가 서양 문명 순례를 시작했던 바로 그 출발점을 향하여.

*　　　　　*　　　　　*

프로메테우스는 여전히 비바람 몰아치는 카우카소스의 바위산에 꼼짝없이 매달려 있었다. 수천 년의 세월이 흐르는 동안 그의 손발과 가슴에 박힌 대못은 신체의 일부처럼 되어버렸고, 그의 간을 빼

먹는 독수리가 하루라도 날아오지 않으면 가슴팍이 간질간질할 지
경이 되어 있었다.

"어서들 오시오, 그대 문명인들이여."

프로메테우스가 몹시 반색을 하며 우리를 맞았다. 그는 인간에게
불을 전해 준 뒤 꼬박 이 곳에만 묶여 있어 세상 돌아가는 사정에
대해 몹시 궁금한 기색이었다.

"물론 인류의 형편이 별로 나아지지 않았으리라는 짐작은 하고 있
었네. 인간이 사회적 억압의 족쇄에서 풀려났다면 난들 여기 이렇게
지겹도록 묶여 있었겠나? 그래, 제우스 녀석은 여전히 사람들 머리
위에 군림하고 있나? 나를 설득해 보겠다고 집적거리던 헤르메스
녀석 얼굴 본 지도 꽤 되었군."

에밀이 고개를 가로저었다.

"사람들은 더 이상 제우스를 신으로 받들지 않아요. 제우스처럼
자신의 운명조차 제대로 가늠하지 못하는 존재는 더 이상 똑똑해진
인간의 숭배 대상이 아니랍니다. 오늘날에는 세계를 한 손에 넣고
움직이는 전지전능한 신을 믿죠. 물론 현실적으로 존재하는 기독교
니 이슬람 교니 하는 계시 종교들은 그 신을 제각각 불완전하게 묘
사할 뿐이죠. 그러면서 저마다 자기 신이 최고라고 떠들어대는 꼴이
란……."

나는 에밀의 이야기를 들으면서 14세기 이탈리아의 어딘가에서
들었던 '데 트리부스 임포스토리부스'라는 말이 떠올랐다. 우리말
로 옮기면 '세 명의 사기꾼에 대하여'라는 뜻이 된다. 이 세 명의 사
기꾼이란 유럽에 알려진 세 종교의 창시자, 즉 모세, 예수, 마호메
트를 가리킨다. 이 세 사람은 신의 소명을 받은 게 아니라 사람들의
신앙심을 이용하여 제 잇속을 챙기려고 종교를 창시했다는 주장이

다. 그 근거로는 그들이 창시한 유태교, 기독교, 이슬람 교가 서로 뒤바뀔 수 있을 만큼 유사하다는 가설이 제시된다.

이 가설은 이슬람 세계에서 생겨나 십자군 전쟁을 통해 유럽으로 유입되었다고 한다. 이단자에 대한 단죄가 추상 같던 유럽에서 과연 누가 이런 주장을 들먹이랴 싶더니만 지금 에밀이 하고 있는 얘기가 그 얘기 아닌가?

"그러면 에밀 씨 당신은 무신론자인가요?"

나는 호기심을 가득 머금고 물었다.

"아니요, 그렇지 않아요. 물론 요즘에는 신을 부정하는 무신론자나 유물론자들도 적지 않죠. 하지만 보세요. 인간을 뺀 세상의 사물들은 대부분 자기 자신의 의지대로 움직일 수 없잖아요? 그런 사물들을 움직이는 게 무엇이겠어요? 인간의 정신과 비슷한 것을 가지고 세상 만물을 자기 의지대로 움직이는 존재가 있지 않겠어요? 제 아버님은 이러한 영적인 존재를 자연신이라고 불렀답니다."

그러한 자연신은 인간이 이성적으로 판단하면 충분히 느낄 수 있다. 따라서 기독교 같은 계시 종교에서 특정한 형태의 신을 믿으라고 하는 건 신에 대한 편견을 심는 일일 수도 있다.

"그래서 아버님께선 제가 어릴 때 종교에 관해선 아무 말씀도 하지 않으셨어요. 자기 스스로 판단할 능력이 없을 때 특정한 종교 얘기를 하면 맹목적으로 받아들인다는 거죠. 자칫 왜곡된 신을 믿느니보다는 차라리 신을 몰라서 안 믿는 사람이 더 낫다는 게 아버님 지론이었죠."

에밀의 종교관을 듣다 보니 그것은 종교관이라기보다는 그의 인간관이란 생각이 들었다. 인간에게는 이성이 있다, 종교든 뭐든 스스로의 이성으로 판단하여 확실한 것만을 믿어라. 따라서 계시 종교처럼 타율적인 믿음을 강요하는 건 에밀이 볼 때 반인간적이다.

"당신 말이 재미있군요. 그런데 당신의 자연신은 매우 좋은 신인 것 같은데 왜 사람들을 사회적 억압의 굴레에 그냥 붙들어둡니까? 제우스처럼 나쁜 신이 아직도 활동하고 다닌다면 또 모를까……."

프로메테우스가 물었다. 그러자 내가 나섰다.

"우리 에밀 씨의 말에 따르면, 신은 인간에게 선한 것만 주었는데 인간이 그걸 악용하여 스스로에게 굴레를 씌웠다고 합니다. 그리고 그 책임은 프로메테우스 당신에게 있다는 겁니다."

그러자 프로메테우스의 얼굴이 험악해지면서 에밀을 노려보았다.

"내가 오늘날 이 고초를 겪고 있는 게 다 인간을 위해서였는데 그 무슨 망발이오!"

노호하는 거인 앞에 선 에밀은 조금도 밀리는 기색이 없었다.

"그건 누구보다도 당신이 더 잘 알고 있지 않습니까? 당신 입으로 그렇게 말하지 않았던가요? '내가 인류를 위하여 고안해 낸 발명품들이 이와 같건만, 현재의 이 고통으로부터 나 자신을 구출할 아무런 지혜도 갖고 있지 않으니 이 얼마나 비참한 존재란 말인가!'라고."

그러자 거인은 잠시 숙연한 태도로 돌아갔다가 다시금 고개를 곧추세웠다.

"나 자신을 구출할 지혜, 따라서 인류를 구출할 지혜를 갖고 있지 않은 게 나의 죄는 아니지 않은가? 어쨌거나 인류를 자연의 노예 상태에서 구해 준 것만은 자부하고 있었거늘……."

프로메테우스는 분하다는 듯 몸을 부르르 떨었다. 내가 중간에 끼여들었다.

"에밀 씨는 인간이 자연을 벗어나면서 본래의 선함을 잃었다고 합니다. 물론 저는 프로메테우스 당신이 인간에게 문명을 전해 준 것 자체는 인류의 삶을 근본적으로 바꿔놓은 혁명적인 업적이라고 생각합니다. 하지만 오늘날의 인류 사회를 보면 에밀 씨가 저렇게 말하는 이유가 있을 법하니 한번 설명을 들어보는 게 어떻겠어요?"

그래서 우리는 냉정을 되찾고 에밀의 이야기를 듣기로 했다.

"저도 프로메테우스 선생을 비난할 생각은 없었습니다. 마음이 상하셨다면 용서하십시오. 제가 말하려던 것은 선생을 옭아맨 사회적 억압의 사슬은 인간이 문명 속으로 뛰어들었기 때문에 생겨났다는 점이었습니다."

나는 프로메테우스가 결박된 뒤 자기 신세를 한탄하고 있을 때 떠올렸던 루소의 말을 되새겼다. '인간은 평등하게 태어났다. 그러나 지금 인간은 도처에서 사슬에 묶여 있다'. 지금 에밀은 자기 아버지의 이 말을 해설하고 있는 것이다.

"선생도 인정하시겠지만, 자연 상태에 놓인 인간이란 동물들처럼 서로 평등했습니다. 그러나 이 인간은 다른 동물에게는 없는 하나의 속성, 즉 자기 자신을 계속 발전시키는 능력을 지니고 있었죠. 선생이 선사한 여러 가지 기술들은 이 능력에 날개를 달아준 셈입니다. 그 결과 발생한 것은 인간 전체의 발전이 아니라 소수 인간의 진보와 다수 인간의 퇴보였습니다. 인간이라는 '유(類)'는 몰락하기 시작한 겁니다."

프로메테우스는 숙연한 표정으로 고개를 끄덕이며 동의를 표시했다.

"선생이 가르쳐준 야금술과 농업은 인간을 문명으로 이끌었지만 소유의 발생과 더불어 인류를 타락으로 이끌었습니다. 그리고 마침내는 사람들 사이에 지배하는 자와 지배받는 자의 구별이 생겨났습니다. 물론 인간 사회에 지배자가 등장한 것은 사회 질서를 유지하여 인간이 획득한 자유를 지키기 위한 조치였습니다. 그러나 지배자들은 그 지위를 유지하기 위해 필연적으로 사람들을 억압하게 됩니다. 지배자들의 권력은 점점 더 불어나 인간 사이의 불평등은 날이 갈수록 커져갔습니다."

잠시 침묵이 흐르던 끝에 프로메테우스가 입을 열었다.

"문명의 역사가 인류를 죄악으로 이끈 역사라는 데는 이제 나도 동의하오. 그러나 만약 에밀 씨가 문명의 그러한 어두운 면 때문에 인간을 미개 상태로 돌려놓아야 한다고 주장하는 거라면 나는 절대 반대요. 자연이란 당신이 생각하듯 그렇게 인간에게 호의적인 존재가 아니요. 자연적인 야만 상태에서 인간은 한낱 미물에 불과할 뿐이고, 인류 전체가 평등하게 고통을 겪을 뿐일 거요."

나는 고개를 돌려 에밀을 바라보았다. 지금 프로메테우스가 역설한 이야기야말로 흔히 호사가들이 루소에게 제기하는 으뜸 가는 의문점이기 때문이었다. 에밀은 고개를 세차게 가로저었다.

"그렇지 않습니다. 제 아버님은 저를 그렇게 어리석은 놈으로 키우지 않았어요. 우리가 자연으로 돌아가야 한다는 아버님의 가르침은 결코 야만 상태로 돌아가 짐승들처럼 어슬렁거리자는 말이 아닙니다."

석양이 비끼면서 검은 그림자가 다가왔다. 독수리가 프로메테우스의 간을 노리고 나타난 것이다. 에밀이 매서운 눈빛으로 독수리를 쏘아보았다. 그 눈에 여차하면 목이라도 꺾어버리겠다는 의지가 담긴 것을 눈치챈 독수리는 맥없이 허공만 두어 번 맴돌다 휙 달아나 버렸다.

                    *   *   *

　"지금 저희 프랑스는 절대 왕정의 가렴주구가 극에 달해 있습니다. 이건 바꿔 말해서 불평등이 극에 달해 있다는 얘깁니다. 절대 왕정이라는 게 뭡니까? 한 나라의 모든 사람들이 단 한 사람, 절대 군주의 종이라는 얘기 아닙니까?"

　나는 순간적으로 에밀이 동양의 전제 군주에 대해 이야기한다는 착각을 했다. 속사정이야 어떠했든 수천 년 동안 그 형식을 유지한 동양의 전제 사회에서는 나라 전체가 하늘의 위임을 받은 군왕의 소유물로 되어 있었다. 이제 보니 유럽의 절대주의가 꼭 그런 주장을 근거로 성립됐던 것이로구나.

　"그런데 이렇게 되면 우리는 출발점으로 되돌아온 셈이 됩니다. 프로메테우스 선생이 문명을 선사하기 이전의 평등했던 상태로 무한 수렴하는 거죠. 왜냐하면 선제 군주 앞에서는 모두가 평등하기 때문입니다. 즉 모두가 똑같이 하찮은 존재입니다. 극도의 불평등이 평등의 빌미를 제공하는 겁니다."

　프로메테우스와 나는 서로 마주 보았다. 그리고 누가 먼저랄 것도 없이 입을 모아 이렇게 물었다.

　"거의 모두가 평등하다지만 한 사람의 지배자가 있지 않소?"

　에밀은 미소를 띠며 힘차게 부르짖었다.

　"그는 권력을 갖는 한에서만 지배자이며 주인입니다. 문명 사회에서 사회를 유지하기 위한 권력은 있어야 합니다. 그러나 그 권력은 다른 모든 사람과의 계약에 의해 성립합니다. 즉, 사람들은 자신들의 필요에 의해 한 사람과 계약을 맺고 그에게 권력을 준 겁니다. 만일 그가 계약을 어기면 사람들은 그를 권력에서 밀어낼 수 있습니

바스티유 습격. 1789년 7월 14일 악명 높은 바스티유 감옥을 습격한 프랑스 민중이 감옥 책임자를
체포하고 있다. 이 사건은 프랑스 혁명의 도화선이 되었다.

다. 이 권력자가 사람들에 의해 권좌에서 쫓겨난다고 해서 무슨 불평을 할 수 있을까요? '이 권력은 나에 대해 불평등해!' 이렇게 소리칠 자격이 그에게 있을까요? 자, 이리하여 불평등은 가고 다시 평등한 사회가 도래하는 겁니다. 우리는 언어가 없는 원시인의 자생적 평등으로 돌아가지 않습니다. 사회 계약이라는 좀더 높은 평등으로 나아가 억압하는 자들을 억압하게 됩니다."

나는 포효하다시피 하는 에밀의 얼굴이 그 옛날 제우스를 저주하던 프로메테우스를 닮았다고 느꼈다. 프로메테우스도 비슷한 감정을 느꼈는지 에밀을 대견스런 표정으로 내려다보았다. 날은 어둑어둑해졌지만 무언가 서광이 비치는 기분이었으리라.

"제 아버님은 인간 사회의 불평등이 어떻게 해서 생겨났는지를 깊이 생각하시고 자연 상태의 인간을 갈구하셨습니다. 그리고 방금 말한 사회 계약에 의해 움직이는 이상 국가를 구상하셨습니다. 그런 이상 국가의 시민인 자연인의 모범을 보이기 위해 친애고아를 데려다 몸소 키우신 것이 바로 저 에밀이었던 겁니다."

에밀의 말에 따르면, 그는 아직 설익은 자연인이다. 왜냐하면 그는 아직 도래하지 않은 이상 사회의 시민이었기 때문이다. 그러나 루소의 유지에 따라 사람들을 억압하는 전제 군주가 권좌를 박탈당하는 혁명은 코앞에 다가와 있었다. 아마도 에밀은 절대 왕정에 대한 프랑스 시민의 거대한 반란에 누구보다도 앞장 설 것이다. 그것만이 스스로의 존재 가치를 입증하는 길이기 때문이다. 그 다음에 실제로 어떤 사회가 도래할 것인지에 대해서는 여기서 예상하고 싶지 않다.

여기서는 다만 한 가지 뿌듯한 희망만을 프로메테우스와 함께 하고자 한다. 인간 스스로 초래한 인간의 죄악 상태를 더 이상 신에게

기대지 않고 인간의 힘으로 청산하려는 인간의 운동이 눈앞에 다가
왔다는 희망을. 나의 서양 문명 순례를 시작한 이 곳 카우카소스 산
에서, 아직은 초라하게 묶여 있는 프로메테우스와 함께.

 ## 역사적 배경에 관한 노트

프랑스 혁명의 최고 지도자였던 로베스피에르(1758~1794)는 1794
년 국민공회 연설에서 자신이 루소의 사상적 제자임을 밝혔다. 실제
로 그가 이끄는 자코뱅 당은 루소의 이념에 따라 당시로는 불가능했
던 소시민적 사회주의로까지 전진하려다 자신들의 목숨과 혁명을
함께 잃었다.

루소는 이탈리아의 마키아벨리(1469~1527)가 제기한 주권 개념을
군주 주권의 개념에서 국민 주권의 개념으로 완전히 바꾸어놓은 사
람이다. 루소의 『사회계약론』은 사회의 주인은 결코 1인 군주가 아
니라 만인, 곧 국민임을 확정한 민주주의의 성전(聖典)이다. 프랑스
혁명의 계획서라고도 할 수 있는 이 책에서 그는 '아무도 남을 노예
로 부릴 만큼 많이 소유하지 않으며 아무도 남의 노예가 될 만큼 적
게 소유하지 않는' 평등 사회를 구상하였다. 이러한 경제적 평등 위
에서 개인 상호간의 자유로운 계약에 의해 사회적, 정치적 평등이
보장되는 계약 사회는 곧 로베스피에르가 꿈꾸는 사회이기도 했다.
고대 그리스에서 누구나 남부럽지 않은 수의 노예를 소유하고 있다
는 점에서 평등한 시민들이 이룩했던 민주주의를 이제 만인에 의한
민주주의로 승화시키려 했던 셈이다.

막시밀리앙 로베스피에르. 루소
의 사상적 제자였던 로베스피에
르는 1793년부터 1년간 전권을
쥐고 공포 정치를 시행하였다.

프랑스 혁명은 루소와 볼테르가 죽은 뒤 11년 만에 개시되었다.
이 혁명이 루터나 크롬웰이 이끈 이전의 시민 혁명과 다른 점은 종
교적 명분을 전혀 내걸지 않고 구체제의 타도와 인간 해방을 외쳤다
는 것이다. 그리고 그 전개 과정도 마치 무슨 활극을 보듯 전광석화
처럼 이루어졌다. 175년 만에 소집된 삼부회에서 제3계급 대표들은
계몽 사상의 인민 주권을 내세워 국민의회를 결성하고 국왕의 해산
령에 대항하였다. 여기서 국왕과 타협이 이루어졌으면 영국의 명예
혁명처럼 입헌군주국 수립으로 마감되었을지도 모른다. 그러나 국
왕과 국민의회가 대치하는 권력 공백 상황에서 대중이 봉기하여 악
명 높은 바스티유 감옥을 습격함으로써 상황은 일변하였다. 대중은
베르사유로 진군하고, 혁명의 주도권은 점차 왕정 타파와 공화정 수

립을 주장하는 로베스피에르 등의 급진 세력에게로 넘어갔다.

비록 루소의 제자 로베스피에르가 끝내 자신의 목적을 달성하지는 못했지만 프랑스 혁명은 르네상스 이래 지식인들이 머릿속에서 구상하고 갈구해 오던 것을 거의 대부분 현실로 끄집어내서 실천에 옮겼다. 단테도, 보카치오도, 라블레도 그 속에 뛰어들어 자신들의 생각을 현실과 직접 충돌시켰다. 프랑스 혁명은 종교 개혁, 청교도 혁명과 달리 진정으로 인간의, 인간에 의한, 인간을 위한 최초의 혁명이었다.

 **출전(出典)에 관한 노트**

『에밀』은 루소(1712~1778)가 『인간불평등 기원론』에서 전개했던 자연인의 모범을 창조하려고 쓴 일종의 교육 방법론이다. 여기서 그는 자신이 꿈꾸는 이상 국가의 시민이 어떤 교육을 받고 어떤 성장 과정을 거쳐야 하는지 소상히 설명하고 있다.

그러나 본문은 『에밀』의 줄거리를 소개하고 있는 글이 아니다. 그리고 에밀과 프로메테우스의 조우도 필자의 상상일 뿐 루소의 저작에는 나오지 않는다. 본문에서는 『에밀』의 주인공을 내세워 루소의 저작 전체를 개관하고 있다. 인간이 자연 상태를 벗어남으로써 불평등을 초래했다는 에밀의 주장은 루소의 『인간불평등 기원론』에, 그리고 군주는 국민과의 계약에 의해 다스리는 것일 뿐 국가의 주권은 국민에게 있다는 혁명적인 국민 주권론은 『사회계약설』에 실려 있는 것이다.

루소는 『에밀』에서 노동을 존중하고 다른 무엇보다도 자신의 조

국을 사랑하는 자각적이고 이성적인 인간을 형성하는 것이 교육의
최고 목표라고 주장하였다. 그리고 『에밀』 제4부에는 그의 종교관
이 소상히 소개되어 있다. 그는 이신론자로서 유물론과 무신론의 반
대자였다. 그러나 최고의 이성적 존재와 영혼의 불멸성에 대한 믿음
에도 불구하고 그는 전통적인 기독교에는 명백히 비판적인 입장을
취했다. 자연신에 대한 루소의 신앙은 인간 이성에 대한 믿음, 이성
이 인간을 도덕적으로 완벽하고 아름다운 존재로 고양시킬 수 있다
는 믿음의 다른 표현이었다.

유령과 슈퍼맨
— 여행을 마치면서

캉디드와 에밀은 헬레니즘과 헤브라이즘의 전통 위에 선 유럽 사회를 이른바 이성의 잣대로 무자비하게 비판했다. 이러한 자기 비판이 다가오는 혁명을 통해 유럽의 새로운 탄생으로 이어질 것을 예감하면서 나는 발길을 돌렸다. 나의 다음 여행은 19, 20세기 서양 고전의 세계를 섭렵하면서 이 새로운 유럽 사회를 음미하는 것이 될 것이다.

그런데 에밀과 악수를 하고 18세기의 유럽을 떠나 19세기와 20세기를 주마간산격으로 스쳐지나는 길에 나는 우연히 다음과 같은 일화를 접하게 되었다. 마침 이 이야기가 다음 여행의 방향과 성격을 가늠하는 데 좋은 잣대가 될 것 같아 여기 간단히 소개해 둔다.

스스로 신처럼 되어 완벽한 미인의 상을 창조하겠다는 화가가 있었다. 그는 이 절대적인 아름다움을 창조하기 위해 10년째 폐쇄된 작업실에서 악전고투해 왔다. 그의 생각으로는 작품이 거의 완성되었으나, 무언가 알 수 없는 미진함이 그의 애를 태웠다.

어느 날 그의 제자 한 명이 자신의 애인을 데리고 이 거장을 찾는다. 자신의 애인이야말로 살아 있는 그 어떤 여인보다 아름답다고 주장하는 제자는 스승에게 한 가지 제안을 한다. 즉, 자기 애인을 작품의 완성을 위한 모델로 제공할 테니 그 작품을 자신에게 보여달라는 것이었다.

스승은 제자의 애인을 데리고 작업실로 들어갔고 제자는 밖에서 초조하게 기다렸다. 더 이상 넘을 수 없는 지고의 예술을 보려는 열망과 그 때문에 애인을 벌거벗겨 탐욕스러운 노인 앞에 세웠다는 양심의 가책 사이에서 번민하기를 몇 시간. 제자는 안에서 벌어질 수 있는 온갖 장면을 상상하며 괴로워하다가 마침내 참지 못하고 작업실 문을 박차고 들어갔다.

아아, 그는 무엇을 보았던가? 스승은 육감이 넘치는 젊은 여체는 거들떠보지도 않고 자신의 그림만 애무하고 있었다. 현실의 그 무엇도 이 그림 속의 여인보다 아름다울 수는 없다고 노회한 화가는 절규했다. 그러나 제자의 눈앞에 나타난 이 필생의 역작에는 꾸불꾸불한 선과 얼룩이 이해할 수 없게 뒤엉켜 있을 뿐이었다. 세월이 흐르는 동안 스승은 그것을 덧칠해 그렸고, 다시 그 위에 개칠을 했다. 간신히 알아볼 수 있는 것은 여인의 다리뿐이었는데, 그 다리의 아름다움만은 눈을 아찔하게 하는 것이었다.

이튿날 스승은 자신의 작업실에 불을 지르고 그 안에서 10년간 공들여 창조한 영원한 연인과 함께 타 죽은 시체로 발견되었다.

우리가 이 이야기를 만난 것은 19세기 중반의 일이다. 프랑스 문호 발자크는 「알려지지 않은 걸작」이라는 이름의 이 단편 소설에서 신이 되려는 모든 인간들의 노력에 파산 선고를 내렸다. 길게는 고대 그리스 이래 수천 년 간, 짧게는 르네상스 이래 수백 년 간 서구인이 소중히 간직해 왔던 꿈이 환멸로 돌변하는 순간이었다.

깨어져버린 서구인의 꿈이란 무엇인가? 그것은 완전함을 향한 열망이다. 신처럼 되어 시간과 공간을 초월한 절대 진리, 절대 선, 절대 미를 손에 쥐고자 하는 갈망이었다. 잠시라도 신에 필적하고픈 욕망에서 악마하고라도 계약을 맺겠다고 나선 파우스트 박사처럼 서구 지성인에게 이 갈망은 대단히 절실했다.

돌이켜보건대 고대 그리스 인은 생각하고 실천하는 인간의 능력으로 그 완전한 경지에 다가가려고 했다. 신비와 미지의 영역으로 가득 찬 그리스 신들의 세계를 뚫고 들어가 불을 훔쳐 나온 프로메테우스를 보라. 그는 스스로의 힘으로 세계를 발견하고 지배하려는 그리스 인의 염원을 신화적으로 대변한다. 그리스 철학자 플라톤의 일평생은 자신이 '이데아'라 이름 붙인 완전한 세계에 대한 동경으로, 그리고 그 곳에 다가가려는 안간힘으로 가득 찼다.

로마 시대에 지배적인 종교로 떠오른 기독교는 다른 방식으로 인간의 완전성을 추구하였다. 예수 그리스도는 인간이 스스로 완전한 경지에 오를 가능성을 결단코 부정하고 오직 신의 도움으로만 그렇게 될 수 있다고 힘주어 설파했다. 내가 바로 플라톤이 갈구하던 그 이데아의 세계(천국)로부터 왔느니라. 그러니 너희들은 더 이상 완전한 세계로 가는 길을 탐구할 필요 없이 나만 믿고 따르면 되느니……. 이렇게 인간의 외부에 있는 초자연적인 존재의 도움을 받아 인간의 유한성을 극복하는 것을 기독교에서는 '구원'이라고 한다. 일단 로마의 정신 세계를 장악한 기독교는 그 여세를 몰아 로마가 망한 뒤의 유럽 전역까지 장악했다.

우리가 이미 살펴보았듯 인간의 완전성을 추구하는 이 두 가지 흐름을 흔히 헬레니즘과 헤브라이즘이라는 이름으로 부른다. 헬레니즘은 인간이 가진 모든 잠재 능력과 욕망을 풀어 헤치는 자극으로, 헤브라이즘은 인간의 과욕을 경계하고 한계를 일깨워주는 경종으로 서구 문명의 흐름에 지속적인 영향을 끼쳐왔다.

고대 그리스·로마를 헬레니즘의 시대라 하고 로마 말기와 중세를 헤브라이즘의 시대라 할 수 있다면, 14세기부터 시작된 르네상스는 헬레니즘 부활의 시대라고 부를 수 있을 것이다. 동서 교역의 중심지였던 이탈리아로부터 시작된 르네상스의 주역들은 고대 그리스·로마 고전을 활발히 연구하고 신학에 억눌려 있던 모든 인간적인 활동과 학문을 재개했다. 그리하여 중세인의 마음 속에서 절대적인 지위를 누렸던 신의 자리에 점차 인간의 이성이 들어와 앉게 되었다. 고대 그리스 문화가 신화의 독점적인 지위를 깨뜨리고 꽃핀 것이라면, 근대 서구 문화는 중세 교회의 독재를 뚫고 나와 꽃핀 것이다.

물론 근대 서양인은 고대 그리스 인이 도달한 지점보다 훨씬 멀리 나아가고 훨씬 높이 올랐다. 그들은 완전한 미인을 창조하겠노라며 붓끝을 놀려대던 화가처럼 열렬히 완전한 인간, 완전한 사회를 향해 전진하였다.

17세기 후반부터 유럽과 미국에서 잇따라 터져 나온 혁명의 함성은 이 같은 근대 서구인의 꿈을 현실로 바꾸어놓기 위한 마지막 진통으로 보였다. 영국의 청교도 혁명, 미국의 독립 혁명, 그리고 찬란한 프랑스 혁명……. 그러나 정작 이들 시민 혁명에 이어 나타난 것은 혁명의 주역들도 전혀 예상치 못한 복잡하고 어지러운 세상이었다. 이 새로운 사회에서 인간은 신이 되어 세상의 이치를 손에 쥐기는커녕 황금의 노예가 되어 돈의 흐름을 좇기에도 힘이 부치는 존재로 전락하였다. 꿈은 환멸로, 완벽한 미인은 물감의 범벅으로 뒤바뀌고 말았다.

*　　　　　*　　　　　*

무엇이 잘못되었을까? 왜 그토록 절실하던 꿈이 깨지고 서구인은 들떴던 가슴을 「알려지지 않은 걸작」 같은 패배의 미학으로 차갑게 식혀야 했을까? 내가 이와 같은 의문에 잠겨 망연자실해 있을 때 나의 눈에 비친 것은 불타버린 작업실의 잔해를 헤치고 꾸물꾸물 올라오는 '새로운 두 얼굴'의 환영(幻影)이었다.

현대 세계를 미리 내다보는 예언자적 풍모를 지닌 두 사람 가운데 하나는 남들로부터 유령이라 불리었고, 또 하나는 자기 스스로를 초인이라 일컬었다. 이들은 입을 모아 말했다. 이 세상에는 신과 같은 절대자도 없고 인간이 궁극적으로 도달해야 할 절대적인 진선미 같은 것도 없다고.

그리고 유령이 말했다. 인간은 언제나 자기 시대에 얻을 수 있는 최대치를 얻을 수 있을 뿐이며, 그렇게 얻은 것은 다음 시대의 더 나은 성취를 위한 밑거름이 된다고. 이 말은 얼핏 들으면 뻔한 것 같지만, 지금까지 서구인은 그 뻔한 사실을 무시하고 더 이상 첨삭을 필요로 하지 않는 완성품이 언제 어디선가 인간의 손을 기다린다는 환상에 시달려왔다고. 유령은 또 말했다. 이 세상에 어떤 절대적인 것이 있다면 그것은 이처럼 반드시 인류를 끝없는 진보의 길로 이끌게 되어 있는 절대적인 법칙이라고. 인류는 원하든 원치 않든 그 법칙을 따라 나아갈 것이며 지금 인류의 눈에 어렴풋이 보이는 현 단계의 목적지는 모든 인간이 평등하게 결합한 공산주의 사회라고.

그러자 초인이 유령의 따귀를 후려갈기며 맞받아쳤다. 인간은 외부에서 자기를 조종하는 신이니 무슨 법칙이니 하는 따위에 구애받는 허수아비도 아니고 또 그런 절대자나 절대 법칙이 이 세계에 있는 것도 아니라고. 인간은 자기 자신의 주체를 끊임없이 고양시켜 부조리와 허무로 가득 찬 세계를 초월할 수 있는 존재라고. 유령이 과거의 가치 있는 사상을 비판적으로 계승했다고 자처한 반면, 초인은 기독교와 소크라테스 이래의 모든 철학이 인류를 미망(迷妄)으로 이끌었다며 과거와의 과격한 단절을 선언했다.

유령은 19세기 후반에 베일을 벗고 마르크스주의라는 자신의 정체를 만천하에 공개한 이래 오늘에 이르고 있다. 초인은 니체에 의해 차라투스트라라는 이름으로 처음 등장한 뒤 여러 차례 성형 수술을 거친 결과 오늘날에는 포스트모더니즘이란 이름으로 활약하고 있다. 세계의 법칙성과 그 법칙을 인간이 인식할 가능성이 의심의 도마 위에 오른 요즘, 마르크스주의와 포스트모더니즘이 각각 어떤 위치에 놓여 있는지에 관해서는 독자 여러분이 더 잘 알고 있을 것이다.

*　　　　*　　　　*

이제 나는 현실로 돌아왔다. 그러나 돌아오는 길에 만난 노화가의 비극은 내게 새로운 출발을 재촉한다. 프랑스 혁명이 유럽 대륙에 불러일으킨 낭만주의적 열정, 환상이 깨어진 현실을 냉혹한 시선으로 바라보는 발자크의 리얼리즘, 그리고 새로운 두 얼굴 유령과 슈퍼맨……. 나는 이제 이들과의 새롭고 흥분된 만남을 위한 준비에 들어간다. "신들은 목마르다"는 절규를 자아낸 프랑스 혁명의 단두

대, 메피스토펠레스가 은근한 유혹의 목소리를 던지던 파우스트의
서재, 마담 보바리가 드나들던 파리의 사교 클럽, 나폴레옹 신자인
라스콜리니코프가 떨리는 손으로 도끼를 움켜쥐고 오르던 전당포의
계단, 제2인터내셔널가가 울려 퍼지던 그 겨울의 페테르부르크가
머릿속에서 춤을 춘다. '좀더 완전한' 서양 고전 여행을 위한 독자
여러분의 동참과 많은 조언을 바란다.

서양 문화사 연표

기원전	
3000년경	이집트 문명 시작
2000년경	그리스 인 이동 시작
1600년경	그리스 본토에 미케네 시대 개막
1500년경	모세, 유태인 이끌고 가나안을 향해 출애급(이집트 출발)
753	전설상 로마가 건국된 해
750년경	그리스 인의 대식민운동 시작(~550)/폴리스(도시 국가)의 성립 이 무렵 호메로스 탄생
546년경	아테네에서 페이시스트라토스가 참주 정치 확립
508	아테네에서 클레이스테네스 영도하에 민주 개혁 실시(~507)
492	페르시아 전쟁 개시(~480)
476	아이스킬로스, 『사슬에 묶인 프로메테우스』
461	페리클레스가 아테네 정계의 지도자로 부상
458	아이스킬로스, 오레스테스 3부작 발표
431	아테네 대 스파르타의 펠로폰네소스 전쟁(~404)
336	알렉산더 대왕 즉위(~323)
150?	성서를 70명이 그리스 어로 번역한 70인 역 성서 완성
27	옥타비아누스, 아우구스투스 칭호 획득 ; 원수 제도 실시
4	예수 그리스도 탄생

서기	
54	로마 5대 황제 네로 즉위(~68)
313	콘스탄티누스, 밀라노 칙령으로 기독교 공인
325	니케아 종교 회의에서 삼위일체론 확정
330	콘스탄티누스, 비잔티움으로 천도하고 콘스탄티노플로 개칭
363	배교자·황제 율리아누스, 페르시아와 전쟁 중 전사
375	게르만 족 대이동 시작
383	동로마 제국의 제롬, 라틴 어 성서 완성
395	테오도시우스 죽고, 동서로마 분리
430	아우구스티누스, 『고백록』(354~430)
476	로마 제국 멸망
508	프랑크 왕국 출현(수도는 파리)
800	카를 대제, 로마 교황에게 로마 제관 받고 프랑크 제국 출범
830	아랍 문화 전성기 ; 그리스 고전 번역 활발
962	신성 로마 제국 시작
1054	로마 가톨릭과 그리스 정교회 교권 분리
1096	십자군 전쟁 시작(~1221)
	이탈리아에 제노바 공화국 탄생
1140	고딕 양식 건축 시작
1209	프란체스코 수도회 창설
1216	도미니크 수도회 창설
1265	최초의 영국 신분 의회(Parliament) 소집
1267	피렌체 교황당, 황제당 격파
1274	토마스 아퀴나스, 『신학대전』
1302	프랑스 삼부회 성립
1321	단테, 『신곡(La Divina Commedia)』(1304~1321)
1355	보카치오, 『데카메론』 발표

1435	메디치 가 코시모, 피렌체 권력 잡고 문예 부흥의 중심이 됨(~1494)
1440	구텐베르크, 활자 개량
1453	콘스탄티노플 함락, 동로마 제국 멸망
1469	스페인 왕국 탄생
1492	콜럼버스, 신대륙 발견
1510	에라스무스, 『우신예찬(Encomium Moriae)』
1520	루터, 『그리스도 인의 자유』
1522	마젤란, 최초의 세계 일주
1524	독일 농민 전쟁(~1526)
1530	코페르니쿠스, 지동설 제창
1532	뉘른베르크 종교 화약 ; 황제, 신교 자유 허락
	칼뱅, 파리에서 종교 개혁 시작
1534	프랑수아 라블레, 『가르강튀아와 팡타그뤼엘 이야기』
1534	영국 헨리 8세, 수장령(首長令) 선포하고 영국 국교회 창립
1540	로욜라, 예수회 창립
1555	아우크스부르크 종교 평화 협정 ; 루터 교 허용, 칼뱅 교 불허
1588	영국의 드레이크, 스페인의 무적함대 격파
1601	셰익스피어, 『햄릿』
1604	세르반테스, 『돈 키호테』 1부(2부는 1615년)
1618~1648	30년 전쟁
1620	청교도, 메이플라워 호로 북아메리카 플리머스 이주
1640	청교도 혁명 ; 극장 폐쇄령
1643	태양왕 루이 14세 등극 (~1715)
1649	영국 청교도, 찰스 1세 교수형. 왕정 폐지, 시민 공화국 수립
1653	영국, 크롬웰 통치 시작 (~1659)
1660	영국, 왕정 복고
1667	밀턴, 『실락원』

1677	라신, 『페드르』
1685	루이 14세, 낭트 칙령 폐지, 신교도 박해
1688	영국 명예 혁명 ; 입헌군주국 확립
1701	프로이센 군국주의 등장
1717	바흐, 〈브란덴부르크 협주곡〉
1731	프레보, 『마농 레스코』
1740	프로이센, 계몽 군주 프리드리히 2세 즉위(~1786)
1742	헨델, 〈메시아〉
1759	볼테르, 『캉디드』
1762	루소, 『에밀』
1783	미국 독립 확정
1784	제임스 와트, 증기 기관 개선
1789	프랑스 혁명
1791	프랑스 국민 의회, 입헌군주제 선포
1792	프랑스 왕정 타도
1793	프랑스 자코뱅 독재
1799	나폴레옹, 군사 · 경찰 독재 확립
1880	도스토예프스키, 『카라마조프 가의 형제들』
1895	셍키에비치, 『쿠오 바디스』
1896	메레슈코프스키, 『신들의 죽음 — 배교자 줄리안』

두 얼굴의 유럽문명

1997년 8월   5일 1판 1쇄
1997년 10월 30일 1판 2쇄

지은이 : 강응천
펴낸이 : 김영종 / 펴낸곳 : (주)사계절출판사
기획 · 편집 : 강윤재
주소 : 서울시 종로구 신문로 2가 1-181
전화 : (02)736-9380(대표) / FAX : (02)737-8595
등록 : 제 8-48호
ⓒ 강응천, 1997

사계절출판사는 성장의 의미를 생각합니다.
사계절출판사는 독자 여러분의 의견에 항상 귀 기울이고 있습니다
천리안, 하이텔, 나우누리 ID : sakyejul